Muttersprache *plus*

Sprach- und Lesebuch

9

Erarbeitet von
Thomas Hopf, Brita Kaiser-Deutrich, Birgit Mattke, Sylke Michaelis, Jana Mikota, Viola Oehme, Gerda Pietzsch, Bianca Ploog, Cordula Rieger, Luzia Scheuringer-Hillus, Adelbert Schübel, Ute Schultes, Carola Schumacher, Wiebke Schwelgengräber, Bernd Skibitzki, Viola Tomaszek

Unter Beratung von
Franziska Möder, Viola Oehme

VOLK UND WISSEN

Inhalt

Richtig schreiben

Was weißt du noch aus Klasse 8?

1 Lies den folgenden Text.

Schaulust und Langeweile

Warum haben Sendungen wie »DSDS«, »Germany's Next Topmodel« oder »Popstars« einen so großen Erfolg bei Jugendlichen? Ist es Neugier, Schaulust, Schadenfreude oder Zeitvertreib? In einer im Frühjahr und Sommer 2009 durchgeführten Studie haben Wissenschaftler mehr über die Nutzung, Funktion und Bedeutung der Reality-TV-Formate für Kinder und Jugendliche herausbekommen und ihre Ergebnisse vorgestellt.

»Ich sehe mir Castingshows an, weil ...«

Hier werden Antworten auf die Frage geboten, warum Jugendliche sich Castingshows ansehen. Jugendschützer, die diese Sendungen immer wieder wegen menschenverachtender Szenen abmahnen, werden sich nun freuen, denn auf Platz 1 der angeklickten Antworten steht tatsächlich: »weil man sich über viele Kandidaten lustig machen kann«. Am zweithäufigsten wurde geantwortet, »weil ich die Sendungen lustig finde«, an dritter Stelle »um Langeweile zu überbrücken« und an vierter Stelle »weil ich wissen will, wer alles rausfliegt«; also wieder einmal: Motivation Schadenfreude? Fest steht jedenfalls: Als aufregende oder gar lehrreiche, wertvolle Abendbeschäftigung kann man die Sendungen weniger bezeichnen. »Spannend« fanden nämlich nur 43 % der Jugendlichen die Sendung. Erst an letzter Stelle findet sich die Antwort »weil ich aus den Sendungen etwas für mein Leben lernen kann«.

Beratungssendungen gegen Langeweile

Auch Ratgeber- und Beratungssendungen waren Gegenstand der Befragung und scheinen bei Jugendlichen nicht unbeliebt zu sein. So war jedenfalls die Annahme, wobei die Umfrage ein ganz anderes Bild ergibt: Die meisten – und zwar Jungen *und* Mädchen – sehen sich diese Coachingsendungen nicht aus übermäßigem Interesse an, sondern »um Langeweile zu überbrücken« (70 %) oder »weil ich nichts Besseres zu tun habe« (58 %). Das Interesse an Problemen anderer Menschen oder an den Hilfsmöglichkeiten, die sich ihnen anbieten, ist dagegen eher nachrangig (ca. 40 % gesamt). Schaut man sich die Antworten getrennt nach Mädchen und

Jungen an, ist der Hilfsaspekt aber für Mädchen durchaus wichtig: Auf Platz 3 der Antworten findet sich die Aussage: »weil ich wissen will, wie den Hilfesuchenden geholfen wird«. Glücklicherweise spielt der bei Castingshows so wichtige Aspekt der Schadenfreude oder des Sich-lustig-Machens kaum eine Rolle bei Beratungssendungen. Die sind für Jugendliche deswegen interessanter, weil sie aus ihnen »etwas fürs eigene Leben lernen« können, sagten ca. 34 %.

2 Ordne die folgenden Aussagen nach der Häufigkeit des Anklickens.

Jugendliche sehen sich Castingshows an, ...
1 weil sie die Sendungen lustig finden.
2 weil sie sich damit die Zeit vertreiben können.
3 um die gescheiterten Kandidaten zu sehen.
4 um sich über die Teilnehmer lustig zu machen.

3 Im Text wird eine bestimmte Meinung zu Castingshows zum Ausdruck gebracht. Notiere eine Textstelle, an der sie deutlich wird.

4 Schätze ein, welche Funktionen der Text hat: appellieren, informieren bzw. werten. Begründe deine Entscheidung, indem du mindestens zwei Textbeispiele nennst.

5 Bestimme die Subjekte, Prädikate und Objekte in den folgenden Sätzen.

1 Die Sendungen »DSDS«, »Germany's Next Topmodel« oder »Popstars« erreichen bei Jugendlichen hohe Einschaltquoten.
2 Meinungsforscher haben Jugendliche nach ihren Fernsehvorlieben gefragt.
3 Großer Beliebtheit erfreuen sich auch Ratgeber- und Beratungssendungen.

6 Setze die geforderten Modalverben ein. Formuliere die Sätze (in einen Wunsch, ...) um.

1 Ich langweile mich nicht. (Wunsch)
2 Nicht jeder nimmt an Castingshows teil. (Erlaubnis)
3 Viele Jugendliche singen. (Fähigkeit/Möglichkeit)
4 Die Teilnehmer von Castingshows sind gut. (Aufforderung)

Gespräche führen

1 Miteinander sprechen ist ein Bestandteil unseres Alltags.

a Überlegt, in welchen Situationen ihr mit anderen Menschen sprecht.

b Tauscht euch darüber aus, ob eure Eltern bzw. andere Erwachsene noch weitere Situationen erleben.

> **!** Menschen kommen in verschiedenen geplanten und ungeplanten Situationen miteinander ins Gespräch, wie z. B. beim Einkaufen, mit Nachbarn oder Freunden, bei Vorträgen, Diskussionen oder Vorstellungsgesprächen. Solche **mündlichen Kommunikationssituationen** sind durch unterschiedliche Bedingungen geprägt, wie z. B. durch die Zeit, den Ort, das Thema (den Inhalt), die beteiligten Personen und den Zweck des Gesprächs.

2

a Sprecht in der Klasse darüber, ob und warum ihr Wetterberichte verfolgt.

b Bildet euch eine Meinung zu den folgenden Fragen.

1. Warum wird häufig über das Wetter gesprochen?
2. In welchen Situationen wird z. B. über das Wetter gesprochen?
3. Warum kommt es dabei immer wieder zu Meinungsverschiedenheiten?

3

a Lest die folgenden Aussagen übers Wetter.

A ... überquert ein Frontensystem mit Schnee und Regen Deutschland südostwärts. Im Bergland kommt es zu schweren Sturmböen, in der zweiten Tageshälfte im Harz und in den östlichen Mittelgebirgen auch zu orkanartigen Böen. Vor allem in Lagen oberhalb 600 m besteht Glättegefahr, zunächst durch überfrierende Nässe und zeitweiligen Schneefall, später oberhalb 800 m verbreitet erhebliche Schneeverwehungen in Verbindung mit dem Starkwind.

B … ist es besonders im Westen und Südwesten häufig heiter und sonnig. Und das bei Traumtemperaturen von bis zu 27 Grad im Alpenvorland. Im Norden bleibt es etwas kühler, in Nordfriesland klettert das Thermometer nur auf 16 Grad. Insgesamt ist es sehr mild. Nur vereinzelt fällt geringer Regen. Sonst scheint im Osten und Südosten gebietsweise länger die Sonne und es bleibt trocken.

C Nach den ersten fünf Januartagen ist der Monat im Bundesdurchschnitt sensationelle 6,5 Grad zu warm. Viele Wetterstationen im Süden und Osten registrierten sogar Abweichungen vom langjährigen Mittel um 7 und mehr Grad. Auch bei den Niederschlägen drohen uns Rekorde: 16 Prozent des Monats-Solls wären jetzt eigentlich das Normale. Wir haben aber bundesweit bereits mehr als das Dreifache, nämlich 57 Prozent.

b Überlegt, in welchem Rahmen hier über das Wetter geredet wird, wer beteiligt ist und welche Funktion/-en diese Berichte haben.

! Besonders wichtig für das Gelingen eines Gesprächs ist die Berücksichtigung der so genannten

- **Sachebene** (Was ist der Inhalt des Gesprächs? Um welche Sache geht es?) und der
- **Beziehungsebene** (Wer ist am Gespräch beteiligt? In welchem Verhältnis stehen die Gesprächspartner zueinander? Wie verhalten sich Sprecher und Zuhörer?).

4

a Lies folgende Äußerungen zum Wetterbericht B (Aufgabe 3 a). Begründe, warum die Gesprächsteilnehmer so unterschiedlich reagieren.

Paul sitzt mit seiner Familie vor dem Fernseher.

Paul Ein Glück, kein Regen! Da ist das Spielfeld morgen beim Fußballmatch nicht so glitschig.

Vater Und ich kann morgen in Ruhe im Garten umgraben und den Rasen mähen.

Lilly Ich will mich mit Anna zum Stadtbummel und Eisessen beim Italiener treffen.

Mutter Es könnte schon mal wieder regnen, sonst wächst bald nichts mehr in unserem Garten.

Mias Vater ist seit mehreren Jahren Bio-Bauer.

Mia Super, Papa, der Wetterbericht sagt, morgen gibt es wieder Traumtemperaturen!

Vater Traumtemperaturen! Ob die mal drüber nachdenken, dass es jetzt fast zwei Wochen nicht geregnet hat? Und das nicht nur in diesem Jahr! Wenn wir unser Gemüse nicht jeden Tag beregnen würden, könnten wir kaum etwas ernten!

b Bestimme in beiden Gesprächen die Sachebene.

c Beschreibe die Beziehungsebene in beiden Gesprächen. Beantworte dazu folgende Fragen.

1. Was sagt die Sprecherin / der Sprecher über sich?
2. Was sagt die Sprecherin / der Sprecher inhaltlich?
3. Welche Beziehung hat die Sprecherin / der Sprecher zu den anderen bzw. haben diese zu ihr/ihm?
4. Was will die Sprecherin / der Sprecher bei den anderen bewirken?

d Überlege, wie Mias Vater anders auf Mias Äußerung reagieren könnte. Formuliere verschiedene Antworten.

Für dich sind Traumtemperaturen etwas Schönes, aber für mich …

5 Aus den Wetterberichten (S. 8, Aufgabe 3 a) und den Meinungsäußerungen (S. 9, Aufgabe 4 a) ergeben sich verschiedene Fragen, die sich nach Sach- und Problemfragen unterscheiden lassen.

a Lies den Merkkasten und gib den Unterschied zwischen Sach- und Problemfragen wieder.

!

Sachfragen können die Befragten entsprechend ihres Kenntnisstandes beantworten. Sie sind meist als ***W*-Frage** formuliert, z. B.:
Welche Auswirkungen hat die globale Erwärmung auf unser Klima?
Problemfragen erfordern ein längeres Nachdenken und Abwägen, unter Umständen eine Diskussion und Meinungsbildung zum Sachverhalt. Sie sind meist als **Entscheidungsfragen** formuliert, die mit Ja oder Nein zu beantworten sind, z. B.:
Hat die globale Erwärmung Auswirkungen auf unser Klima?

b Ordnet die folgenden Beispiele nach Sach- und Problemfragen.

1. Hat die globale Erwärmung Einfluss auf unser Wetter?
2. Wie waren die Temperaturen im Januar?
3. Besteht ein Zusammenhang zwischen dem Wetter und der globalen Erwärmung?
4. Welche Folgen hat das Auftreten von starkem Wind?
5. Wodurch kommt es zu erhöhten Temperaturen im Januar?
6. Ist die Niederschlagsmenge für den Januar normal?

c Wählt eines der folgenden Gesprächsthemen aus und formuliert dazu Sach- und Problemfragen.

1. Musik ist Geschmackssache.
2. Graffiti sind die reinste Umweltverschmutzung.
3. »Internet-Fasten« ist eine super Idee.

d Formuliert ein eigenes Gesprächsthema und findet dazu Sach- und Problemfragen.

6 Bereitet Gespräche vor und gestaltet sie. Geht dazu so vor:

TIPP
Auch wenn ihr euch (noch) nicht eindeutig entscheiden könnt, ist das ein begründbarer Standpunkt.

a Wählt ein Thema und eine Problemfrage aus Aufgabe 5 aus. Befasst euch mit dem Inhalt (Sachebene): Denkt über das Problem nach, notiert Pro- und Kontra-Argumente und bildet euch einen Standpunkt.

b Denkt euch eine Gesprächssituation mit bestimmten Gesprächspartnern aus, z. B. mit Eltern, Freunden oder Bekannten, zu Hause, auf dem Pausenhof oder auf der Straße. Beschreibt die Beziehungsebene.

c Denkt über mögliche Konflikte in Gesprächen nach. Wann muss man Konflikte lösen und wie sollte man sich dabei verhalten? Vergleicht eure Ergebnisse mit dem folgenden Merkkasten.

!

Um in Gesprächen **Konflikte** zu **vermeiden oder** zu **lösen**, sollte man die Gesprächspartnerinnen / Gesprächspartner ansehen, stets sachlich und ruhig auf sie eingehen und ggf. einen Kompromiss vorschlagen. Geeignete Formulierungen sind z. B.:

Habe ich dich richtig verstanden, ...? *Ich kann verstehen, dass ...*
Ich könnte dir zustimmen, wenn ... *Das ist zwar richtig, aber ...*
Wir könnten uns einigen, indem ... *Ich habe mich auch schon gefragt, ...*

d Sammelt weitere sprachliche Wendungen, um einen Konflikt zu lösen oder einen Kompromiss vorzuschlagen.

e Überlegt verschiedene Möglichkeiten, auf die folgenden Killerphrasen zu reagieren, damit es gelingt, das Gespräch sachlich weiterzuführen.

1 *Wir diskutieren hier schon seit einer Stunde!*

2 *Das geht mir mächtig auf die Nerven!*

3 *Von dir lasse ich mir schon gar nichts sagen!*

4 *Das ist doch alles Unsinn.*

TIPP
Ihr könnt auch Gesprächsprotokolle anlegen.

f Probt euer Gespräch und stellt es anschließend in der Klasse vor. Die anderen beobachten die Gespräche genau und beurteilen anschließend ihren Inhalt und Verlauf.

Beobachtungskriterien

- *Inhalt: Welche Standpunkte …*
- *Verlauf: Wie gingen die Teilnehmer …*

→ S.70 Fernsehen

Aus dem Fernsehen kennt man **Talkshows** als eine spezielle Form von Gesprächen. Hier werden ebenfalls verschiedene Sachverhalte und Probleme besprochen.
Dabei kommt der **Moderatorin** / dem **Moderator** eine wichtige Funktion zu. Sie/Er stellt die Beteiligten vor, führt in das Thema ein und lenkt das Gespräch. Dazu bringt sie/er z.B. Fragen, allgemeine Aussagen, aktuelle Ereignisse, persönliche Erfahrungen, Zitate, Fakten oder Definitionen in das Gespräch ein.
Im Unterschied zur Diskussionsleitung muss man sich vor einer Moderation gründlich mit dem Thema bzw. Problem beschäftigt haben.

7 Gestaltet eine Talkshow als Rollenspiel. Nutzt dafür die Sach- und Problemfragen aus den Aufgaben 5b und c (S.11).

a Legt fest, wer die Rolle der Moderatorin / des Moderators übernimmt und wer als Teilnehmerin / Teilnehmer welchen Standpunkt vertritt.

b Formuliert die Aufgaben einer Moderatorin / eines Moderators. Berücksichtigt dabei die folgenden Aspekte:
- Gesprächsleitung und Ablauf,
- Umgang mit Störungen und Konflikten, Einhalten von Regeln,
- Zeitmanagement.

c Vereinbart Regeln, die für das Gelingen eines Gesprächs unabdingbar sind. Haltet sie schriftlich fest.

d Führt die Gespräche und wertet das Rollenspiel danach aus. Was ist euch gut gelungen, was könnt ihr noch besser machen?

e Fasse noch einmal zusammen, was eine Talk-Show von anderen Gesprächssituationen unterscheidet.

8

a Überlegt, warum spontan zustande kommende Gespräche mitunter eine Herausforderung sind. Bezieht eure eigenen Erfahrungen ein.

b Tauscht euch darüber aus, was ein ernsthaftes Gespräch von einer lockeren Unterhaltung (Small Talk) unterscheidet.

TIPP
Denkt dabei sowohl an die Sach- als auch an die Beziehungsebene.

! Ein **Small Talk** (engl. *small talk* – Geplauder) ist eine lockere, beiläufige Unterhaltung über Alltägliches. Small Talk wird meist verwendet, um eine angenehme Atmosphäre zu schaffen, d.h., nur die Beziehungsebene ist in diesem Gespräch entscheidend, z.B.:
A *Ach, das Wetter diesen Sommer ist ja fürchterlich!*
B *Ja, da haben Sie Recht. Voriges Jahr war der Sommer …*

c Erprobt verschiedene Möglichkeiten im Rollenspiel. Wie könnte ein Small Talk beim Bäcker, auf dem Wandertag mit dem begleitenden Erwachsenen, beim Warten an der Bushaltestelle ablaufen?

Was habe ich gelernt?

9 Überprüfe, was du über das Führen von Gesprächen gelernt hast. Beantworte dazu die folgenden Fragen.

1. Wodurch unterscheiden sich mündliche Kommunikationssituationen?
2. Was bezeichnen die Begriffe *Sach-* und *Beziehungsebene*?
3. Welche Aufgaben hat eine Moderatorin / ein Moderator?

Diskussionen führen

Eine Diskussion planen

1 Wiederholt, was ihr bisher über Diskussionen und das Vorbereiten eines Diskussionsbeitrags gelernt habt.

→ S. 244 Merkwissen

2 Bereitet eine Diskussion vor.

→ S. 10 Sach- und Problemfragen

a Wählt eine Problemfrage zur Diskussion aus.

1. Sollte Musikunterricht Pflicht- oder Wahlfach sein?
2. Wie lassen sich unerwünschte Graffiti an Schulgebäuden verhindern?
3. Ist der Führerschein mit 17 sinnvoll?
4. Sollten soziale Netzwerke im Internet stärker überwacht werden?
5. Welche Bedeutung hat ein Unterrichtsfach Sport?

b Formuliert selbst eine Problemfrage, die ihr diskutieren wollt.

c Notiert Sachfragen, die mit der Problemfrage verbunden sind.

3 Wiederhole mithilfe des Merkkastens, worauf es bei einem Diskussionsbeitrag zu Problemfragen ankommt.

→ S. 70 Fernsehen

! Ein **Diskussionsbeitrag zu einer Problemfrage** dient vor allem dem Meinungsaustausch und der Meinungsbildung. Dazu stellt man seinen eigenen **Standpunkt** zum diskutierten Problem dar und begründet ihn durch **Argumente (Begründungen + Beispiele)**. Ist man noch unentschieden, kann man auch Pro- und Kontra-Argumente vortragen. Wenn möglich, sollte man abschließend seinen Standpunkt zusammenfassen und ggf. Vorschläge oder Schlussfolgerungen ableiten, z. B.:

Ich bin also der Meinung, ... *Darum schlage ich vor, ...*
Somit habe ich begründet, ... *Insgesamt sollte man also ...*

Einen Diskussionsbeitrag vorbereiten

4 Bereite deinen Diskussionsbeitrag vor.

→ S. 66 Excerpte anfertigen

a Beschäftige dich gründlich mit dem Thema. Sammle Informationen in verschiedenen Medien, z. B. in Zeitschriften, Büchern oder im Internet, und fertige beim Lesen Exzerpte an.

→ S. 202 Zitieren

b Notiere Argumente (Begründungen + Beispiele). Nutze dazu deine Exzerpte und verwende direkte oder indirekte Zitate.

c Formuliere deinen Standpunkt zur Frage, die diskutiert werden soll, als Behauptung (These).

d Ordne die in Aufgabe b gefundenen Argumente nach ihrer Wichtigkeit.

e Formuliere einen Schluss deines Diskussionsbeitrags. Fasse deine Meinung zusammen und leite Vorschläge oder Schlussfolgerungen ab.

Einen Diskussionsbeitrag halten

5

a Denke über die Beziehungsebene in der Diskussion nach. Wer nimmt teil? Welche Beziehungen haben die Teilnehmer / -innen zueinander? Wie präsentiere ich mich als Sprecher/-in? Was will ich bei den Zuhörerinnen und Zuhörern erreichen?

b Übe deinen Diskussionsbeitrag zu Hause vor Zuhörern, z. B. vor deinen Eltern oder Geschwistern. Lass dir ein Feedback geben und überarbeite deinen Diskussionsbeitrag entsprechend.

→ S. 126 Aktiv zuhören und mitschreiben

c Wiederhole deine Kenntnisse über aktives Zuhören und Mitschreiben.

6 Führt die Diskussion nun durch. Entscheidet, wer sie leiten und wer protokollieren soll. Wertet die Diskussion dann aus. Geht dabei auf Inhalt und Verlauf ein. Was ist gelungen? Was kann man verbessern?

→ S. 12 (Merkkasten)

7 Bestimmt eine Moderatorin / einen Moderator. Tauscht euch darüber aus, worin sich ein Moderator von einem Diskussionsleiter unterscheidet. Führt das Gespräch anschließend durch und wertet es aus.

8 Führt eine Diskussion zu einer Problemfrage. Geht dabei so vor:
- Formuliert die Problemfrage und informiert euch über das Thema.
- Denkt über die Beziehungsebene nach.
- Bildet euch einen Standpunkt und bereitet als Gruppe einen Diskussionsbeitrag vor. Sucht nach überzeugenden Argumenten, ordnet sie und formuliert Schlussfolgerungen. Nutzt direkte und indirekte Zitate.
- Führt die Diskussion. Entscheidet, wer sie leitet und protokolliert.
- Wertet die Diskussion nach Inhalt und Verlauf aus.

TIPP
Wählt eine weitere Problemfrage aus Aufgabe 2 a (S. 14) aus oder formuliert eine eigene.

9 Formuliert eine Problemfrage, die euch interessiert, und diskutiert sie. Geht dabei vor wie in den Aufgaben 1 bis 6 (S. 14–15).

10 Wählt aus Aufgabe 2 a (S. 14) eine Sachfrage zur Diskussion aus.

TIPP
Überlegt, welchem Ziel die Diskussion dient.

a Tauscht euch darüber aus, was beim Diskutieren von Sachfragen anders ist als beim Diskutieren von Problemfragen.

b Informiert euch gründlich über den zu diskutierenden Sachverhalt und bereitet Diskussionsbeiträge vor. Lest dazu den Merkkasten.

> **!** Ein **Diskussionsbeitrag zu einer Sachfrage** dient vor allem dem Austausch von Informationen zur Beantwortung der Sachfrage, d. h., man trägt Fakten, Daten, Beispiele, evtl. Zitate zum Thema vor. Abschließend sollte man eine Zusammenfassung formulieren, z. B.:
> *Daran kann man erkennen, dass ...*
> *Abschließend lässt sich feststellen, ...*
> *Insgesamt sieht man also ...*
> *Zusammenfassend zeigt sich ...*

c Entscheidet, wer die Diskussion leiten soll, und führt die Diskussion in der Klasse. Wertet anschließend deren Inhalt und Verlauf aus.

11 Wählt eine weitere Sachfrage aus Aufgabe 2 a (S. 14) aus und diskutiert sie. Geht dabei vor wie in den Aufgaben 10 b und c.

12 Formuliert eine Sachfrage, die euch interessiert, und diskutiert sie. Geht dabei vor wie in den Aufgaben 10 b und c.

13 Formuliert eine Sach- oder Problemfrage, die euch interessiert, und diskutiert sie. Wertet die Diskussion anschließend aus.

Was habe ich gelernt?

14 Fasst in einem Plakat »Eine Diskussion vorbereiten, durchführen und auswerten« zusammen, was ihr gelernt habt. Unterscheidet dabei zwischen Diskussionen von Problem- und Sachfragen.

Ergebnisprotokolle schreiben

!

Ein **Ergebnisprotokoll** ist eine Protokollform, in der nur die Ergebnisse bzw. Beschlüsse einer Diskussion oder eines Gesprächs zusammengefasst und notiert werden. Folgendes sollte enthalten sein:

- Datum, Zeit, Ort, Teilnehmer / -innen der Diskussion / des Gesprächs,
- Thema und Tagesordnungspunkte,
- Ergebnisse oder Zusammenfassung der Diskussion / des Gesprächs,
- Festlegungen, Aufgaben und Verantwortliche,
- Datum, Unterschrift des Protokollanten und des Diskussionsleiters bzw. Moderators.

1 Wenn du Protokollantin/Protokollant bist, bereite dich darauf vor.

a Nutze das Muster und fülle den Kopf des Protokolls aus. Schreibe die wichtigsten Punkte aus der Tagesordnung auf.

Protokoll der Diskussion zum Thema … *(Thema)*

Datum, Zeit: … *(am …, von … bis …)*
Ort: … *(Name der Schule, Raum)*
Teilnehmer / -innen: … *(an-/abwesend; un-/entschuldigt)*

Tagesordnung:
TOP 1: … *(Kurzfassung der Tagesordnungspunkte)*
…
Ergebnisse:
zu TOP 1: …
…

(Unterschrift)	*(Unterschrift)*	*(Datum)*
Diskussionsleiter/Moderator	Protokollant	Datum

→ S. 126 Aktiv zuhören und mitschreiben

b Schreibe während der Diskussion bzw. des Gesprächs mit. Nutze Abkürzungen.

2 Verfasse den Entwurf des Protokolls möglichst bald und überprüfe alles noch einmal, bevor du die Endfassung schreibst.

Sich schriftlich mit Problemen auseinandersetzen – Erörtern

Kontroverse (dialektische) Erörterungen schreiben

1 Wiederholt, was ihr über lineare Erörterungen wisst.

→ S. 244 Merkwissen

!

Bei einer **schriftlichen Erörterung** setzt man sich denkend und schreibend mit einem Problem auseinander. Das Ziel des Erörterns ist es, Problemlösungen zu finden. Dazu verschafft man sich einen Überblick über das Problem, bildet sich einen **Standpunkt** und sucht nach Problemlösungsmöglichkeiten. Mit **Argumenten (Begründungen + Beispielen)** überzeugt man die Leser / -innen von der Richtigkeit der Problemlösungen.
Es gibt zwei **Hauptformen** des schriftlichen Erörterns:

- lineare (steigernde) Erörterung: Argumente für den eigenen Standpunkt werden dargelegt,
- kontroverse (dialektische) Erörterung: Argumente pro (für) und kontra (gegen) einen Standpunkt werden abgewogen.

Eine kontroverse Erörterung untersuchen

2

a Lies den folgenden Zeitungsartikel aufmerksam.

Abseits des Rampenlichts führen Wildtiere im Zirkus ein jämmerliches Leben. Tierschützer fordern seit Langem ein generelles Verbot – die Chancen dafür stehen gut.

Sie gehören zu den Attraktionen in der Manege: Wenn Elefanten oder Giraffen durch die Sägespäne schreiten, schlagen die Herzen vieler Zirkusfreunde höher. Doch Tierschützer prangern seit Jahren schlechte Lebensbedingungen mit ständigen Transporten in engen Käfigwagen und umstrittenen Dressuren an – und dringen auf ein Verbot exotischer Wildtiere unter den Zeltkuppeln. Jetzt kommt Bewegung in die lange verhärteten Fronten.

Wildtiere sollen nach dem Willen des Bundesrats im Zirkus verboten werden. Die Länderkammer forderte die Bundesregierung jetzt auf, eine Verordnung dafür zu erarbeiten. In den rund 250 Wanderzirkussen in Deutschland seien Tierschutz-

[1] systemeigen, liegen in der Natur der Sache

probleme bei Transport, Unterbringung und Dressur systemimmanent[1], heißt es in der Entschließung des Bundesrats, die auf eine Initiative Hamburgs zurückgeht. Folge seien Verhaltensstörungen, Krankheiten und Todesfälle bei den Tieren. Diese »können auch durch strengere Anforderungen an die Haltung der Tiere nicht verändert werden«. [...] Die Liste der Kritikpunkte ist lang. Bei den aktiven Wanderzirkussen verbrächten Exoten einen Großteil ihres Lebens eingepfercht auf Reisen. Bis zu 50-mal im Jahr gehe es in Transportern weiter zur nächsten Tourneestation, wobei die Tiere manchmal bis zu 20 Stunden lang in Wagen stehen müssten.

Die in freier Wildbahn geselligen Elefanten würden teils allein gehalten, natürliche Einzelgänger wie Bären wiederum in Gruppen untergebracht. Nicht alle Zirkusse hätten beheizbare Tierquartiere für den Winter. [...]

Tierschützer brandmarken solche Bedingungen als katastrophal. Doch zum Einschreiten zwingen kann der Bundesrat die Bundesregierung nicht, die bisher stets auf verfassungsrechtliche Bedenken verwiesen hat: Ein Verbot berühre die Berufsfreiheit der Dompteure und auch die Eigentumsrechte der Zirkusunternehmen.

Aber nun sendet der Bund neue Signale. Wenn sich zeige, dass mit den bisherigen Mitteln eine tierschutzgerechte Haltung nicht abzusichern sei, werde man weitere Optionen prüfen. »Dazu kann in letzter Konsequenz auch ein Verbot bestimmter Wildtiere gehören«, sagt ein Sprecher. [...]

Die Zirkusbranche appelliert dennoch an die Politik, Wildtiere nicht zu verbannen. Bei Vorführungen seien schon aus einem einfachen Grund nur Bewegungen möglich, die in der Natur der Tiere angelegt seien. Und auch Christel Sembach-Krone, Direktorin des größten Anbieters Circus Krone, mahnte: »Ein Wildtierverbot würde wohl auf Dauer das Ende des klassischen Zirkus bedeuten, wie wir ihn lieben und mögen.«

Nach: http://www.welt.de [30. 01. 2012]

b Nenne das Thema des Artikels und suche eine passende Überschrift.

• Ein Problem erkennen

c Formuliere das erörterte Problem als Entscheidungsfrage.

Ist ein Verbot ...? Sollten ...?

3

• Standpunkte erkennen

a Übertrage die Tabelle in dein Heft. Ergänze im Tabellenkopf die beiden Standpunkte, die im Zeitungsartikel genannt werden.

Standpunkt 1: pro (für) ...		**Standpunkt 2: kontra (gegen) ...**	
Begründung	Beispiel	Begründung	Beispiel

• Argumente erfassen

b Trage die Argumente (Begründungen + Beispiele), die zur Begründung der beiden Standpunkte angeführt werden, in die Tabelle ein.

• Eigene Argumente finden

c Suche nach weiteren Argumenten. Ergänze damit deine Tabelle.

→ S. 202 Zitieren

! Es gibt verschiedene **Arten von Argumenten**:
- **Faktenargumente**, z. B. eigene Erfahrungen, wissenschaftliche Erkenntnisse, statistische Erhebungen,
- **Wertargumente**, z. B. Normen, gesellschaftlich anerkannte Werte, wie Freiheit oder das Recht auf Privatsphäre,
- **Autoritätsargumente**, z. B. Berufung auf Experten.

Nutzt man Fakten oder beruft sich auf Autoritäten, z. B. in Form von direkten und indirekten Zitaten, muss man die Quellen angeben.

4

a Schreibe Fakten- und Autoritätsargumente aus folgendem Aufruf heraus.

Die Bundestierärztekammer (BTK) fordert ein generelles Verbot von Wildtieren im Zirkus auf Reisen. Eine artgemäße und verhaltensgerechte Wildtierhaltung ist praktisch nicht möglich, da reisende Zirkusse häufig ihren Standort wechseln und Gastspiele mitten in der Stadt durchführen. »Wildtiere sind im Zirkus heute nicht mehr akzeptabel, denn die Erkenntnisse über die Bedürfnisse von Wildtieren haben sich stark erweitert«, betont Prof. Mantel, Präsident der Bundestierärztekammer. »Die Zirkuswagen sind in der Regel klein und in der Manege müssen die Wildtiere ein festgelegtes Bewegungsprogramm durchführen. In den temporären Gehegen können die Tiere keine Reviere einrichten, sich also nie ›zu Hause‹ fühlen, auch wenn sie dort mehr Bewegungsfreiheit haben«, erklärt Mantel. »Aus Sicht des Tierschutzes ist ein Verbot von allen Wildtierarten im Zirkus angezeigt.« [...] An die Haltung von Wildtieren werden heute hohe Anforderungen gestellt. Das

Tierschutzgesetz dient dabei als Grundlage. Dort ist ausdrücklich festgelegt, dass die Unterbringung eines Tieres artgemäß, bei exotischen Wildtieren daher oft klimatisiert, sein muss. Die Ernährung und Gruppenzusammensetzung müssen arttypisch gestaltet und das artgemäße Verhalten muss möglich sein. Diese Vorgaben sind auch in den Gehegen auf Reisen sicherzustellen. [...]
Ausbrüche von Bären, Elefanten und anderen Wildtieren an Gastspielorten belegen ferner die problematischen Sicherheitsvorkehrungen bei temporären Gehegen. [...]
Der Zirkus als Kulturgut kann auch ohne Wildtiere erhalten bleiben, wie diverse Unternehmen mit großem Erfolg beweisen.

Presseinformation der Bundestierärztekammer vom 22. April 2010. Aus: http://www.bundestieraerztekammer.de [30. 01. 2012]

b Bestimme, welche Art von Argumenten du in die Tabelle von Aufgabe 3 a (S. 20) eingetragen hast.

!

Eine **kontroverse (dialektische) Erörterung** sollte folgende **Bestandteile** aufweisen:

- Einleitung: Nennen des Themas, Beschreibung des Problems, Wecken des Interesses der Leser / -innen,
- Hauptteil: Abwägen verschiedener Argumente pro (für) und kontra (gegen) einen Standpunkt zum Problem,
- Schluss: Zusammenfassung des Gesagten, Nennen von Schlussfolgerungen.

Eine Möglichkeit der **Gliederung des Hauptteils** ist die Gegenüberstellung der Argumente **im Block**. Das heißt, man führt zuerst alle Kontra-Argumente und danach alle Pro-Argumente an oder umgekehrt. Ausschlaggebend ist, ob man sich selbst für Pro oder für Kontra entscheidet. Die Argumente für die eigene Position stellt man an das Ende, weil sie so dem Leser besser im Gedächtnis bleiben, z. B.:

Behauptung (These):	*Ein Verbot von Wildtieren im Zirkus ist nötig.*
Kontra-Argument 1:	*Die Tiere führen nur Bewegungen aus, die in ihrer Natur angelegt sind, wie z. B. ...*
Kontra-Argument 2:	*Die Tierhaltung könnte durch strengere Vorgaben verbessert werden, etwa durch ...*
Pro-Argument 1:	*Wildtiere verbringen im Zirkus einen Großteil ihres Lebens eingepfercht auf Reisen, z. B. in ...*
Pro-Argument 2:	*Sie werden nicht artgerecht gehalten, z. B. ...*

5

a Beurteile, ob es sich beim Text aus Aufgabe 2a (S.18) um eine kontroverse (dialektische) Erörterung handelt.

b Bestimme in dem Artikel Einleitung, Hauptteil und Schluss. Gib jeweils Anfang und Ende der Teile an.

Eine kontroverse Erörterung planen

6 Setze dich in einer kontroversen Erörterung selbst mit der Frage »Sollten Wildtiere im Zirkus verboten werden?« auseinander.

- **Das Problem und Standpunkte (Thesen) formulieren**

a Formuliere die beiden Standpunkte in Form von Behauptungen (Thesen).

Standpunkt 1: Ja, ... *Standpunkt 2: ...*

- **Argumente notieren und ordnen**

→ S.202 Zitieren

b Notiere Argumente (Begründungen + Beispiele) pro (für) und kontra (gegen) ein Verbot. Nutze deine Vorarbeiten aus den Aufgaben 3 und 4 (S. 20–21). Berücksichtige möglichst alle Arten von Argumenten und gib die verwendeten Quellen exakt an.

Standpunkt 1: pro (für) ...	Standpunkt 2: kontra (gegen) ...

●●● **c** Bestimme, welche Arten von Argumenten du genutzt hast.

- **Sich eine Meinung bilden**

d Entscheide dich jetzt für einen Standpunkt (eine These) und ordne die Argumente im Block nach Pro und Kontra. Lies dazu ggf. noch einmal im Merkkasten auf S. 21 nach.

- **Einleitung und Schluss formulieren**

e Beschreibe in deiner Einleitung das Problem in ein bis zwei Sätzen.

Einleitung: ...

f Formuliere den Schluss der Erörterung. Sprich eine Empfehlung aus.

Schluss:
Nachdem ich das Für und Wider dargestellt habe, ...

Einen Textentwurf schreiben

7

a Schreibe einen vollständigen Entwurf deiner kontroversen Erörterung. Nutze dazu die Vorarbeiten aus den vorangegangenen Aufgaben.

b Tragt sprachliche Möglichkeiten der sinnvollen Aneinanderreihung von Argumenten zusammen.

Zuerst muss man festhalten, … Außerdem …

Den Textentwurf überarbeiten

→ S. 192 Satz- und Textgestaltung

c Überarbeite deinen Entwurf. Achte besonders auf die Anordnung der Argumente und die Satzverknüpfung. Überprüfe alle Quellenangaben.

d Schreibe die Endfassung.

! Eine zweite Möglichkeit der **Gliederung** des **Hauptteils** einer kontroversen (dialektischen) Erörterung ist folgende: Man verbindet **im Wechsel** die Kontra-Argumente sofort mit den Pro-Argumenten:

Behauptung (These): *Ein Verbot von Wildtieren im Zirkus ist nötig.*

Kontra-Argument 1: … → Pro-Argument 1: …

Kontra-Argument 2: … → Pro-Argument 2: …

Kontra-Argument 3: … → Pro-Argument 3: …

8

a Lies die folgenden Auszüge aus Erörterungen. Schreibe die verwendeten sprachlichen Mittel zur wechselseitigen Gegenüberstellung der Argumente heraus.

Foto: Marc Rehbeck für PETA

Ein Verbot von Wildtieren in Zirkussen ist nötig.

Dafür spricht, dass Wildtiere, wie z. B. Löwen, … Dagegen spricht, dass man auch Wildtiere …

Einerseits ist die Gesundheit …, wie z. B. Tierarzt Dr. …, andererseits hängt das auch von der Haltung der Tiere ab …

Zwar ist richtig, dass man Wildtiere nicht …, allerdings haben viele Zirkustiere nie in Freiheit gelebt und …

Während manche meinen, Zirkusse könnten …, meinen andere, deren Existenz sei …

Zum einen muss mehr an das Wohl der Tiere …, zum anderen haben Menschen seit jeher …

b Tauscht euch über weitere Formulierungsmöglichkeiten zur Gegenüberstellung von Argumenten aus und notiert sie.

9 Schreibe den Hauptteil deiner kontroversen Erörterung zur Frage »Sollten Wildtiere im Zirkus verboten werden?« noch einmal. Ordne die Pro- und Kontra-Argumente im Wechsel an.

● **10** Schreibe eine kontroverse Erörterung zur Frage »Sollten Wildtiere im Zoo verboten werden?«. Gehe dabei vor wie in den Aufgaben 6 und 7 (S. 22–23).

11 Schreibe eine kontroverse Erörterung zur Frage »Sollten Filmtiere verboten werden?«. Nutze dazu die Schrittfolge und entscheide dich für eine der beiden Gliederungsmöglichkeiten.

So kannst du eine kontroverse (dialektische) Erörterung schreiben

1. Formuliere das Problem in Form einer Frage.
2. Notiere die unterschiedlichen Standpunkte.
3. Sammle Argumente für und gegen die jeweiligen Standpunkte.
4. Entscheide dich für einen Standpunkt und gib ihn als Behauptung (These) wieder.
5. Notiere Argumente (Begründungen + Beispiele) und ordne die Pro- und Kontra-Argumente entweder im Block oder im Wechsel an.
6. Schreibe einen Entwurf deiner Erörterung (Einleitung, Hauptteil, Schluss).
7. Überarbeite den Entwurf und schreibe die Endfassung der Erörterung.

●●● **12** Schreibe zu einem selbst gewählten Thema eine kontroverse Erörterung. Entscheide dich dabei für eine der beiden Gliederungsmöglichkeiten.

Was habe ich gelernt?

13 Fasse in einem Merkblatt zusammen, was du über das kontroverse (dialektische) Erörtern weißt.

Aufbau einer kontroversen Erörterung:

– *Einleitung: …*

– …

Erörterungen in Schreibkonferenzen überarbeiten

! Das gemeinsame **Überarbeiten von Erörterungen** in **Schreibkonferenzen** (in Gruppen) kann besonders hilfreich sein, weil dabei deutlich wird, ob andere die Standpunktbildung und Logik der Argumentation gut nachvollziehen können und welche weiteren Gedanken (Argumente und Gegenargumente) man außerdem noch beachten sollte.

1 Wiederholt mithilfe der Schrittfolge, wie man eine Schreibkonferenz durchführt.

So könnt ihr eine Schreibkonferenz durchführen

1. Bildet Gruppen, richtet eure Arbeitsplätze ein und legt die Arbeitsschritte zum Vorgehen beim Überarbeiten fest.
2. Einigt euch, welcher Textentwurf (evtl. anonym) zuerst gelesen und besprochen werden soll.
3. Lest die Texte und macht euch Notizen dazu.
4. Vergleicht eure Notizen und formuliert Hinweise bzw. Vorschläge für die Autorin / den Autor des Textes.
5. Entscheidet, welche Vorschläge zu euren eigenen Texten ihr berücksichtigen möchtet, und überarbeitet den eigenen Text.

2 Ordnet und ergänzt die folgenden Arbeitsschritte zum Vorgehen beim Überarbeiten einer Erörterung und erprobt sie in einer Schreibkonferenz.

Wortwahl und Satzbau

Schreibaufgabe bedenken
- Warum soll dieses Problem (diese Frage) erörtert werden?
- Welche Absicht verfolgt der Text?
- Soll eine lineare oder eine kontroverse Erörterung verfasst werden?
- An wen richtet sich der Text (wer wird/soll ihn lesen)?

Rechtschreibung, Zeichensetzung

Inhalt
- Ist der Text sinnvoll gegliedert (Einleitung, Hauptteil, Schluss)?
- Ist die zu erörternde Problemfrage klar formuliert?
- Sind die Standpunkte genau formuliert?

Historische Vorgänge verstehen und beschreiben

1

a Tauscht euch darüber aus, wann und in welchen Formen ihr schon Beschreibungen historischer Vorgänge begegnet seid.

b Lies im Merkkasten, was man bei der Beschreibung historischer Vorgänge beachten muss.

! Bei der **Beschreibung historischer Vorgänge** sind die einzelnen Ereignisse, Handlungen und Ergebnisse **sachlich richtig** und **chronologisch** (in der zeitlichen Abfolge) darzustellen. Zusätzliche Hintergrundinformationen, Begründungen und Beispiele helfen der Leserin / dem Leser, historische Zusammenhänge zu erkennen.
In der Regel formuliert man **sachlich** und verwendet **Fachwortschatz**. Man kann im **Präsens** oder im **Präteritum** schreiben. Sinnvolle **Satz-** und **Textgestaltungsmittel** dienen dem Lesen und Verstehen solcher Fachtexte, wie z. B. Wortwahl, Satzgliedstellung, Absätze.

→ **S. 192** Mittel der Verknüpfung von Sätzen und Teilsätzen

Eine Vorgangsbeschreibung untersuchen

2

a Lies Karls Text, in dem er für den Geschichtsunterricht den Verlauf des Ersten Weltkriegs beschreibt.

Der Verlauf des Ersten Weltkriegs (1914–1918)

1914 waren fast alle europäischen Staaten Bündnisse eingegangen, sodass eine einzige Kriegserklärung eine Kettenreaktion von Kriegseintritten auslösen konnte.
Nach der Ermordung des österreichischen Thronfolgers Franz Ferdinand im Juni 1914 in Sarajevo erklärte Österreich-Ungarn Serbien den Krieg. Russland begann mit der Mobilmachung. Dadurch war Deutschland verpflichtet, am 1. August 1914 Russland den Krieg zu erklären. Einen Tag nach dieser Kriegserklärung überschritten deutsche Soldaten jedoch die Grenze im Westen, um Frankreich in einem Überraschungsangriff zu besiegen (Kriegserklärung am 03. 08. 1914). Dieser Plan, der bereits 1905 entwickelt worden war, sah vor, die neutralen Länder Luxemburg und Belgien zu besetzen und Frankreich vom Norden aus anzugreifen. Zuerst verlief alles wie vorgesehen, deutsche Soldaten hatten Ende September 1914 fast Paris erreicht. Der Bewegungskrieg endete mit der Marneschlacht östlich von Paris. Franzosen und Briten

zwangen die Deutschen zu einem teilweisen Rückzug. Im Osten wurde ebenfalls der Krieg eröffnet und Deutschland geriet in den gefürchteten Zweifrontenkrieg.
Die Fronten erstarrten auf beiden Seiten. Der Stellungskrieg hatte begonnen, der zu einer Materialschlacht mit Geschützen, Granaten, Minen, Tanks (Panzern) und Giftgas wurde. Ein Beispiel für die Sinnlosigkeit der Kämpfe war die Schlacht von Verdun, bei der von Februar bis Dezember 1916 ca. 700 000 Soldaten ihr Leben verloren.
In den Stellungskrieg geriet erst Bewegung, als Deutschland am 1. Februar 1917 den uneingeschränkten U-Boot-Krieg wieder aufnahm. Daraufhin erklärten die USA Deutschland am 6. April 1917 den Krieg. Zwei Millionen Soldaten, Waffen, Munition, Lebensmittel und Geräte kamen zur Unterstützung der Entente[1] nach Europa und leiteten die Wende des Krieges ein.
An der Ostfront brachte der Frieden von Brest-Litowsk (03. 03. 1918) für Deutschland nicht die gedachte militärische Entlastung, da weiterhin Truppen zur Sicherung der Front im Osten verblieben. Im Westen ging der Krieg weiter. Im Frühjahr 1918 kam es zur Offensive der Entente. In der zweiten Marneschlacht im Juli/August erreichten die Amerikaner und Franzosen den Durchbruch. Der Sieg der Entente war damit nur noch eine Frage der Zeit.
Bereits im Januar 1918 hatten die USA unter Präsident W. Wilson einen Friedensplan entwickelt, der jedoch von den Deutschen abgelehnt worden war. Erst am 11. November 1918 unterzeichneten die Deutschen den Waffenstillstand. Bei den Verhandlungen in Versailles war das Deutsche Reich ausgeschlossen, unterzeichnete jedoch am 28. Juni 1919 den Friedensvertrag.
Nach dem Ersten Weltkrieg waren Millionen Tote zu beklagen, die Kriegsopfer zu versorgen und massenhafte Hungersnöte zu bekämpfen. Viele Regierungen brachen zusammen und Staatsformen veränderten sich. Der Neuanfang begann unter schwierigen Bedingungen.

[1] französisch-britisches Bündnis

b Weise mithilfe des Merkkastens die Merkmale einer Beschreibung historischer Vorgänge in diesem Text nach.

c Notiere die Fakten stichpunktartig und ordne sie chronologisch.

●●● **d** Untersuche, welche Zeitformen verwendet wurden, um die Reihenfolge der Vorgänge zu verdeutlichen. Nenne Beispiele.

Eine Vorgangsbeschreibung planen

3 Beschreibe für den Geschichtsunterricht die Veränderung der Lage der deutschen Bevölkerung und ihrer Haltung zum Ersten Weltkrieg.

a Lies folgende Informationen dazu und ordne sie chronologisch.

• Informationen sammeln und ordnen

– anfangs stärkte Krieg das Nationalbewusstsein der Menschen
– Sommer 1914 Begeisterung (Gesang und Jubel auf den Straßen, wenn Soldaten freiwillig in den Kampf marschierten)
– Hoffnung auf rasches Kriegsende schnell zunichte gemacht
– gegen Ende des Kriegs: Klarheit über nicht eingehaltenes Versprechen eines schnellen Kriegsendes, Stimmung kippte
– Kriegsgedichte, Bewunderung für alles Militärische (z. B. Kinder vorzugsweise mit Matrosenanzügen bekleidet)
– immer mehr Erschöpfungserscheinungen bei Soldaten
– ab 1915: hohe Verluste unter Soldaten (Giftgaskrieg)
– Bauern nutzten Nahrungsmittelkrise für Schleichhandel
– 1914–1915 Volk bereit, Krieg mitzufinanzieren (Kriegsanleihen)
– ab 1915: Vorräte rationiert, Lebensmittelkarten eingeführt, Hunger (»Kohlrübenwinter« 1916/1917), Hungerunruhen und Massenstreiks
– fehlende Arbeitskräfte in den Fabriken meist zwangsweise durch Frauen, Kinder und Alte ersetzt (oft 10 bis 14 Stunden Arbeit)
– schon vor dem Krieg: Bereitschaft, Land zu verteidigen
– aus Kriegsbegeisterung entwickelte sich Friedenssehnsucht

Einen Entwurf schreiben und überarbeiten

→ S. 192

b Schreibe den Text. Gehe dabei so vor:
- Formuliere das Thema als Überschrift und entwirf eine Einleitung.
- Schreibe den Entwurf des Hauptteils und den Schluss.
- Überarbeite deinen Entwurf, achte dabei besonders auf die Mittel der Satzverknüpfung und schreibe die Endfassung.

Was habe ich gelernt?

4 Überprüfe, was du über das Beschreiben historischer Vorgänge gelernt hast. Beantworte dazu folgende Fragen.

1 Was musst du beim Beschreiben historischer Vorgänge beachten?
2 Was fällt dir schwer dabei?

Epische Texte lesen und verstehen

Einen epischen Text analysieren

1 Erschließe den folgenden Text.

a Lies den folgenden Auszug aus dem Jugendbuch »damals, das meer« von Meg Rosoff.

Regel Nummer eins: Traue niemandem.

Bei unserer Ankunft in St Oswald's, der Internatsschule für Jungen, lag die Küste vollkommen im Nebel. […] Vater hielt vor dem Hauptgebäude, zog die Bremse, holte meine Tasche aus dem Kofferraum und wandte sich, in einer Haltung, die seiner Ansicht nach vermutlich soldatenhaft war, mir zu.

»Nun«, sagte er. »Da ist es.« […]

Vor mir sah ich lediglich eine traurige Anstalt für höhere Schulbildung, die passenderweise im Nebel lag. Aber ich sagte nichts, denn ich hatte in sechzehn Jahren sorgfältig gepflegter Mittelmäßigkeit das ein oder andere gelernt, und dazu gehörte auch der Wert des Schweigens.

Es war die Idee meines Vaters, mich nach St Oswald's zu schicken, ein Internat, dessen lange Geschichte und niedrige Anforderungen seinen Interessen voll entgegenkamen. Wahrscheinlich war er hocherfreut, dass es so eine Schule gab – eine, die seinen elenden Versager von einem Sohn aufnahm und versuchte, ihn (also mich) in ein nützliches Mitglied der Gesellschaft zu verwandeln, in einen Anwalt etwa oder jemanden, der im Londoner Finanzviertel arbeitet.

»Es wird Zeit, dass du dich zusammenreißt«, sagte er. »Du bist fast ein Mann.« Eine weniger zutreffende Aussage allerdings hätte er kaum treffen können. Ich kam ja schon als Junge nicht zurecht. […]

Als wir zum Auto zurückgingen, räusperte sich mein Vater, starrte in die Ferne und meinte, ich solle die Gelegenheit nutzen, um meine letzten beiden schulischen Katastrophen wiedergutzumachen. Dann gab er mir pessimistisch die Hand, klopfte mir kurz auf die Schulter und war weg.

Ein gelangweilter Aufsichtsschüler führte mich aus dem Hauptgebäude […]. Kurz darauf durfte ich in einen beengten Schlafraum treten, in dem mich drei Jungen teilnahmslos musterten, als versuchten sie, auf dem Sattelplatz in Cheltenham einen unwahrscheinlichen Sieger auszumachen.

Einen Augenblick lang herrschte Schweigen.

»Ich bin Barrett«, sagte der mit dem stumpfen Gesichtsausdruck schließlich. Er zog ein kleines schwarzes Buch aus seiner Tasche und zeigte nacheinander auf die beiden anderen. »Gibbon. Und Reese.«

Reese kicherte. Barrett schrieb etwas in sein kleines Buch und wandte sich dann an Gibbon. »Ich geb ihm ein Jahr«, sagte er. »Und ihr?«

Gibbon, der Größte von den dreien, sah mich prüfend an. Einen kurzen Augenblick lang dachte ich schon, er würde mich gleich auffordern, ihm meine Zähne zu zeigen. Er zog zwei frische Pfundnoten aus einer teuren Kalbslederbrieftasche. »Eineinhalb«, sagte er.

Ich setzte eine undurchdringliche Miene auf, begegnete seinem Geckoblick und hielt ihm stand. »Vielleicht auch zwei.«

»Entscheide dich«, sagte Barrett ungeduldig und mit gezücktem Stift. Er spähte unter seiner Schulmütze hervor, die er wie die Schildkappe eines Buchmachers tief ins Gesicht gezogen hatte.

»Also gut, eineinhalb.«

Barrett notierte es in sein Buch.

»Ich sage zwei.« Reese wühlte in seiner Tasche und zog eine Handvoll Münzen heraus, hauptsächlich Pennys. Er war der Unscheinbarste von den dreien, und das Ritual schien ihm peinlich zu sein.

Barrett nahm die Münzen und sah zu mir hoch. »Machst du mit?«

Ob ich bei einer Wette mitmachte, die das Scheitern meiner schulischen Laufbahn vorhersagte? Nun ja, ich musste zugeben, das war nicht die gewohnte Begrüßung. Ich zwängte mich an ihnen vorbei und packte den Inhalt meiner Tasche in einen Metallschrank, bezog mein Bett mit der vorgeschriebenen steifen Wäsche, wühlte mich unter die Decke und schlief ein.

Regel Nummer zwei: Halte dich bedeckt.

Ich gebe zu, dass ich nicht zu den Helden gehöre, die aufgrund ihrer äußeren Erscheinung bewundert werden. Man stelle sich einen Jungen vor, klein für sein Alter, die Ohren sitzen im richtigen Winkel am Kopf, Haare wie Stroh und mausbraun. Mund: schmal. Augen: skeptisch, wachsam.

Man könnte einwenden, dass oberflächliche Makel bei Jungen in meinem Alter keine Seltenheit sind, aber in meinem Fall traf das nicht zu. Ob links, rechts, oben, unten oder diagonal – auf allen Klassenfotos von St Oswald's waren gängigere Typen vertreten: Jungen mit kräftigen Kiefern, geraden Nasen und dickem Haar von eindeutiger Farbe; Jungen mit langen, geraden Gliedmaßen und kühnen, selbstbewussten Gesichtern; Jungen mit Fertigkeiten, angeborenen Talenten, einem genetisch bedingten Sinn für Politik oder Latein oder die Juristerei.

Mein Gesicht (verschwommen und formlos) sah auf diesen Bildern immer verschlagen und ziemlich idiotisch aus, als wüsste sogar mein Körper, dass ich einen schlechten Eindruck machte, noch während der Blendverschluss klickte.

Sagte ich schon, dass St Oswald's meine dritte Schule war? In den ersten beiden wurde ich aufgefordert (und zwar nicht gerade freundlich), aufgrund meines beklagenswerten Verhaltens und meiner erbärmlichen Noten zu gehen. Zu meiner Verteidigung möchte ich betonen, dass mein Verhalten gar nicht beklagenswert war, wenn man darunter grob, streitsüchtig, gewalttätig und asozial versteht – also die Bibliothek anzuzünden, einen Lehrer niederzustechen oder zu vergewaltigen. Mit beklagenswert meinten sie »ziemlich unmotiviert beim Lernen«, »ziemlich unfähig im Aufsatzschreiben«, »ziemlich uninteressant für den Schulleiter und das Direktorium«. Angesichts meiner harmlosen Schwächen empfinde ich diese Beurteilung heute als unnötig hart [...].

In Wirklichkeit war meine Mittelmäßigkeit vorwiegend auf Fotos und Schularbeiten beschränkt. Wenn es um Meinungen ging, war ich (und bin es noch) wie das Schwert von Zorro: schnell, schneidend, tödlich. Meine Meinung über die Bedeutung der höheren Schulbildung beispielsweise ist absolut. Meiner Meinung nach waren diese Schule und ihre Zeitgenossen nichts als billige Händler für gesellschaftlichen Status, die an gutbürgerliche Jungen ohne besondere Verdienste ein aufgeblasenes Selbstwertgefühl verkauften.

Eins allerdings muss ich ihnen zugutehalten. Ohne die erste Schule wäre ich nicht in der zweiten gelandet. Ohne die zweite hätte es mich nicht nach St Oswald's verschlagen. Ohne St Oswald's wäre ich Finn nie begegnet.

Und ohne Finn gäbe es keine Geschichte.

b Beschreibe deinen ersten Eindruck vom Textauszug.

!

Ein Text hinterlässt bei der Leserin / dem Leser erste Eindrücke. Durch eine **genauere Analyse** (Untersuchung) des Erzähltextes stützt oder korrigiert man die zuerst gewonnenen Eindrücke.
Man kann einen **Erzähltext** mithilfe der folgenden Fragen **analysieren**:

- Worum geht es im Text (zentrales Thema, Handlungsverlauf)?
- Wann, wo und in welchem Umfeld findet die äußere Handlung statt?
- Aus wessen Perspektive wird erzählt (Ich-Erzähler oder Sie-Erzählerin / Er-Erzähler)?
- Welche Figuren spielen eine Rolle? In welcher Beziehung stehen sie zueinander?
- Welches Problem haben einzelne Figuren, wie lösen sie es?
- Wie entwickeln sich die Figuren (innere Handlung)?
- Wird im Text Spannung erzeugt? Mit welchen Mitteln?
- Welche Mittel der Zeitgestaltung werden eingesetzt (Zeitdehnung, Zeitraffung, Vorausdeutung, Rückblende)?
- Welche sprachlichen Besonderheiten fallen auf (z. B. sprachliche Bilder, Jugendsprache, Fachsprache, Wiederholungen, direkte Rede)?

2 Untersucht nun den Text aus Aufgabe 1a (S. 29) genauer.

Den Inhalt untersuchen

a Fasst zusammen, worum es in diesem Textauszug geht.

b Untersucht, wo die Handlung stattfindet, und stellt Vermutungen an, wann die Handlung spielt. Begründet eure Meinungen.

TIPP
Recherchiert im Internet.

c Bestimmt, aus wessen Perspektive das Geschehen erzählt wird. Untersucht, wie erzählt wird, und beschreibt die Wirkung.

d Nennt die Figuren, die eine wichtige Rolle im Text spielen.

Form und Sprache untersuchen

→ S. 249, 263 Merkwissen

e Untersucht, wie in der Erzählung Spannung erzeugt wird. Achtet dabei vor allem auf die sprachlichen Besonderheiten (z. B. Wortwahl, Satzbau, Metaphern, Personifizierungen) und die Mittel der Zeitgestaltung.

Was habe ich gelernt?

3 Überprüfe, was du über das Analysieren eines epischen Textes gelernt hast. Stelle die Arbeitsschritte, die zur Analyse eines epischen Textes gehören, in einer Übersicht dar.

Literarische Figuren charakterisieren

→ S. 244 Merkwissen

1 Wiederholt, was man bei einer Personen- oder Figurencharakterisierung beachten muss.

!

Literarische **Figuren** kann man **charakterisieren**, um Texte besser verstehen zu können. Die Figurencharakterisierung ist ein Bestandteil der Analyse für Textbeschreibungen und -interpretationen.
Man beschreibt:
- die **äußeren Merkmale** (Gesamterscheinung, Einzelheiten, Besonderheiten) möglichst genau und anschaulich,
- die **inneren Merkmale** (Lebensumstände, Gedanken, Gefühle, Verhaltensweisen, Sprache, ihr Verhältnis zu anderen u. Ä.).

Eine Figurencharakteristik sprachlich gestalten

2

a Ordne den folgenden Adjektiven gegensätzliche Begriffe zu.

zielstrebig – ehrlich – interessiert – unkonzentriert – ausgeglichen – treu – melancholisch – feige – verantwortungsbewusst – undankbar – schludrig – klug – engstirnig – grob – lebensfremd – unsympathisch – vereinsamt – kühl – vital – aggressiv – großzügig – bescheiden – zuverlässig – fleißig

b Verwende die folgenden Bezeichnungen für Eigenschaften und Verhaltensweisen in kurzen Sätzen.

fantasievoll – bescheiden – freundlich – unhöflich – dickköpfig – fleißig – ehrgeizig – vernünftig – liebevoll – erfahren – gierig – anhänglich

c Stellt weitere Wörter und Wendungen zusammen, mit denen ihr einen Menschen charakterisieren könnt.

Figuren charakterisieren

→ S. 202 Zitieren

3 Charakterisiere den Ich-Erzähler aus dem Text von Aufgabe 1a (S. 29). Untersuche dazu genau, was man als Leserin / Leser über die äußeren und inneren Merkmale dieses Jugendlichen erfährt. Nutze geeignete Textstellen als wörtliche Zitate.

4 Der Ich-Erzähler aus dem Text von Aufgabe 1 a (S. 29) erwähnt am Ende des Textausschnitts einen Jungen mit Namen Finn. Entwickle diese Figur und erstelle einen Entwurf für die mögliche weitere Handlung.

Inhaltsangaben zu literarischen Texten verfassen

!

Mit einer **Inhaltsangabe** gibt man in möglichst sachlicher und knapper Form den wesentlichen Inhalt eines literarischen Textes, eines Films, einer Fernsehsendung oder eines Theaterstücks wieder. Eine Inhaltsangabe hat folgende **Bestandteile**:

Einleitung: Angaben zu Autorin/Autor, Textsorte, Titel, Thema
Hauptteil: Darstellung der Figuren und des Handlungsverlaufs unter Beachtung der richtigen Reihenfolge (*W*-Fragen)
Schluss: Besonderheiten des Textes nennen (z.B. offene Fragen, Lehre, Bezug zur Überschrift)

Folgende **sprachliche Besonderheiten** sollte man beachten:
- den Inhalt mit eigenen Worten wiedergeben (keine Zitate),
- direkte Rede in indirekte Rede umwandeln,
- im Präsens oder Perfekt schreiben.

Eine Inhaltsangabe planen

1 Schreibt eine Inhaltsangabe zum Jugendbuchauszug auf Seite 29–31.

a Überlegt, welche Informationen für eine Inhaltsangabe unentbehrlich sind, und notiert Stichpunkte.

Autorin: Meg Rosoff
Textsorte: ...

b Entwerft nun die Einleitung der Inhaltsangabe.

In dem Auszug aus dem Jugendbuch »damals, das meer« von ...

c Tauscht euch darüber aus, wie ihr den Schluss der Inhaltsangabe gestalten wollt. Beachtet dabei das Ende des Auszugs.

Einen Entwurf schreiben

d Schreibe den Entwurf deiner Inhaltsangabe. Lass einen breiten Rand für die Überarbeitung.

Den Entwurf überarbeiten

e Überarbeite den Entwurf. Achte dabei besonders auf sachliche Formulierungen, die Zeitform und Satzverknüpfungen. Schreibe die Endfassung.

Textbeschreibungen zu literarischen Texten verfassen

→ S. 64 Textbeschreibung zu Sachtexten

!

In einer **Textbeschreibung** werden die Ergebnisse der Analyse literarischer Texte zusammenhängend dargestellt. Eine Textbeschreibung gibt Auskunft über den Inhalt und die Besonderheiten (Form, Sprache) eines Textes. Seine Aussagen belegt man mit **Zitaten**. Die Textbeschreibung sollte folgende **Bestandteile** aufweisen:

Einleitung
- Name der Autorin / des Autors
- Textsorte (z. B. Kurzgeschichte, Erzählung, Roman)
- Titel und Thema

Hauptteil
- Inhaltsangabe
- Aufbau des Textes
- Besonderheiten der Handlungsgestaltung
- Erzählperspektive
- Figurencharakterisierung
- sprachliche Besonderheiten
- Zeitgestaltung
- Wirkung weiterer Gestaltungsmittel

Schluss
- eigene Meinung (Gedanken, Gefühle), eventuell Leseempfehlung
- weitere Auskünfte zur Autorin / zum Autor und ggf. auch zur Entstehungsgeschichte des Textes

1 Tauscht euch darüber aus, was eine Textbeschreibung von einer Inhaltsangabe unterscheidet.

Eine Textbeschreibung planen

2 Verfasse eine Textbeschreibung zum Jugendbuchauszug aus Aufgabe 1a (S. 29).

TIPP
Nutze deine Ergebnisse aus Aufgabe 1 (S. 34).

a Lies den Textauszug noch einmal und entwirf die Einleitung und eine kurze Inhaltsangabe.

b Stelle Besonderheiten der Handlung und des Aufbaus dar. Notiere ggf. zuerst Stichpunkte.

c Bestimme die Erzählperspektive und deren Wirkung.

→ S. 33 Literarische Figuren charakterisieren
→ S. 202 Zitieren

d Stelle dar, was man über die Figuren der Erzählung erfährt und wodurch man es erfährt. Führe geeignete Textstellen als direkte Zitate an.

e Benenne die sprachlichen Besonderheiten des Textes.

→ S. 32 Einen Erzähltext analysieren

f Nenne Beispiele der Zeitgestaltung und erläutere, welche Bedeutung sie für die Geschichte haben.

g Der Schluss des Textauszugs ist im Roman das Ende des 2. Kapitels. Erkläre seine Bedeutung und die Wirkung auf die Leserin / den Leser.

Eine Textbeschreibung entwerfen

h Verfasse nun einen Entwurf einer Textbeschreibung. Orientiere dich an den Merkkästen (S. 35, 36).

Den Entwurf überarbeiten

i Überarbeite den Entwurf. Achte besonders auf sachliche Formulierungen, die Zeitformen und die Verwendung von direkten Zitaten.

Die Endfassung schreiben

j Schreibe die Endfassung.

So kannst du eine Textbeschreibung zu literarischen Texten verfassen

1. Lies den Text und lass ihn auf dich wirken. Notiere deinen ersten Eindruck.
2. Lies den Text mehrmals und untersuche gründlich seinen Inhalt, die Form und sprachliche Besonderheiten. Notiere wichtige Textstellen als Zitate.
3. Verfasse einen Entwurf deiner Textbeschreibung.
   - Schreibe die Einleitung.
   - Beginne den Hauptteil mit der Inhaltsangabe und formuliere dann die Ergebnisse deiner Analyse.
   - Schreibe den Schluss.
4. Überarbeite den Entwurf und schreibe die Endfassung.

Eine Textbeschreibung verfassen

3 Lies die Erzählung »Das Sterben« des bayerischen Schriftstellers Ludwig Thoma (1867–1921) auf den nächsten Seiten.

a Verfasse eine Textbeschreibung. Orientiere dich dabei an der Schrittfolge des Merkkastens. Wenn du weitere Hilfen brauchst, bearbeite die Aufgaben b bis i (S. 39).

Das Sterben

Es ist ein recht heißer Julitag.

Die Sonne brennt auf das weite Moos herunter, dass man die Luft wie über einem offenen Feuer zittern sieht.

Das kleine Häusel des Steffelbauern schaut in dem flimmernden Dunst noch unansehnlicher aus, und wer das braune Strohdach betrachtet, der könnte meinen, es sei gerade von der Sonne geröstet worden und werde beim Zusehen dunkler.

Die zwei Birnbäume vor dem Haus stehen so müde da, als möchten sie am liebsten einnicken bei der schwülen Hitze und dem eintönigen Summen der Fliegen.

Sonst ist nichts Lebendiges um das Haus, was ihnen die Zeit vertreiben könnte, denn es ist alles auf das Feld hinaus zum Einbringen.

Oder doch nicht alles.

Im Austragstübel[1] ist der alte Steffel und wartet auf das Sterben; und seine Bäuerin, die Urschel, leistet ihm Gesellschaft.

Gestern noch, gegen den Abend zu, hat der Doktor vorgesprochen, und beim Gehen hat er gesagt, er wollt' die Medizin herausschicken.

»Braucht's net«, hat der Steffel gemeint, »i woaß scho, es geht dahi.«

»No, no, Vater«, hat ihn der Doktor trösten wollen, »so schnell stirbt keiner, du musst net am Leben verzagen.«

Aber der Steffel ist hartnäckig geblieben. »I kenn mi scho aus«, sagt er; »dös sagen's bloß zu an jed'n. I g'spür's selber, morgen geht's auf die Letzt.«

Hernach haben die Weibsleute um den Pfarrer geschickt; der ist gekommen und hat ihm die Sterbesakramente gereicht.

Seitdem liegt der Steffel ruhig da und schaut zu der niedrigen Weißdecken hinauf.

Die Urschel sitzt am Fußende vom Bett und liest in dem großen schwarzen Gebetbuche die Bitten für einen Sterbenden. Wie sie die Lippen bewegt und die Worte in sich hineinmurmelt, ist es das einzige Geräusch im Zimmer; sonst ist es so feierlich still wie vor dem Häusel.

Ein paar Sonnenstrahlen stehlen sich zwischen den Vorhängen zum Fenster herein und spielen über die blau geblümte Bettdecke nach den gefalteten Händen des Steffel hin, als wollten sie ihm noch einen schönen Gruß bringen von draußen, wo sie so oft mit ihm beisammen waren im Winter und im Sommer.

[1] Wohnraum der Altbauern

Und es mag sein, dass es der Sterbende auch so versteht, denn er streicht mit den Händen über die Stelle, wo der goldgelbe Schein auf dem Bett liegt.

Sind alleweil gute Kameraden gewesen, er und die Sonne, und hat ihn allemal gefreut, wenn sie auch noch so heruntergebrannt hat. Sie hat ihm oft geholfen, das Heu einbringen, und hat ihm das Korn gereift und den Weizen.

Ob es drenten wohl auch so ist, dass sie einen rechtschaffenen Wachstum haben und Arbeit für ein paar starke Hände?

Wenn es dem Pfarrer nach geht, nicht; der hat immer erzählt, dass droben die Engel den ganzen Tag Harfen spielen und Halleluja singen. Er hat es gut gemeint, aber dem Steffel war das kein rechter Trost. Vielleicht weiß es der Pfarrer nicht ganz genau, oder vielleicht machen sie bei den Bauernleuten eine Ausnahme?

Allzu lang hält sich der Steffel nicht auf bei den überirdischen Dingen; er schaut wieder zur Decke hinauf, und die Sonnenstrahlen zittern von der Bettdecke weg auf das Kopftüchel der alten Urschel und auf das große schwarze Gebetbuch.

Mit einem Mal bricht der Kranke das Schweigen, und indem er den Kopf herumdreht, sagt er: »Bäuerin, 's Mahl halt's beim Unterwirt.«

»Ja«, sagt die Urschel und hört das Beten auf, »mir wern's beim Unterwirt halt'n.«

»Und dass von de Leichentrager a jeder seine zwoa Maß Bier kriagt, Bäuerin. Net, dass hinderdrei schlecht g'redt werd.«

»I will's Acht haben,« sagt die Urschel.

»Beim Einsagen koan vagessen von der Freundschaft, dass s'a richtige Leich werd',« fahrt der Steffel fort, und wie er sieht, dass seine alte Bäuerin recht ernsthaft auf seine letzten Wünsche hört, kriegt er die tröstliche Überzeugung, dass seine letzte Sache auf der Welt mit Anstand und Ordnung abgemacht werden wird und dass nichts fehlen wird, was einem ehrengeachteten Manne zukommt. So viele Leute auch hinter seinem Sarge hergehen werden, es ist keiner darunter, der was Schlechtes von ihm behaupten kann; er ist keinem was schuldig geblieben, und jeder, der an seiner Grabstätt vorbei in die Kirche gehen wird, muss ihm das Weihwasser geben.

Und wie er sich das alles überlegt, sieht er sein ganzes Leben vor sich, als würd' es vor ihm aufgeführt, und er wäre Zuschauer. Arbeit und Lustbarkeit wechseln miteinander ab, aber die erste kommt öfter an die Reihe; Fröhlichkeit und Sorgen, Jungsein und Altwerden, und zwischenhinein immer wieder das Trachten und Mühen für das Heimatl.

Der Steffel merkt gar nicht, was für eine lange Reise seine Gedanken machen, aber die Urschel merkt es, und sie zündet die Kerzen an, welche über dem Kopfende des Bettes auf dem Tische stehen.
Die kleinen Lichter brennen farblos knisternd in die Höhe, und mit einem Mal ist der Steffel am Ende seiner Reise angekommen; vor die Bilder schiebt sich eine große dunkle Wand, und die Urschel betet jetzt laut das Vaterunser für die hingeschiedenen Seelen im Fegefeuer.
Draußen ist es Abend geworden. – Die zwei Birnbäume sind aus ihrem bleiernen Schlafe aufgewacht und schauern in dem leichten Luftzuge zusammen; ihre Schatten strecken sich über den Hausanger und die Wiesen hinauf zu dem Wege, auf dem jetzt der hochgehäufte Erntewagen herunterkommt.

b Wie wirkt der Text auf dich? Beschreibe die Grundstimmung.

c Entwirf die Einleitung und eine kurze Inhaltsangabe.

d Notiere Stichpunkte zu den Besonderheiten der Handlung und des Aufbaus. Beachte auch den Anfang und das Ende der Geschichte.

e Bestimme die Erzählperspektive und deren Wirkung auf den Leser.

→ S. 33 Literarische Figuren charakterisieren
→ S. 202 Zitieren

f Nenne die handelnden Figuren und beschreibe ihr Verhältnis zueinander. Führe geeignete Textstellen als direkte Zitate an.

g Untersuche die Gestaltung von Zeit und Ort und ihre Bedeutung.

h Analysiere die sprachlichen Besonderheiten des Textes. Begründe, warum der Autor die Dialoge in Bairisch gestaltet hat. Suche die Textstellen heraus und übertrage sie ins Hochdeutsche.

TIPP
Zitiere geeignete Textstellen.
→ S. 202

i Suche sprachliche Bilder heraus und erkläre sie.

4 Wähle einen weiteren Text aus deinem Sprach- und Lesebuch aus und verfasse eine Textbeschreibung.

Was habe ich gelernt?

5 Fasse die wichtigsten Merkmale von Inhaltsangabe und Textbeschreibung in einer Tabelle zusammen.

Literarische Texte interpretieren

!

Das Ziel einer **Interpretation** ist es, mögliche Aussagen eines literarischen Textes herauszuarbeiten, d.h., den **Text** zu **deuten**. Diese Deutungen müssen mithilfe von Textstellen (Zitaten) belegt werden. Eine Textinterpretation schreibt man im **Präsens**. Sie sollte folgende **Bestandteile** aufweisen:

Einleitung: Name der Autorin / des Autors, evtl. biografische Daten, Textsorte, Titel, Thema sowie erster Eindruck vom Text

Hauptteil: Inhaltsangabe, Darstellung und Deutung von Besonderheiten der Handlungs-, Orts-, Zeit- und Figurengestaltung und der Erzählperspektive, Darstellung und Deutung besonderer sprachlicher Mittel und deren Wirkung

Schluss: eigene Meinung zu dem in der Geschichte Dargestellten, Bezug zum eigenen Leben

1 Vergleicht Textbeschreibung und Textinterpretation miteinander. Tauscht euch darüber aus, was sie unterscheidet.

Eine Textinterpretation verfassen

2 Verfasse eine Interpretation des Textes »Das Sterben« (S.37).

a Setzt euch mit dem Text auseinander, beantwortet folgende Fragen.

1 Welche Empfindungen, Gedanken und Gefühle weckt der Text?
2 Warum spricht euch diese Erzählung (nicht) an?
3 Wodurch wird diese Wirkung eurer Meinung nach ausgelöst?
4 Welches Thema behandelt der Text?
5 Welche Bräuche und Traditionen wirken heute unverständlich?
6 Welche Besonderheiten des Lebens auf dem Lande damals fallen auf?
7 Wer schrieb den Text? Zu welcher Zeit lebte der Autor? Welche Besonderheiten der Zeit und der Landschaft werden deutlich?

TIPP
Wenn du Textstellen als Zitate verwendest, achte auf deren sinnvolle Einbindung und richtige Kennzeichnung.

b Wähle einige dir besonders wichtig erscheinende Textstellen aus und formuliere Deutungsansätze dazu.

Die Beschreibung des Hauses, das dem Betrachter erscheint, als »sei [es] gerade von der Sonne geröstet worden« (S. 37, Z. 6–7), weist auf ärmliche und traurige Verhältnisse hin …

c Formuliere Deutungsansätze zum Gesamttext.

Einen Entwurf schreiben

d Entwirf eine Interpretation. Arbeite auch die Ergebnisse deiner Textbeschreibung zur Erzählung (S. 37) ein.

Die Endfassung schreiben

e Vergleicht eure Entwürfe, überarbeitet sie und schreibt Endfassungen.

Eine Textinterpretation verfassen

3 Verfasse eine Interpretation der Fabel »Die ungleichen Regenwürmer« von Franz Hohler (geb. 1943). Orientiere dich dabei an der Schrittfolge.

So kannst du eine Textinterpretation verfassen

1. Lies den Text und notiere deine Gedanken beim Lesen.
2. Untersuche den Text (Textanalyse).
   - Fertige Notizen zum Inhalt an. Auf einer Textkopie kannst du wichtige Wörter und Textpassagen markieren.
   - Untersuche den Text auf Besonderheiten (Textanalyse). Analysiere Handlung, Aufbau, Erzählperspektive, Figuren, Sprache und Zeitgestaltung. Bestimme die Textsorte.
   - Untersuche die Wirkung der Besonderheiten auf den Leser.
3. Formuliere Deutungsansätze zu einzelnen Textstellen und zum Gesamttext. Notiere offene Fragen und Unklarheiten.
4. Ordne deine Notizen und schreibe einen Entwurf.
5. Überarbeite den Entwurf und schreibe die Endfassung.

Die ungleichen Regenwürmer

Tief unter einem Sauerampferfeld lebten einmal zwei Regenwürmer und ernährten sich von Sauerampferwurzeln.

Eines Tages sagte der erste Regenwurm: »Wohlan, ich bin es satt, hier unten zu leben, ich will eine Reise machen und die Welt kennen lernen.« Er packte sein Köfferchen und bohrte sich nach oben, und als er sah, wie die Sonne schien und der Wind über das Sauerampferfeld strich, wurde es ihm leicht ums Herz, und er schlängelte sich fröhlich zwischen den Stängeln durch. Doch er war kaum drei Fuß weit gekommen, da entdeckte ihn die Amsel und fraß ihn auf.

Der zweite Regenwurm hingegen blieb immer in seinem Loch unter dem Boden, fraß jeden Tag seine Sauerampferwurzeln und blieb die längste Zeit am Leben.

Aber sagt mir selbst – ist das ein Leben?

Geschichten um- und weiterschreiben

! Das **Um- oder Weiterschreiben von Erzählungen** kann sowohl zum besseren Verstehen von Geschichten als auch zur Weiterentwicklung der eigenen Erzählfähigkeiten und Erzählfreude beitragen. Dazu ist es erforderlich, sich gründlich mit dem vorliegenden Text auseinanderzusetzen und den eigenen Text sinnvoll zu planen. Beim **Weiterschreiben** von Geschichten sollten sich Inhalt und Sprache möglichst reibungslos an den Beginn anschließen. Die Fortsetzung sollte dem Originaltext in Wortwahl und Satzbau ähneln. Immer muss die Geschichte logisch aufgebaut, einleuchtend und glaubhaft sein. **Umschreiben** kann man Geschichten, indem man z. B. den Schluss oder einzelne Ereignisse und Handlungen ändert, innere Monologe oder Tagebucheinträge der Figuren verfasst, neue Figuren einfügt und/oder aus verschiedenen Perspektiven erzählt.

1

a Lies den folgenden Beginn der Erzählung von Lucy.

Im vergangenen Sommer verbrachte ich einen Teil meiner Ferien gemeinsam mit meinen Eltern an der Ostsee. Wir wohnten in einer kleinen Pension nicht weit vom Strand entfernt. Bereits am zweiten Tag lernte ich den Sohn unserer Vermieter kennen. Er war 17 Jahre alt, sah gut aus und war mir nicht unsympathisch. Da es mir langweilig wurde, jeden Tag stundenlang mit meinen Eltern am Strand zu liegen, verbrachte ich immer mehr Zeit mit Jan, so hieß der Junge.

An einem sonnigen, aber windigen Nachmittag unserer letzten Urlaubswoche nahm mich Jan mit zum Jachthafen, wo er mir sein Segelboot zeigte und vorführte. So wie es aussah, hatte es schon einige Jahre auf dem Buckel. Auf mich machte es keinen sehr vertrauenerweckenden Eindruck, aber das sagte ich Jan nicht, denn ich wollte ihn nicht vor den Kopf stoßen. Sicher, das Boot war, wie man so sagt, ein Seelenverkäufer, aber die Fahrkünste von Jan beeindruckten mich sehr. Als wir den Hafen verlassen hatten, fasste ich Mut und fragte meinen »Kapitän«, ob ich auch einmal das Ruder in die Hand nehmen könnte. Ich hatte vorher noch nie ein Segelboot gesteuert, aber ich hatte große Lust, es zu versuchen. Ohne zu zögern, vertraute mir Jan das Ruder an und erklärte mir die wichtigsten Manöver. Für ihn als Küstenbewohner war es

selbstverständlich, dass ich segeln konnte, für mich nicht. Als wir eine Weile parallel zum Strand gesegelt waren, sprang Jan plötzlich aus dem Boot und rief mir vom Wasser aus zu: »Lucy, ich schwimme zurück zum Hafen, mal sehen, wer zuerst dort ist.« Ich bekam einen riesigen Schreck und schrie, er solle sofort zurückkommen, aber Jan schien das nicht zu hören, denn er schwamm weiter in Richtung Strand. Ich wurde immer panischer und konnte keinen klaren Gedanken fassen. Was sollte ich nun tun?

b Überlege, ob du die Geschichte gern weiterlesen würdest. Begründe deine Meinung.

c Analysiere die Geschichte genau. Nutze dazu die Fragen aus dem Kapitel *Einen epischen Text analysieren* (S. 29–32).

2 Untersucht, wie im Text aus Aufgabe 1a Spannung erzeugt wird.

a Wiederholt mithilfe des Merkkastens, welche sprachlichen Mittel dazu genutzt werden können.

!

Sprachliche Mittel dienen dem interessanten, anschaulichen und spannenden Erzählen. Auch beim Weiterschreiben einer Erzählung sollte man gezielt sprachliche Mittel verwenden, damit das Geschehen für die Leser besonders gut nacherlebbar wird:

- **treffende Verben**, z. B.: *schreien, fluchen, stottern, zittern,*
- **anschauliche Adjektive und Nomen/Substantive**, z. B.: *raue See, steife Brise, eiskaltes Wasser, kleiner Jachthafen, altes Segelboot,*
- **Vergleiche**, z. B.: *kalt wie Eis, heiß wie Feuer, dunkel wie die Nacht,*
- **wörtliche Rede**, z. B.: *Jan rief: »Lucy, ich schwimme zurück zum Hafen.« Lucy schrie: »Jan, komm sofort zurück! Ich kann nicht segeln.«*
- **innerer Monolog** (Selbstgespräch), z. B.: *Ich fragte mich, was ich tun sollte. Werde ich es schaffen, an Land zu kommen?*
- **Fragen stellen**, z. B.: *War das die einzige Möglichkeit, etwas zu tun?,*
- **variable und wirkungsvolle Satzgestaltung**, z. B.: Frage- und Ausrufesätze, richtige Satzgliedstellung, anschauliche Adverbialbestimmungen.

b Untersucht im Text der Aufgabe 1a (S. 42), welche der im Merkkasten genannten sprachlichen Mittel verwendet wurden.

c Tauscht euch darüber aus, wie man in Erzählungen außerdem Spannung erzeugen kann. Notiert eure Ideen in Stichpunkten.

d Vergleicht eure Ergebnisse mit den Vorschlägen im folgenden Merkkasten.

!

Man kann in Erzählungen zusätzliche **Spannung erzeugen**, indem man:

- wichtige **Informationen zurückhält**, damit der Leser den Wunsch hat, den Ausgang der Geschichte zu erfahren,
- **Mittel der Zeitgestaltung** gezielt einsetzt: Zeitdehnung, Zeitraffung, Rückblende, Vorausdeutung.

→ **S. 249** Merkwissen (Erzählen)

e Prüft, ob im Text aus Aufgabe 1a (S. 42) Mittel der Zeitgestaltung verwendet wurden.

3 Die folgenden Sätze enthalten ungeschickte oder fehlerhafte Formulierungen. Verbessere sie.

Achtung, Fehler!

1. Als Tobias seine Retter sah, fielen ihm Tränen in die Augen.
2. Wir konnten nicht aufhören, den Anblick der schönen Pracht anzusehen.
3. In diesem Jahr fuhren wir durch die Städte der Ostsee nach Rerik.
4. Als wir aus der Jugendherberge gekommen sind, schlug uns die frische Winterluft ins Gesicht und unser Herz schlug höher.

4 Schreibe die Erzählung aus Aufgabe 1a (S. 42) weiter.

a Überlege, wie die Erzählung weitergehen könnte. Beantworte dazu folgende Fragen in Stichpunkten.

1. Welche Handlungsschritte sollen zum Schluss führen?
2. Welche Figuren möchtest du noch in den Text aufnehmen? Wie handeln, denken und fühlen die Figuren?
3. Wie soll die Geschichte enden?
4. Wie könnte die Überschrift lauten?

b Erarbeite einen Erzählplan (Handlungsstrahl) für die Fortsetzung der Geschichte nach folgendem Muster. Achte auf eine logische Abfolge.

	Beginn	**Handlungs-schritt 1**	**Handlungs-schritt 2 usw.**	**Schluss**
Ort, Zeit	im Segelboot auf der Ostsee	im Segel-boot auf der Ostsee	...	...
Personen / Figuren	Lucy (Ich-Erzählerin) und Jan	Lucy	...	...
Ereignisse, Gedanken, Gefühle, Stimmungen	segeln in einem wenig vertrauen-erweckenden Segelboot; Jan springt von Bord, ...	Lucy wird immer kopf-loser ...	...	...

c Entwirf Textteile für deine Erzählung, z. B.: Beschreibe das Segelboot, das Wetter oder eine Figur anschaulich; schildere in einem inneren Monolog, was eine Figur denkt und fühlt; formuliere den Schluss.

d Schreibe nun mithilfe deines Erzählplans (Handlungsstrahls) die Fortsetzung der Erzählung. Achte besonders auf eine treffende, emotionale Wortwahl. Lass einen breiten Rand für Überarbeitungen.

e Überarbeite den Entwurf. Achte besonders darauf, ob du eine logische Handlungsfolge hergestellt, Spannung erzeugt und das Geschehen anschaulich dargestellt hast. Schreibe dann die Endfassung.

5 Schreibe die Geschichte aus Aufgabe 1 a (S. 42) aus Jans Perspektive.

a Lies die Geschichte noch einmal und notiere in Stichpunkten, wie Jan die Ereignisse erlebt haben und erzählen könnte.

b Entwirf Textteile der Erzählung, z. B.: *der Beginn / das Boot aus Jans Sicht; was Jan dachte und fühlte, als er mit Lucy segelte / als er Lucy allein ließ; was Jan hörte, dachte und tat, als er ans Ufer schwamm.*

c Schreibe den Entwurf von Jans Erzählung, überarbeite ihn und stelle die Endfassung in der Klasse vor.

Kreatives Schreiben

!

Beim **kreativen Schreiben** schreibt man aus sich selbst heraus, um Gedanken, Gefühle, Wünsche, Träume oder Hoffnungen festzuhalten oder um sich gestaltend mit ihnen auseinanderzusetzen, z. B. in Form eines Tagebucheintrags, eines Gedichts oder einer Erzählung. Anlässe können anregende Bilder, Texte oder Musik sein, aber auch besondere Situationen, Erlebnisse oder Erinnerungen.

1 Ein Foto kann dazu anregen, dass man seine Gedanken und Gefühle in einem Text darlegen möchte.

a Sieh dir beide Fotos an und wähle das aus, das dich besonders anspricht.

b Notiere alles ungeordnet auf einem Blatt, was dir beim Betrachten des Fotos durch den Kopf geht.

c Wähle aus deinen Notizen diejenigen Gedanken und Gefühle aus, die du in deinem Text nutzen möchtest.

TIPP
Gestalte den Text ganz persönlich, indem du deine geheimsten Gedanken und Gefühle zum Ausdruck bringst.

2

a Überlege, welchen Text du schreiben möchtest: einen Tagebucheintrag, einen Brief an deine Freundin/deinen Freund, eine Erzählung oder ein Gedicht.

b Schreibe einen Entwurf des Textes. Lass einen breiten Rand zum Überarbeiten.

c Überarbeite deinen Text und schreibe die Endfassung. Wenn du möchtest, gestalte den Text auf besondere Weise.

3 Auch Gemälde können zum Schreiben anregen. Stelle dir vor, du gehst in das Bild hinein und sitzt dem Mann gegenüber. Du kommst mit dem Mann ins Gespräch. Schreibe in dein Heft, was er dir erzählt.

Vincent van Gogh:
An der Schwelle der Ewigkeit

4 Suche in Büchern, Zeitungen, Zeitschriften oder dem Internet weitere Bilder, die dir gefallen, und schreibe einen eigenen Text dazu.

Was habe ich gelernt?

5 Berichte deiner Lernpartnerin/deinem Lernpartner über deine Erfahrungen mit dem Kreativen Schreiben.

Mika ist unglücklich. Seine Freundin Sandra hat mit ihm Schluss gemacht, und es ist nicht leicht für ihn, sich in dieser neuen Situation zurechtzufinden. Aber er lernt sich selbst dadurch besser kennen und ist offen für Neues.

Katrin Schrocke

Freak City

Vor zwei Wochen, drei Tagen und fünf Stunden hatte Sandra mich an die Luft gesetzt.
Sandra, heißt so nicht eine todbringende Seherin bei den alten Griechen? Egal, mir hatte sie auf jeden Fall jede Menge Mist eingebrockt.
Stell dir ein quirliges Bündel Energie vor, das nie ruhig bleiben kann. Ein Mädchen, das wie ein Pingpongball durchs Leben schießt, mit dem einen Ziel, Spaß zu haben und hilflosen Jungs wie mir den Kopf zu verdrehen. Sie trug platinblond gefärbtes kurzes Haar, das sie mit viel Gel zu einer Tolle formte. Sie hatte das auf einem Foto von Pink abgeguckt und war eindeutig die hübschere Variante von beiden. Noch eine Gemeinsamkeit hatte sie mit ihrer Lieblingssängerin: Sie war Frontfrau in einer Band. Zwar nur eine Schülerband, aber das war ein Anfang. Nach dem Abschluss wollte sie nach Mannheim, auf die Popakademie. [...]
Sandra hatte Talent und sah umwerfend aus. Es war genau genommen also nur eine Frage der Zeit, bis sie sich von mir trennte.
Seit sie Schluss gemacht hatte, war irgendeine neuronale Schaltung in meinem Kopf umgelegt. Ich musste 24 Stunden am Tag ununterbrochen an sie denken. Was wir gemacht und nicht gemacht hatten. Was wir geplant und nicht geplant hatten. Was wir gesagt und nicht gesagt hatten. [...]
Bei Schnitzel dachte ich daran, wie Sandra die Gabel gehalten hatte.
Sah ich einen Möbelwagen, dachte ich an den alten Schreibtisch, den sie von oben bis unten mit Edding vollgeschmiert hatte, nur so als Gag.
Sah ich das Kinoprogramm für nächste Woche, dachte ich an ihren Lieblingsfilm.
»Liebe braucht keine Ferien«.
Fängt der nicht auch mit einer Blondine an, die ihren Kerl vor die Tür setzt? Ich hätte es ahnen müssen.
Ich war in einer gedanklichen Endlosschleife gefangen.

1 Lege eine Tabelle mit drei Spalten an. Schreibe in je eine Spalte, was Mika über sich und Sandra berichtet.

2 Im folgenden Textauszug geht Mika ins Café eines Blindenwerks und belauscht dabei zufällig Sandra und ihre Freundinnen. Ergänze in der dritten Spalte deiner Tabelle, was Sandra über ihre Beziehung erzählt.

Ich tastete mich durch den Raum in die Ecke, wo ich Sandra und ihre Freundinnen vermutete.
»Haha, sehr witzig!« Das war Vanessa.
Ich blieb einen gefühlten Meter vom Tisch der Mädchen entfernt stehen. Als Kind hatte ich mir oft gewünscht, unsichtbar zu sein. Jetzt war ich es und hatte absolut kein schlechtes Gewissen, meine Exfreundin zu belauschen.
»Ich brauche auf jeden Fall erst mal eine Weile Auszeit von ihm!«, stellte Sandra fest.
»Das klingt, als ob du doch noch was von Mika willst?« Nadine klang überrascht. »Belästigt er dich eigentlich immer noch mit seinen ständigen Anrufen?«
Ich wurde rot. Es stimmte, ich hatte in den zwei Wochen seit der Trennung ein paarmal bei Sandra angerufen. Und ich hatte ihr manchmal nachts eine SMS geschickt, wenn ich aufgewacht war und an sie gedacht hatte. Aber »Belästigung« war ein zu hartes Wort!
»Er kommt überhaupt nicht darüber weg«, sagte Sandra seufzend. Irgendwie klang sie zufrieden dabei. »Ich meine, das war ja auch die ganz große Liebe zwischen uns. Echt starke Gefühle, eine richtig ernste Sache ...«
Schritte näherten sich. Eine weibliche Stimme war zu hören. »Ich bringe die Getränke! «
»Kakao«, dachte ich. Das war Sandras Lieblingsgetränk.
»Latte Macchiato«, sagte Sandra. »Ich steh auf das Zeug!«
Die Bedienung servierte die Getränke und entfernte sich wieder.
»Wo waren wir stehen geblieben?« Nadine klang gespannt.
»Dass Sandra eine Auszeit braucht!«, nahm Vanessa den Faden auf.
»Vielleicht merke ich ja in der Zwischenzeit, dass ich wirklich zu Mika gehöre«, murmelte Sandra. »Wir hatten echt superschöne Zeiten. Vielleicht wird mir aber auch bewusst, dass es langfristig zwischen uns nicht funktionieren kann. Als Partner fehlt Mika einfach der nötige Pep. «
Das Blut in meinen Schläfen pochte. Sandra sprach so ungeniert über mich, als würde sie die letzten Fußballergebnisse herunterbeten.

»Kein Pep. Meinst du das jetzt sexuell oder was?«, fragte Vanessa und lachte quietschend auf.

»Quatsch.« Sandra schlürfte an ihrem Kaffee. »Ich meine damit seine Persönlichkeit.«

Irgendwie wünschte ich mir fast, sie hätte es sexuell gemeint. »Das Problem ist einfach, dass Mika immer den einfachsten Weg wählt. Der ist so zufrieden mit dem Ist-Zustand.« Langsam redete Sandra sich in Rage. »Der würde sich nie für was engagieren. Der nimmt die Sachen so, wie sie ihm zufallen. Freizeitprogramm: gemeinsam auf dem Sofa abhängen und Glotze an. Klar mag ich das auch mal, aber doch nicht immer. Der Typ hat kaum Hobbys, kaum Interessen. Ich liebe ihn eigentlich immer noch, aber wenn er sich nicht schleunigst ändert, wird das nie mehr was mit uns.«

Die Worte fluteten mein Hirn, als wäre irgendwo eine Schleuse geöffnet worden. Der einfachste Weg … Was war daran so schlecht? Außerdem hatte Sandra nicht Recht: Ich hatte Interessen. Sie war mein Interesse. Das letzte Jahr hatte ich ausschließlich damit verbracht, Sandra genau kennen zu lernen.

Ich wusste, wie man sie zum Lachen bringen konnte. Ich wusste, auf welche Musikgruppen sie stand. Ich war der Einzige, der kapierte, warum sie bei den Sissi-Filmen heulen musste. Ich wusste, wo sie mit acht ihren Sommerurlaub verbracht hatte, und ich wusste, dass sie auf Eis mit heißen Himbeeren stand. Ich kannte ihre Schuhgröße und ihre Lieblingsfarbe. Ich war ein Experte in Sachen Sandra. Wie konnte sie behaupten, dass ich ein

Langweiler ohne Interessen war?
Ein Handy ging.
Vanessa pfiff durch die Zähne. »Bestimmt ist er das!«, sagte sie aufgeregt in Sandras Richtung.
»Wer? Mika?« Nadine war offenbar noch nicht eingeweiht.
»Unsinn!« Sandra drückte auf den Knopf ihres Telefons.
»Das war Florian, der Typ, der im Waikiki-Club auflegt. Gestern sind wir uns zufällig im Kino begegnet. Jetzt will er sich für morgen mit mir verabreden. Da ist so eine Fete am Baggerloch. Er fragt, ob wir anschließend gemeinsam zelten wollen.«
Verzweifelt lehnte ich meinen Kopf an die Wand. Florian. So hieß der Neue. Sandra klang regelrecht aufgedreht. Die Lücke, die ich hinterlassen hatte, war also bereits gefüllt.
Sandra dachte zwar darüber nach, zu mir zurückzukehren. Gleichzeitig sah sie sich auf dem Markt der einsamen Herzen um.

3 Vergleicht eure Aufzeichnungen zu Mika und Sandra. Diskutiert dann, ob und mit welchen Veränderungen ein Neuanfang für die beiden möglich wäre.

Mika hat inzwischen Lea kennen gelernt. Er fühlt sich von dem selbstbewussten Mädchen angezogen. Doch das Kennenlernen ist nicht einfach: Lea ist gehörlos. Deshalb hat Mika einen Kurs in Gebärdensprache begonnen.

Meine Augen rasten über die Zeilen. Der Brief war ziemlich lang. Noch nie vorher hatte mir jemand einen so ernsten Brief geschrieben.
Als ich fertig war, legte ich mich aufs Bett und begann noch mal von vorne. Mein Herz schlug plötzlich verdächtig schnell, dabei hatte Lea mir eigentlich nur harmlose Dinge geschrieben.
»Lieber Mika, ich möchte den Brief mit einer Entschuldigung beginnen. Es tut mir leid, dass ich dich bei mir zu Hause so angegriffen habe. Dein unerwarteter Besuch hat mich total überrumpelt, denn damit habe ich überhaupt nicht gerechnet. Normalerweise mag ich es nicht, dass mich jemand innerhalb meiner Familie erlebt. Ich liebe sie alle sehr, aber oft fühle ich mich ausgeschlossen und nicht ernst genommen. Als wäre ich ein Austauschschüler aus einem exotischen Land, dessen Sprache niemand spricht und dem ständig bewusstgemacht wird, wie mühsam es für alle ist, ihn dennoch einzubeziehen, ich mag nicht, dass du mich so schwach erlebst. Du sollst einen starken Eindruck von mir haben!«

Sie schrieb auch, dass sie mich vermisste und es toll fand, dass ich inzwischen so gut in Gebärdensprache war.
Ich fand, sie übertrieb, aber ich freute mich über das Kompliment. Den Satz *»Ich bin stolz auf dich«* las ich mehrmals hintereinander.
Am Schluss des Briefes schrieb sie: *»Ich möchte dich wahnsinnig gerne wiedersehen! [...]«* Ganz klein stand dann noch etwas am Rand der Seite: *»Ich würde dich gerne zu einer besonderen Veranstaltung in der Innenstadt einladen. Hast du am Donnerstagabend Zeit? Das hoffe ich sehr! Ich bin sicher, es wird dir gefallen!«*

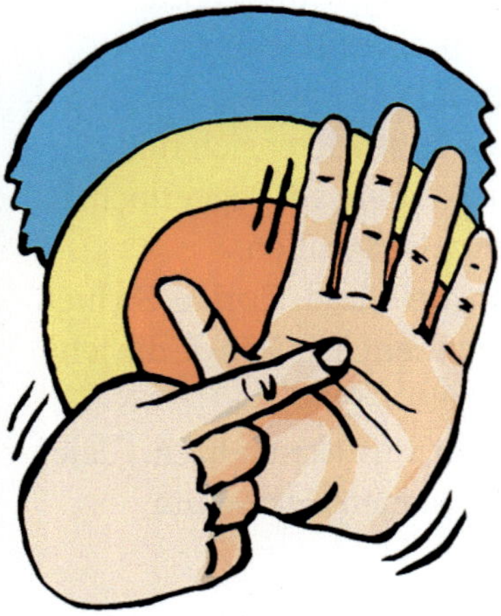

Was genau sie vorhatte, schrieb sie nicht. Nur, dass ich mich ein bisschen schick machen sollte, vielleicht so, als würde ich in die Disco gehen. Und dass ich sie zu Hause abholen sollte.
Ich verspürte die ultimative Erleichterung.
In den letzten zwei Tagen hatte ich immer, wenn ich an Lea gedacht hatte, ihr wutverzerrtes, zorniges Gesicht am Mittagstisch ihrer Eltern vor Augen. Jetzt verschwand dieser negative Eindruck und andere Bilder kehrten in meinen Kopf zurück.
Bilder, die viel schöner waren und alles andere überdeckten: Lea, wie sie ganz cool am Billardtisch stand und mit dem Queue die Kugeln dirigierte. Lea, wie sie gemeinsam mit Franzi über irgendetwas Albernes lachte. Lea in einem verschärften Bikini, ihre Haut mit unzähligen Sommersprossen übersät. Lea, wie sie neben mir lag, nur Zentimeter von mir entfernt, und mir einige Geheimnisse entlockte.
Lea, wie sie mich anblinzelte, angrinste, wie ihre Augen meine trafen und wortlos verstanden. Immer wieder Lea, wie auf einer riesigen Leinwand in meinem Kopf.
Ein sexy Stummfilm, fernab von Hollywood, und ganz allein für mich gemacht.

4 Erläutere, wodurch sich Mikas Beziehung zu Lea von der zu Sandra unterscheidet. Wie bewertest du seine Art, eine Beziehung zu führen?

5 Überlegt, wie es mit Mika und Lea weitergehen könnte. Welche neuen Erfahrungen hält ihre Beziehung bereit und welche Schwierigkeiten könnte es geben?

Figuren charakterisieren

Die Charakterisierung einer literarischen Figur dient dazu, ein umfassendes Bild von ihr zu erstellen. So lassen sich Verhaltensweisen und Gründe für bestimmte Handlungen besser interpretieren. Folgende Aspekte sind für eine Figurencharakteristik wichtig; die Beispiele stammen aus dem Textauszug »Freak City«:

1. Äußere Erscheinung mit Einzelheiten und Besonderheiten

Sandra hat kurze, platinblond gefärbte Haare, die sie mit Gel zu einer Tolle formt. Ihr Vorbild ist die Sängerin Pink.

2. Lebensumstände mit Alter und Familiensituation sowie Beruf

Sie geht noch zur Schule und ist Frontfrau in einer Band.

3. Verhaltensweisen und Verhältnis zu anderen Figuren

Sandra ist ein Energiebündel und bei Jungen sehr beliebt.
Sie hat einige Freundinnen, mit denen sie viel unternimmt. ...

4. Innenwelt der Figur: ihre Gedanken, Gefühle, Wünsche

Wichtig ist für sie, Spaß zu haben und auf andere gut zu wirken. Sie möchte nach der Schule eine Popakademie besuchen. Momentan ist sie sich nicht sicher, ob Mika der richtige Partner für sie ist, und hat deshalb Schluss gemacht.

5. Zusammenfassung der Merkmale und Bewertung der Figur

Sandra sieht attraktiv aus und ist eine talentierte Sängerin. Allerdings wirkt sie noch etwas unreif und oberflächlich.

1 Charakterisiere den Ich-Erzähler Mika anhand der Textauszüge von »Freak City«. Orientiere dich an den oben genannten fünf Schritten.

2 Vergleicht eure Ergebnisse und überarbeitet eure Charakterisierungen.

3 Bewerte nun Mikas Verhältnis zu Sandra.

Sachtexte erschließen

Elemente zur Steuerung des Textverstehens erkennen

Den Text überfliegen

1

a Verschaffe dir durch überfliegendes Lesen einen ersten Eindruck.

Klimawandel

Woran ist der Klimawandel zu erkennen?

In den vergangenen 100 Jahren stieg die durchschnittliche Temperatur auf der Erde um 0,74° C an. Das klingt erst mal recht wenig, bedeutet aber für die komplizierten Zusammenhänge in der Natur einen großen Sprung. Die 90er-Jahre waren das wärmste Jahrzehnt in den vergangenen 1000 Jahren und die zwölf wärmsten Jahre überhaupt sind in den letzten Jahren gemessen worden. Bis zum Jahr 2100 wird ein weiterer Temperaturanstieg von 1,8 °C bis 4 °C, im schlimmsten Falle sogar bis zu 6,4 °C prophezeit.

Was bedingt den Klimawandel?

Unser energieintensiver Lebensstil ist der Hauptgrund für den Klimawandel, wir produzieren einfach zu viel Kohlendioxid (CO_2). Große Mengen dieses Treibhausgases werden freigesetzt durch den Straßenverkehr, durch Kraftwerke zur Energiegewinnung, durch Fabriken und Industrieanlagen und durch Landwirtschaft und Nutztierhaltung. Das Gleichgewicht zwischen Kohlendioxidverursachung und -absorption, das ist die Aufnahme von CO_2 durch Flüssigkeiten oder Feststoffe, ist nicht mehr vorhanden. Das heißt: Wir produzieren mehr CO_2, als die Pflanzen in unserer Umwelt wieder aufnehmen können. Das Abbrennen und Roden großer Waldflächen zur Flächengewinnung für die Landwirtschaft verschärft die Problematik noch.

Welche Auswirkungen hat der Klimawandel?

1. Der Klimawandel hat extreme Wetterphänomene zur Folge: Stürme, Fluten, Trockenheit und Hitzewellen.
2. Die Polarkappen schmelzen. Wenn in Grönland das Eis komplett abschmilzt, könnte der Meeresspiegel bis zu sieben Meter steigen. Küstenstädte auf der ganzen Welt würden von Überschwemmungen heimgesucht.
3. Seit 1850 sind die Gletscher der europäischen Alpen um zwei Drittel abgeschmolzen. Diese Tendenz hat sich seit 1980 beschleunigt. Die Folge: Aufgrund der Erwärmung muss nun mithilfe von Schneekanonen tonnenweise künstlicher Schnee für

die Skipisten hergestellt werden. Das wiederum bedeutet einen erhöhten Energiebedarf und auch wieder CO_2-Ausstoß.
4. Der Klimawandel auf der Erde könnte regionale Konflikte und Hungersnöte auslösen und dazu führen, dass viele Menschen auf der Suche nach Nahrung und Wasser zu Flüchtlingen werden. Schon heute haben 1,2 Milliarden Menschen kein sauberes Trinkwasser mehr. Erhöht sich die Temperatur auf der Erde nur um 2,5 °C, kann das Trinkwasser für weitere 2 bis 3 Milliarden Menschen knapp werden.
5. Tiere und Pflanzen können sich nicht so schnell an die steigenden Temperaturen anpassen. Eine Studie besagt, dass der Klimawandel bis 2050 zum Aussterben von einem Drittel aller Arten auf der Welt führen könnte.
Fazit: Der Klimawandel ist heutzutage eine unserer größten ökologischen, sozialen und wirtschaftlichen Bedrohungen. Wenn wir jetzt nicht handeln, wird er unseren Planeten auf Dauer schädigen.

Das Thema des Textes erfassen

b Benenne das Thema und die drei großen Teilthemen.

c Erkläre, woran du dich beim Erfassen der Teilthemen orientiert hast.

!

Damit der Leser den Gedanken des Autors gut folgen kann, unterstützt der Autor das Textverstehen durch die Verwendung **verstehensfördernder Mittel**:
- **äußere Mittel** sind z. B.:
  - die Kennzeichnung des Textthemas durch eine Überschrift,
  - die Strukturierung des Textes durch Zwischenüberschriften,
  - die Strukturierung des Textinhalts durch Absätze,
  - die Kennzeichnung neuer Gedanken oder Teilthemen durch Einleitesätze,
  - die Strukturierung des Textinhalts durch Nummerierungen und Aufzählungszeichen, z. B.: *zum einen – zum anderen,*
- **inhaltliche Mittel** sind z. B.:
  - die Herstellung eines logischen inhaltlichen und sprachlichen Zusammenhangs,
  - Einschübe und nachträgliche Erläuterungen (z. B. Appositionen), die etwas erklären oder Bezüge zu anderen Textaussagen herstellen,
  - die Erhöhung der Wirksamkeit einer Äußerung durch spezielle sprachliche und stilistische Mittel.

→ **S. 192** Mittel der Verknüpfung von Sätzen und Teilsätzen
→ **S. 195** Stilistische Mittel

2

a Tauscht euch darüber aus, welche äußeren Mittel der Textstrukturierung im Text von Aufgabe 1a (S.54) erkennbar sind (Merkkasten S.55).

b Nennt zu den inhaltlichen verstehensfördernden Mitteln je ein Beispiel aus dem Text von Aufgabe 1a (S.54).

3 Jeder Text folgt einer inneren Logik. Seine einzelnen Teile (Satzteile, Sätze, Absätze, Kapitel oder Teiltexte) stehen in Beziehung zueinander und bilden eine Gesamtstruktur.

a Untersucht, wie der Text von Aufgabe 1a (S.54) inhaltlich aufgebaut ist. Orientiert euch an den Teilüberschriften und Absätzen.

b Untersuche den Gedankengang des Autors. Übertrage die folgende Übersicht in dein Heft und ergänze sie.

Zu Beginn des Textes beschreibt der Autor ...

↓

Im zweiten Abschnitt des Textes ...

↓

Der dritte Abschnitt des Textes ...

↓

Zum Schluss ...

4 Im Fazit des Textes (S.54, Aufgabe 1a) wird der Klimawandel als eine unserer größten ökologischen, sozialen und wirtschaftlichen Bedrohungen bezeichnet.

a Fasse die im Text genannten Auswirkungen des Klimawandels jeweils in einem Wort oder einer kurzen Wortgruppe zusammen.

b Fertige mithilfe der in Aufgabe a gefundenen Begriffe und Kurzaussagen ein Schaubild zu den Auswirkungen des Klimawandels an.

!

Die Struktur eines Sach- oder literarischen Textes lässt sich auch an der Art und Weise der **Satzverknüpfung** erkennen, z.B. durch das Mittel der **Wiederaufnahme**. Das heißt, ein Satz nimmt ein Wort des vorherigen Satzes auf oder eins, das sich auf dieselbe Sache oder dieselbe Person bezieht. Das geschieht durch:

- Wiederholung, z.B.: *Ria fuhr zum See. Ria wollte baden.*
- Pronomen, z.B.: *Ria fuhr zum See. Sie wollte baden.*
- bedeutungsähnliche Wörter, z.B.: *Ria fuhr zum See. Das Mädchen wollte baden.*
- Teil-Ganzes-Beziehungen, z.B.: *Die Landschaft war herrlich. Der See war klar und kühl.*

→ S.192 Mittel der Verknüpfung von Sätzen und Teilsätzen

5

a Tauscht euch darüber aus, wozu das Mittel *Wiederaufnahme* dient.

b Sucht aus dem 2. Abschnitt des Textes (S.54, Aufgabe 1a) das Beispiel für eine Wiederaufnahme heraus. Bestimmt, wodurch sie ausgedrückt wird.

c Sucht weitere Satzverknüpfungsmittel aus dem Text in Aufgabe 1a heraus.

→ S.192 Satz- und Textgestaltung

TIPP
Achte besonders auf neue Gedanken bzw. Teilthemen und die Satzverknüpfungsmittel.

6 Suche Beispiele für Satzverknüpfung durch Wiederaufnahme heraus.

Heutzutage kann man sehr günstig verreisen, denn Fliegen wird immer billiger. Doch dieses Vergnügen verursacht auch einen großen Ausstoß an Kohlendioxid (CO_2), und zwar genau dort, wo es am meisten schadet: mitten in der Atmosphäre. Eine Verringerung des CO_2-Ausstoßes würde aber helfen, den Klimawandel zu verlangsamen. Doch nicht jeder kann oder will auf das Flugzeug verzichten – besonders bei weiten Entfernungen. Für Menschen, denen die Folgen ihres Fliegens nicht egal sind, gibt es verschiedene gemeinnützige und nicht profitorientierte Organisationen. Bei diesen Klimaschutz-Agenturen können sie für ihre »Klimasünden« bezahlen. Für jede Tonne CO_2 berechnen die Agenturen eine freiwillige Abgabe. Dieses Geld fließt in Klimaschutzprojekte, die möglichst die gleiche Menge Kohlendioxid einsparen sollen. Trotzdem: Der moderne Ablass[1] ist nur die zweitbeste Lösung. Wesentlich besser ist es, klimaschädliches Verhalten möglichst zu vermeiden.

[1] *hier:* Erlassen der Strafen für die »Klimasünden« gegen Geld (vgl. Ablasshandel im Mittelalter)

Diskontinuierliche Texte erschließen

1

a Tauscht euch über folgende Aussage aus und erläutert, was nach eurem Verständnis damit gemeint ist.

Elemente der äußeren Gestaltung gewinnen bei Sachtexten an Bedeutung. Man unterscheidet daher zwischen Textbild und Textinhalt.

b Lest den folgenden Merkkasten und erklärt den Unterschied zwischen kontinuierlichen und diskontinuierlichen Texten (Cluster-Texten).

!

Um den Inhalt eines komplexen Themas angemessen und möglichst optimal zu vermitteln, genügt es heute nicht mehr, einen langen kontinuierlichen Text (Fließtext) zu schreiben. Deshalb wird der lange Text in verschiedene Bausteine aufgelöst.
Solche **diskontinuierlichen Texte** (Cluster-Texte) können z. B. Folgendes beinhalten:
- historische Daten als Chronik in Stichpunkten,
- statistische Angaben in Form von Diagrammen,
- ergänzende Angaben in Form von Tabellen,
- Begriffserklärungen in Form eines Glossars oder einer Fußnote,
- Fakten oder Hintergrundinformationen in jeweils geeigneter Form,
- Meinungsäußerungen in Form von Kurzinterviews,
- hervorgehobene Zitate,
- Bilder, Abbildungen,
- Schaubilder oder Grafiken.

2

a Verschaffe dir einen ersten Texteindruck von dem diskontinuierlichen Text auf der folgenden Seite.

b Beschreibe das Textbild. Beantworte dazu folgende Fragen.

1 Welche Textbausteine enthält der Text?
2 Welche Funktion haben diese Textbausteine jeweils?
3 Wie sind die Textbausteine angeordnet?
4 Wie stehen die Textbausteine inhaltlich zueinander?

Klimaschutz im Stadtverkehr

> *»Neues entsteht in den Zwischenräumen der Gesellschaft; Grenzgänger schaffen innovative Ansätze zur Nachhaltigkeit.«*
>
> Volker Hauff (Vorsitzender des Rates für Nachhaltige Entwicklung)

Keine Frage: Die Klimagasemissionen müssen drastisch gesenkt werden. Das gilt auch für den Verkehr in der Stadt. Das kann auch eine Chance sein, die städtische Lebensqualität zu erhöhen. Eine lebendige Stadt, ein angenehmes Ambiente, weniger Staus, weniger Lärm, mehr Platz für Radfahrer und Fußgänger – so könnte das Ergebnis aussehen.

Die Technik – z. B. energieeffiziente Fahrzeuge, neue Antriebe, wie der Elektromotor oder Biokraftstoffe, – ist eine wichtige Komponente beim Klimaschutz. Sie kann das Klimaproblem aber allein nicht lösen. Denn auch die erneuerbaren Energien stehen nicht unbegrenzt zur Verfügung.

Das heißt, ganz unabhängig von der technologischen Entwicklung werden erhebliche Veränderungen in der Mobilität des täglichen Lebens notwendig sein. Kurze Wege zum Arbeitsplatz, zum Einkaufen oder zur Erholung werden wieder stärker gefragt sein, die Verkehrsmittel des Umweltverbunds[1] ein viel größeres Gewicht haben. Deshalb ist es notwendig, die folgenden Klimaschutzpotenziale stärker in den Blick zu nehmen.

Klimaschutzpotenzial	Mögliche CO_2-Einsparung
Stadtverkehr	Der Innerortsverkehr ist für ein Viertel der CO_2-Emissionen des gesamten Verkehrs verantwortlich. Das Potenzial, das durch die städtische Verkehrsplanung beeinflusst werden kann, ist aber größer. Denn ein sehr hoher Anteil des Verkehrs hat einen regionalen Bezug. 85 % aller Wege im Personalverkehr sind kürzer als 20 Kilometer.
kürzere Wege	In den letzten Jahrzehnten wurden die täglich zurückgelegten Wege zur Arbeit, zum Einkaufen oder in der Freizeit in Deutschland immer weiter. Wenn es gelänge, diesen Trend umzukehren, sodass die Wege im Jahr 2020 nur wieder um 10 % kürzer wären, könnten damit 10 Millionen Tonnen CO_2 eingespart werden.
nicht motorisierter Verkehr	Würde in Deutschland bis 2020 die Hälfte der Autofahrten unter 5 Kilometer zum Fahrrad- oder Fußgängerverkehr verlagert, könnten 5,8 Millionen Tonnen CO_2 gespart werden.
ÖPNV	Könnte man den Anteil des ÖPNV deutschlandweit bis 2020 zulasten des Autos verdoppeln, würden damit 2,5 Millionen Tonnen CO_2 eingespart.

Bundesumweltministerium fördert Klimaschutz in Städten und Gemeinden

Weitere Informationen:

→ Richtlinien zur Förderung im Rahmen der Nationalen Klimaschutzinitiative
→ www.bmu-klimaschutzinitiative.de
→ www.kommunaler-klimaschutz.de
→ www.ptj.de/klimaschutzinitiative-kommunen

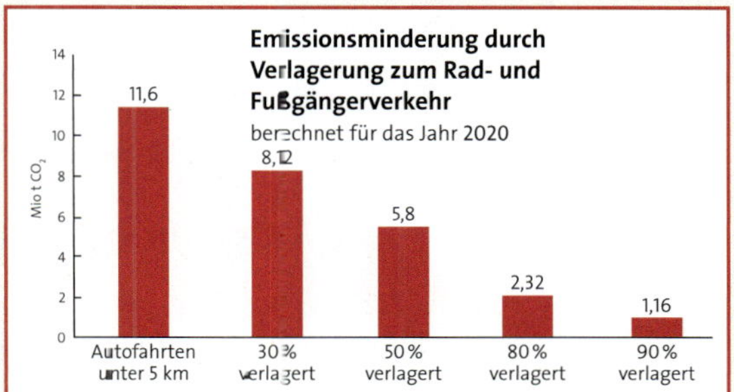

[1] ohne Auto

3 Diskontinuierliche Texte beinhalten Fließtexte und verschiedene andere Textbausteine (z.B. Tabellen, Diagramme, Schaubilder usw.). Beschreibe das Verhältnis von Fließtext und anderen Textbausteinen im Text von Aufgabe 2.

4

a Erläutert die Vorteile eines diskontinuierlichen Textes gegenüber einem kontinuierlichen Text.

b Sprecht darüber, was das Lesen eines diskontinuierlichen Textes vom Lesen eines kontinuierlichen Textes unterscheidet.

TIPP
Stellt euch vor, die Aussagen der Tabelle wären als Fließtext angefügt.

5

a Lies den Fließtext (Eingangstext) in Aufgabe 2 gründlich und beantworte die folgenden Fragen.

1. Wie wird der Text eingeführt? Was will der Autor damit erreichen?
2. Welche Argumente werden angeführt? Was wird damit begründet?
3. Warum reichen die technologischen Entwicklungen nicht aus?
4. Was wird als notwendig erachtet?

b Erkläre, warum Klimaschutz im Stadtverkehr notwendig ist.

c Durch welche Formulierungen erreicht der Autor eine Verbindung zwischen Eingangstext und Tabelle? Nenne mindestens drei Beispiele.

6

a Formuliere in ein bis zwei Sätzen, zu welchem Teilthema die Tabelle des diskontinuierlichen Textes in Aufgabe 2 etwas aussagt.

Die Tabelle sagt etwas aus zum Teilthema …

b Lies die Tabelle gründlich und formuliere in ein bis zwei Sätzen, welche Hauptaussage vermittelt wird.

Die Tabelle bringt zum Ausdruck, dass …

c Schreibe aus der Tabelle heraus, durch welche Veränderungen wie viel CO_2 eingespart werden könnte. Stelle deine Ergebnisse in einem Diagramm dar.

7

a Erschließt die Grafik im Text in Aufgabe 2 (S. 59). Beantwortet dazu die folgenden Fragen.

1 Welches Thema wird grafisch abgebildet?
2 Welche Einzelaussagen werden getroffen?
– Welche statistischen Angaben werden gemacht?
– Wie viele Millionen Tonnen CO_2 würden weniger ausgestoßen, wenn die Autofahrten unter 5 km um die Hälfte verringert würden?
3 Was ist die Kernaussage?
4 In welcher Weise unterstützen die Informationen des Diagramms die Aussagen in der Tabelle?

b Gib die grafisch dargestellten Informationen in einem schriftlichen Text wieder. Nutze deine Ergebnisse aus den Aufgaben 6 und 7a.

8 Fasse alle im Text von Aufgabe 2 (S. 59) dargestellten Informationen schriftlich zusammen. Nutze deine Ergebnisse aus den Aufgaben 5 bis 7.

9 Erschließe die Grafik auf Seite 84 und fasse die Informationen schriftlich zusammen.

10

a Suche aus einer Zeitschrift einen diskontinuierlichen Text heraus, erschließe den Inhalt und fasse alle Informationen schriftlich zusammmen.

b Suche aus einer Zeitschrift einen diskontinuierlichen Text heraus und erschließe seinen Inhalt mithilfe der Schrittfolge.

So kannst du diskontinuierliche Sachtexte (Cluster-Texte) erschließen

1. Verschaffe dir einen Eindruck vom Textbild.
2. Kläre das Thema und den Inhalt des Gesamttextes.
3. Kläre die Teilthemen der einzelnen Textbausteine. (Worüber sagen der Fließtext, die Tabelle, die Grafik, das Schaubild etwas aus?)
4. Erschließe die Inhalte der einzelnen Textbausteine genau. (Welche Einzelaussagen werden getroffen? Welches sind die Kernaussagen?)
5. Setze die Aussagen miteinander in Beziehung. (Wie stehen die Aussagen zueinander? Welche Zusammenhänge oder Tendenzen sind erkennbar?)
6. Fasse die wichtigsten Aussagen des Gesamttextes zusammen.

Textinhalte vergleichen

!

Um sich einen Sachverhalt umfassend zu erschließen und die Richtigkeit der Aussagen zu überprüfen, muss man oft mehrere Sachtexte zum Thema lesen. Beim **Vergleichen der Textinhalte** arbeitet man am besten mit einer Tabelle. So kann man dabei vorgehen:

- die Texte nacheinander lesen und Teilthemen notieren,
- zu den Teilthemen Wichtiges in Stichpunkten aufschreiben,
- die Aussagen zu den Teilthemen miteinander vergleichen.

1

a Lies die beiden Texte nacheinander. Übertrage die folgende Tabelle in dein Heft und ergänze nach dem Lesen das gemeinsame Thema.

Gemeinsames Thema: ...		
Teilthema der Textabschnitte / Unterthemen	**Text 1**	**Text 2**

Text 1

Nachhaltigkeit ist ein Konzept, das ausdrückt, dass die heute lebenden Generationen so leben sollen, dass künftige Generationen die gleiche Chance haben, ihre Bedürfnisse zu befriedigen. Die Grundidee, die hinter dem Konzept einer nachhaltigen Entwicklung steht, lässt sich in dem folgenden Leitsatz zusammenfassen: Die Staaten der Welt sind aufgefordert, ihre gegenwärtige Entwicklung so zu gestalten, dass sowohl heutige als auch künftige Generationen ihre Bedürfnisse befriedigen können. Das grundlegende Ziel nachhaltiger Entwicklung ist es, zwei zentrale Probleme zu lösen. Nämlich

1. die schlechte existenzielle Lage eines großen Teils der Menschheit in den so genannten Dritte-Welt- und Schwellenländern sowie
2. die übermäßige Inanspruchnahme von Umweltressourcen durch die etablierten und aufstrebenden Industrienationen.

Weitgehende Einigkeit besteht also auf der grundsätzlichen Ebene: Nachhaltigkeit orientiert sich an den Leitlinien

- globale Gerechtigkeit zwischen heute und künftig lebenden Generationen,
- dauerhafte Umweltverträglichkeit und zukunftsfähige wirtschaftliche Entwicklung.

Text 2

Nachhaltigkeit bedeutet – vereinfacht ausgedrückt – einerseits der Natur nur so viel zu entnehmen, wie an Ressourcen nachgebildet werden kann, und andererseits die Natur mit Rest- und Abfallstoffen nur so weit zu belasten, wie sie zu kompensieren in der Lage ist.
Das wesentliche Element der Nachhaltigkeit wurde auf den letzten Weltumweltgipfeln formuliert, nämlich der anzustrebende Gleichklang von Ökologie, Ökonomie und Sozialem. Zum einen geht es um die Schonung endlicher Ressourcen, um Bodenschätze, speziell auch fossile Energieträger[1], und zum anderen um die nachhaltige Nutzung biologischer Ressourcen. Dabei geht es z. B. um Fischbestände der Weltmeere und Binnengewässer, um Nutztiere und Nutzpflanzen in der Landwirtschaft oder um den Erhalt der Bodenfruchtbarkeit.
Der andere Aspekt der Nachhaltigkeit, die Natur nicht über Gebühr zu belasten, bedeutet in der Landnutzung – in Analogie zur Industrie oder zum Verkehr – die Reduzierung von Emissionen, etwa in Form von toxischen[2] oder klimarelevanten Gasen. Auch die Vermeidung von Stoffeinträgen in den Boden, in das Grundwasser oder in Oberflächengewässer sowie Verminderung der Bodenerosion sind Ziele nachhaltigen Handelns.

[1] z. B. Kohle und Erdöl

[2] giftig, krankheitserregend

b Lies Text 1 abschnittsweise und notiere in der linken Spalte der Tabelle das Teilthema, mit dem sich der jeweilige Abschnitt beschäftigt.

c Lies nun Text 2 und ergänze die bisher nicht notierten Teilthemen in der linken Tabellenspalte.

d Arbeite beide Texte nacheinander abschnittsweise durch und trage die Aussagen zu den Teilthemen stichpunktartig in die mittlere und die rechte Tabellenspalte ein.

e Vergleiche die notierten Aussagen miteinander. Welche sind gleich? Welche unterscheiden sich? Was ist neu?

→ S. 244 Merkwissen

f Fertige mithilfe der Tabelle aus Aufgabe 1a eine Mindmap zum Begriff *Nachhaltigkeit* an.

Textbeschreibungen zu Sachtexten verfassen

→ S.35 Textbeschreibungen zu literarischen Texten

!

In einer **Textbeschreibung** werden Ergebnisse der Analyse eines Textes zusammenhängend dargestellt. Das heißt, jeder Textbeschreibung muss eine genaue Untersuchung des Textes vorangehen.
Die Textbeschreibung eines Sachtextes gibt sachlich Auskunft über den Inhalt und die Besonderheiten des Textes. Sie sollte folgende **Bestandteile** aufweisen:
Einleitung (z.B. Quelle, Autor/Herausgeber, Titel, Thema des Textes)
Hauptteil
- Aussagen zum Aufbau des Textes (z.B. äußerlich erkennbare Gliederung: Textbestandteile, Funktion und Anordnung)
- Aussagen zum Inhalt des Textes (z.B. Thema, Standpunkt der Autorin / des Autors, Hauptaussage, Thesen, Argumente)
- Aussagen zur Wirkungsabsicht, zum Adressatenbezug, zur Textfunktion
- Aussagen zu sprachlichen Besonderheiten

Schluss (z.B. Bewertung von Inhalt und Darstellungsweise des Textes, eigene Meinung zum im Text Dargestellten)

Eine Textbeschreibung planen

→ S.54 Elemente zur Steuerung des Textverstehens erkennen

TIPP
Nutze deine Untersuchungsergebnisse der Aufgaben 1 bis 3 (S.54–56).

1 Bereite eine Textbeschreibung zum Text »Klimawandel« (S.54) vor.

a Untersuche den Aufbau des Textes. Bestimme, um was für einen Text es sich handelt. Welche Elemente zur Steuerung des Textverstehens hat der Autor verwendet?

b Formuliere, um welches Thema es geht. Welchen Standpunkt hat der Autor zum Thema? Notiere die Hauptaussage des Textes.

c Untersuche die Gliederung des Textes. Stelle dazu den Gedankengang des Autors in einer Übersicht dar. Werden die Aussagen begründet und mit Beispielen belegt?

d Überlege, was der Autor mit dem Text erreichen möchte: informieren, appellieren oder werten? Suche heraus, ob und, wenn ja, wie der Autor die Leser anspricht.

e Untersuche die sprachlichen Besonderheiten des Textes, z.B. die Wortwahl und den Satzbau.

Einen Entwurf schreiben

2 Schreibe einen Entwurf der Textbeschreibung. Lass einen breiten Rand für die Überarbeitung.

a Lies den Text noch einmal und entwirf die Einleitung.

b Schreibe den Entwurf des Hauptteils. Nutze dazu deine Ergebnisse aus Aufgabe 1.

c Entwirf den Schluss der Textbeschreibung. Lege deine eigene Meinung zum Thema dar oder stelle einen Bezug zu deinem Leben her.

Den Entwurf überarbeiten

d Überarbeite den Entwurf und schreibe die Endfassung.
Nutze dazu die folgenden Fragen.

1. Wurden Textfunktion und Autorenabsicht bestimmt?
2. Wurden alle notwendigen Angaben zum Textinhalt wiedergegeben?
3. Wurden inhaltliche und gestalterische Besonderheiten des Textes beschrieben?
4. Ist die sprachliche Gestaltung deiner Textbeschreibung korrekt?

Eine Textbeschreibung verfassen

3 Verfasse eine Textbeschreibung zum Text »Klimaschutz im Stadtverkehr« (S. 59).

a Lies den Text noch einmal und entwirf die Einleitung.

TIPP
Nutze auch deine Ergebnisse aus den Aufgaben 2 bis 8 (S. 58–61).

b Untersuche den Text gründlich und schreibe den Entwurf des Hauptteils der Textbeschreibung.

c Entwirf den Schluss. Lege deine eigene Meinung zum Thema dar oder stelle einen Bezug zu deinem Leben her.

d Überarbeite den Entwurf und schreibe die Endfassung.

4 Verfasse eine Textbeschreibung zu den Texten aus Aufgabe 1a (S. 62).

5 Verfasse eine Textbeschreibung zu einem Text aus einer Zeitschrift.

Was habe ich gelernt?

6 Überprüfe, was du über Textbeschreibungen gelernt hast. Vergleiche die Arbeitsschritte zum Verfassen von Textbeschreibungen von Sachtexten und literarischen Texten. Welche Unterschiede gibt es?

Exzerpte anfertigen

! Das **Exzerpieren** ist eine Methode der Texterschließung und der Informationssammlung. Der Text wird unter einer bestimmten Fragestellung gelesen und wichtige Informationen werden schriftlich im **Exzerpt** festgehalten. Die Informationen werden entweder als Stichpunkte oder, bei besonders wichtigen oder schwierigen Passagen, als wörtliche Übernahmen (Zitate) notiert.

1 Wähle aus dem Kapitel *Sachtexte erschließen* (S. 54–65) einen Sachtext zum Exzerpieren aus.

→ S. 202 Zitieren
→ S. 274 Quellenverzeichnis

a Notiere die Quellenangabe des Textes als Überschrift.

b Formuliere die Fragestellung, unter der du den Text lesen wirst.

TIPP
Markiere nur im eigenen Buch oder auf Kopien.

c Markiere für deine Fragestellung wichtige Textstellen (z. B. durch Ausrufezeichen) sowie unklare Stellen (z. B. durch Fragezeichen).

d Arbeite die markierten Textstellen durch, kläre unbekannte Begriffe, Fachausdrücke und Fremdwörter.

e Fertige ein Exzerpt an. Nutze die Schrittfolge.

So kannst du einen Text exzerpieren

1. Notiere die Quellenangabe und die Fragestellung, unter der der Text gelesen wurde.
2. Notiere die für deine Fragestellung wichtigen Informationen in Stichpunkten. Achte dabei auf Übersichtlichkeit und eindeutige Abkürzungen und Zeichen.
3. Wenn du Textstellen wörtlich übernimmst, setze sie in Anführungszeichen. Die Zitate sind mit einer genauen Quellenangabe zu versehen. Achte darauf, dass du sparsam zitierst.

●●● **2** Wähle zur Vorbereitung auf einen Vortrag einen geeigneten Sachtext aus und fertige ein Exzerpt an. Nutze ggf. Texte aus dem Fachunterricht.

Konspekte anfertigen

Das **Konspektieren** ist eine Methode der Texterschließung und eine mögliche Form, Textinformationen schriftlich festzuhalten. Das Anfertigen eines **Konspekts** hilft besonders bei schwierigen Texten, eine Zusammenfassung und damit eine Übersicht über den Inhalt zu erhalten. Der Konspekt folgt der inhaltlichen Gliederung (dem Gedankengang des Autors) oder der Argumentation des Textes. Stärker als beim Exzerpt geht es beim Konspekt um die Wiedergabe der Struktur eines Textes.

1 Wähle für deine Facharbeit oder einen Vortrag einen Sachtext zum Konspektieren aus.

→ S. 202 Zitieren

a Notiere die Quellenangabe des Textes als Überschrift.

b Überfliege den Text (orientierendes Lesen) und ermittle seine Struktur. Orientiere dich dabei an Absätzen, Teilüberschriften und Teilthemen.

c Arbeite den Text abschnittsweise durch und erfasse die wesentlichen Informationen bzw. die Kernaussage des jeweiligen Abschnitts.

d Fertige nun einen Konspekt zum ausgewählten Sachtext an. Nutze die Schrittfolge.

So kannst du einen Text konspektieren

1. Notiere die Quellenangabe des Textes als Überschrift.
2. Gib die Struktur des Textes wieder. Übernimm dazu die Teilüberschriften oder benenne Teilthemen.
3. Verdichte die Hauptgedanken zu Stichpunkten, ordne sie den Teilthemen zu und notiere sie. Achte dabei auf Übersichtlichkeit und eindeutige Abkürzungen und Zeichen (z. B. Symbole, Pfeile).
4. Übernimm besonders wichtige Stellen als Zitate und setze diese in Anführungszeichen. Die Zitate sind mit einer genauen Quellenangabe zu versehen. Achte darauf, dass du sparsam zitierst.

2 Wähle für deine Facharbeit einen weiteren geeigneten Sachtext aus und fertige einen Konspekt an.

Teste dich selbst!

1 Überfliege folgenden Text (orientierendes Lesen) und verschaffe dir so einen ersten Eindruck.

Müll

In Deutschland sind stinkende Abfallberge Vergangenheit. Die Entsorgungsbranche boomt und holt immer mehr Dreck aus dem Ausland

Noch vor 30 Jahren schwelte an fast jedem Ort eine Müllkippe, 50 000 waren es bundesweit. Heute ermöglicht eine hoch technologisierte Industrie, dass Abfälle als Rohstoffe recycelt werden. 250 000 Menschen erwirtschaften mit Müll einen Umsatz von rund 50 Milliarden Euro.

Für Umweltminister Sigmar Gabriel (SPD) sind die »Abfälle von heute die Bergwerke der Zukunft«. Moderne Verbrennungsöfen stoßen kaum noch Schadstoffe aus, anfallende Schlacke wird zu Straßenbelag verarbeitet. Allerdings bleiben giftige Verbrennungsrückstände, die in Bergwerken entsorgt werden.

Auch das Sammeln von Verpackungsmüll aus privaten Haushalten muss noch verbessert werden. Zu teuer, zu ineffizient – urteilen Experten über das Duale System Deutschland.

Doch die Verbrennungs- und Verwertungswirtschaft boomt. Züge und Lkws transportieren immer mehr Müll nach Deutschland. So landet ein Teil der Abfälle, der bis vor Kurzem Neapels Straßen in Müllhalden verwandelte, in der Aufbereitungsanlage Cröbern bei Leipzig sowie einem Heizkraftwerk in Bremerhaven.

Doppelte Arbeit: Für das Duale System holen Müllmänner graue, braune, blaue und gelbe Tonnen ab.

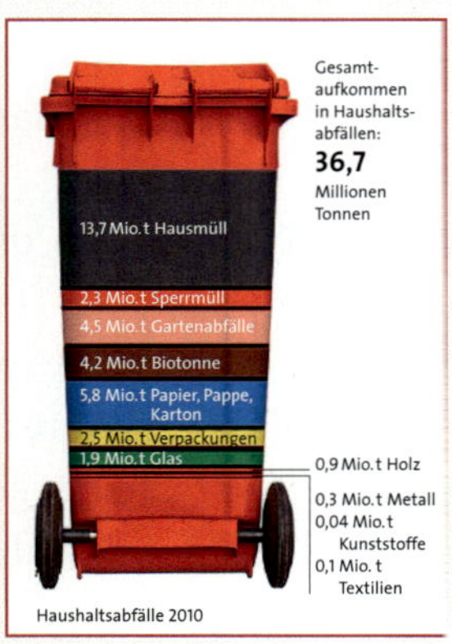

Seit 2001 sind die Importe bereits um ein Drittel gestiegen. Vor allem die Einfuhr genehmigungspflichtiger und gefährlicher Stoffe nimmt zu – auf zuletzt 5,6 Millionen Tonnen.

Für Umweltschützer ist der »Mülltourismus« ein Graus. Sie fordern, dass Abfälle dort entsorgt werden, wo sie entstehen.

SORTIEREN, VERBRENNEN, DEPONIEREN

Deutsche Entsorgungsbetriebe verarbeiten jährlich rund 150 Mio. Tonnen Abfälle – ein Großteil aus Industrie und Baubranche

38,8 Mio. Tonnen landen noch immer auf der Deponie, Tendenz fallend. Damit keine klimaschädlichen Faulgase entweichen oder das Grundwasser verschmutzt wird, dürfen nur noch vorbehandelte Abfälle abgelagert werden. Viele Müllhalden werden geschlossen.

34,2 Mio. Tonnen Unrat wandeln Müllverbrennungsanlagen und Industrieheizkraftwerke in Strom, Dampf und Fernwärme um. Zu den bestehenden 68 Verbrennungsöfen sollen 83 neue Anlagen hinzukommen, z.T. als Energielieferanten für Zement- und Kupferwerke.

22,3 Mio. Tonnen Abfall trennen Sortieranlagen auf mechanischem Weg, vor allem Bauschutt und Metallschrott. Bei Verpackungsmüll übernehmen Infrarot-Detektoren die Arbeit.

12,3 Mio. Tonnen organischer Pflanzenreste verrotten zu Kompost. Bei der Zersetzung wird Biogas gewonnen.

9,7 Mio. Tonnen Schrott, z.B. Autokarosserien, werden von Schreddern für die Wiederverwertung der wertvollen Metalle zermahlen.

3,8 Mio. Tonnen Hausmüll bereiten mechanisch-biologische Abfallbehandlungsanlagen zu unbedenklichen Deponieabfällen und zu heizwertreichen Ersatzbrennstoffen auf.

2 Beschreibe das Textbild. Beantworte dazu folgende Fragen.

1. Welche Textbausteine enthält der Text?
2. Welche Funktion haben diese Textbausteine jeweils?
3. Wie sind die Textbausteine angeordnet?
4. Wie stehen die Textbausteine inhaltlich zueinander?

3

a Untersuche den inhaltlichen Aufbau des Fließtextes. Orientiere dich an den Absätzen und notiere das Wesentliche zu jedem Abschnitt in Stichpunkten.

b Formuliere die Hauptaussage des Fließtextes als Satz.

c Stelle die Ergebnisse aus den Aufgaben a und b als Schaubild oder Mindmap dar.

Haushaltsabfälle 2010

4

a Formuliere, zu welchem Teilthema die Grafik etwas aussagt.

b Notiere kurz ihre Kernaussage. Was verdeutlicht die Grafik?

c Notiere mindestens drei konkrete Aussagen der Grafik.

●●● **5**

a Erläutere die Aussage, die sich auf S. 68 links neben der Grafik befindet.

b Untersuche, inwiefern die Gesamtaussage der Grafik durch diese Aussage beeinflusst wird.

6

a Notiere, welche statistischen Angaben im Kasten auf S. 68 gemacht werden.

b Erkläre, in welcher Weise die Informationen aus dem Kasten die Aussagen der Grafik unterstützen.

c Erstelle mithilfe der Angaben im Kasten ein Diagramm.

Fernsehprogramme untersuchen

Über die eigene Mediennutzung nachdenken

1 Mediensteckbriefe enthalten persönliche Angaben über die Mediennutzung.

a Lies folgende Mediensteckbriefe.

A Die 14-jährige Y. liebt die Fernsehserie »Charmed«. Sie sieht sie regelmäßig und nimmt alle Folgen auf, die sie auch an Freundinnen verleiht. Jetzt wünscht sie sich die kompletten Staffeln auf DVD. Den Hinweis darauf hat sie aus dem Internet, wo sie ab und zu einen Chat besucht und regelmäßig Bilder und Informationen zu der Serie und den Schauspielerinnen sucht. Das heruntergeladene Material heftet sie zusammen mit Artikeln, Postern und Bildern aus Zeitschriften fein säuberlich in Ordnern ab.

B Der 16-jährige S. ist ein passionierter Spieler von Computerspielen. Für ihn ist das Internet von zentraler Bedeutung: Hier hält er Kontakt zu anderen Fans, verabredet sich zu Online-Spielen oder LAN-Partys, tauscht sich über Neuheiten aus und anderes mehr. Um auf dem Laufenden zu bleiben, nutzt er eine Computerspiel-Zeitschrift.

b Fertige deinen eigenen Mediensteckbrief an.

c Stellt euch eure Steckbriefe gegenseitig vor. Erarbeitet eine Übersicht, in der alle von euch genutzten Medien enthalten sind.

! Das **Fernsehen** gehört zu den **audiovisuellen Medien**, vermittelt also sowohl Ton- als auch Bildinformationen.
Im Fernsehen bieten **öffentlich-rechtliche Fernsehsender**, wie ARD und ZDF, ihre Programme an, die sich hauptsächlich über Gebühren finanzieren. Für deren Einziehung ist die GEZ zuständig. Seit der Einführung des Kabelfernsehens 1984 gibt es auch **private Sender**. Sie werden *die Kommerziellen* genannt, weil sie sich nur durch Werbung finanzieren. Sie sind bemüht, möglichst viele Zuschauerinnen und Zuschauer für ihre Sendungen zu gewinnen, da sich die Werbeeinnahmen nach den Einschaltquoten richten.

2 Seit 1998 werden für die JIM[1]-Studie jedes Jahr 12- bis 19-Jährige zum Umgang mit Medien und Information befragt.

[1] **J**ugend, **I**nformation, (Multi-)**M**edia

→ http://www.mpfs.de

a Lies folgenden Auszug aus der JIM-Studie 2013.

Das Fernsehen ist trotz Internet und der rasanten Verbreitung von Smartphones auch 2013 (mit) die erste Adresse, wenn es bei Jugendlichen um das Thema »Bewegtbild« geht. [...]. An einem durchschnittlichen Wochentag (Mo-Fr) sehen die Zwölf- bis 19-Jährigen durchschnittlich 111 Minuten fern, [...]. Mädchen und junge Frauen schätzen die Dauer ihrer täglichen Fernsehnutzung mit 116 Minuten etwas höher ein als Jungen und junge Männer (107 Min.).

Über eigene Fernseh-gewohnheiten nachdenken

→ S.120 Präsentieren

b Entwerft einen Fragebogen zum Fernsehverhalten von Jugendlichen. Führt nach Absprache mit der Schulleitung eine Umfrage in der Schule durch. Wertet die Ergebnisse aus und präsentiert sie.

c Vergleicht die Aussagen der Studie mit den Ergebnissen eurer Umfrage. Nutzt dazu auch den Auszug und das Diagramm aus der JIM-Studie 2013.

Die Liste der liebsten Fernsehprogramme der Zwölf- bis 19-Jährigen wird wie in den Vorjahren von privatrechtlichen Anbietern dominiert. Unangefochten liegt ProSieben bei knapp der Hälfte der Jugendlichen an erster Stelle, jeder Achte favorisiert das Programmangebot von RTL. An dritter Stelle folgt RTL2 (7 %), [...]. Die Dominanz von ProSieben wird in der geschlechtsspezifischen Betrachtung noch deutlicher.

→ S.58 Einen diskontinuierlichen Text erschließen

* Programme ab 2 % Nennungen (gesamt), Basis: alle Befragten, n=1.200

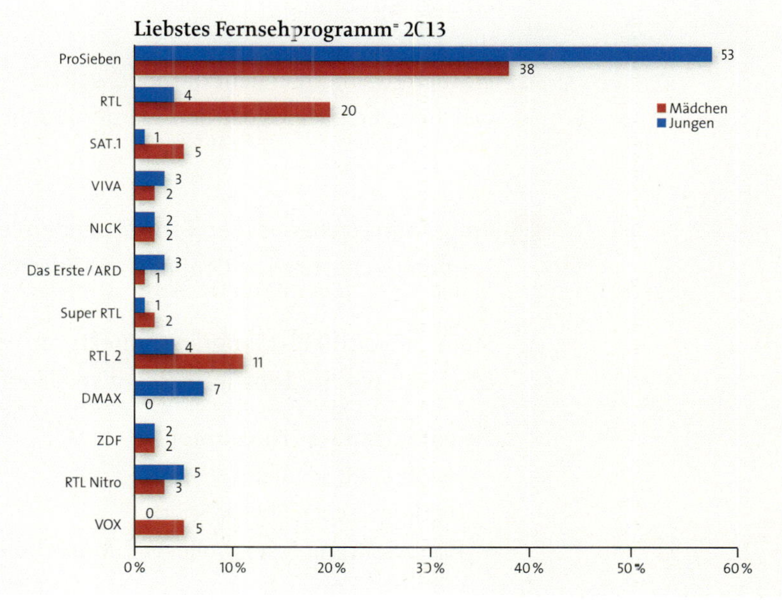

3 Fernsehzeitschriften geben einen Überblick über das Programm der verschiedenen Sender für einen bestimmten Zeitraum.

a Nennt die Sender, die in der Zeitschrift (S. 73) aufgelistet werden. Überlegt, warum sie in dieser Reihenfolge genannt werden.

TIPP
Nutzt z. B. die Webseiten der Sender.

b Wählt einen Sender aus und erstellt einen Steckbrief nach dem folgenden Muster.

> **Steckbrief:**
> **Erstes Deutsches Fernsehen (Das Erste)**
>
> Slogan: *Das Erste*
>
> Logo:
>
> Rechtsform: öffentlich-rechtlich
> Sendebeginn: 25. Dezember 1952 (NWDR-Fernsehen)
> Webseite: www.daserste.de
> bekannte Sendungen: Tagesschau, Tatort, ARD-Buffet, Sturm der Liebe, Brisant, …

c Untersucht, ob es spezielle Sendungen für Jugendliche gibt. Tauscht euch darüber aus, welche ihr kennt und welche ihr empfehlen könnt.

d Erarbeitet eine Übersicht darüber, welche Sendungen zu welcher Uhrzeit ausgestrahlt werden. Sucht Gründe dafür.

4 Programmmacher bei den Fernsehsendern überlegen sich, welche Sendungen bestimmte Gruppen von Zuschauern ansprechen.

a Stelle dir vor, du bist Programmdirektorin/Programmdirektor. Überlege, was für Lena interessant sein könnte.

Sie hat folgendes »Nutzerprofil«:
- 16 Jahre alt, Schülerin
- Lieblingsfächer: Physik, Sport
- Hobbys: Krimis lesen, Volleyball, Musik hören

b Nenne die Sendungen, die Lena sich wohl ansehen wird.

Das Erste	ZDF	RTL	SAT.1	Pro Sieben	MDR
5.30 ZDF-Morgenmagazin HD Infotainment **9.00** Tagesschau HD **9.05** Rote Rosen HD Telenovela **9.55** Sturm der Liebe HD Telenovela **10.44** Tagesschau HD **10.45** Um Himmels Willen **11.35** Nashorn, Zebra & Co. HD	**5.30** ZDF-Morgenmagazin HD Infotainment **9.00** heute **9.05** Volle Kanne – Service täglich HD **10.30** Die Rosenheim-Cops HD Krimiserie. Tod im Kühlraum **11.15** Soko Wismar HD Krimiserie. Eine kleine Sehnsucht	**5.10** Explosiv – Weekend HD **6.00** Guten Morgen Deutschland HD **8.30** Gute Zeiten, schlechte Zeiten HD **9.00** Unter uns HD **9.30** Betrugsfälle **10.00** Die Trovatos – Detektive decken auf **11.00** Die Trovatos – Detektive decken auf	**5.30** SAT.1-Frühstücksfernseher HD Infotainment. Moderation: Matthias Killing, Jan Hahn, Marlene Lufen und Alina Merkau **10.00** Auf Streife HD Reality-Soap **11.00** Richterin Barbara Salesch Gerichtsshow	**5.05** My Boys. Comedyserie **5.45** Aliens in America. Comedyserie **7.15** FILM Das Muttersöhnchen HD Komödie, USA 2007 **8.50** FILM Woher weißt Du, dass es Liebe ist? HD Liebeskomödie, USA 2010 **11.10** Mike & Molly. Sitcom	**8.53** Aktuell Eins30 **9.00** Kripo live HD **9.25** Ich mach' mein Ding **9.40** Ene mene muh – raus bist du **10.08** Länder Eins30 HD **10.10** Als wir Kinder waren HD **10.58** Aktuell Eins30 HD **11.00** MDR um 11 HD **11.50** Knirps, Fratz & Co.
12.00 Tagesschau HD	**12.00 heute**	**12.00 Punkt 12 – Das RTL-Mittagsjournal**	**12.00 Richter Alexander Hold** Gerichtsshow	**12.00 Two and a Half Men**	**12.15 Knirps, Fratz & Co.** Doku-Soap
12.15 ARD-Buffet HD	**12.10 drehscheibe** HD	**14.00 Verdachtsfälle** Doku-Soap	**14.00 Auf Streife** HD	**13.50 2 Broke Girls** HD	**12.40 Knirps, Fratz & Co.**
13.00 ZDF-Mittagsmagazin	**13.00 ZDF-Mittagsmagazin**	**17.00 Betrugsfälle** Reality-Soap	**15.00 Im Namen der Gerechtigkeit – Wir kämpfen für Sie!** HD	**14.15 The Big Bang Theory** HD Sitcom	**13.05 Knirps, Fratz & Co.**
14.00 Tagesschau HD	**14.00 heute – in Deutschland**	**17.30 Unter uns** HD Daily Soap	**16.00 Anwälte im Einsatz**	**15.35 How I Met Your Mother** HD Sitcom Kennen wir uns? / Der beste Burger in New York / Ich liebe New Jersey	**13.30 Die Spur der Ahnen**
14.10 Rote Rosen HD	**14.15 Die Küchenschlacht**	**18.00 Explosiv – Das Magazin** HD	**17.00 Mein dunkles Geheimnis** HD	**17.00 taff** HD	**14.00 MDR um 2** HD
15.00 Tagesschau HD	**15.00 heute**	**18.30 Exclusiv – Das Star-Magazin**	**17.30 Schicksale – und plötzlich ist alles anders** HD Doku-Soap	**18.00 Newstime**	**14.59 Aktuell Eins30** HD
15.10 Sturm der Liebe HD	**15.05 Bares für Rares**	**18.45 RTL Aktuell** HD	**18.00 In Gefahr – Ein verhängnisvoller Moment** HD Doku-Soap	**18.10 Die Simpsons** Zeichentrickserie Der mysteriöse Bier-Baron / Wenn der Rektor mit der Lehrerin	**15.00 LexiTV – Wissen für alle** HD
16.00 Tagesschau HD	**16.00 heute – in Europa**	**19.03 Wetter** HD	**19.00 Newtopia** HD	**19.05 Galileo** HD	**16.00 MDR um 4** HD
16.10 Elefant, Tiger & Co.	**16.10 Soko Kitzbühel**	**19.05 Alles was zählt** HD Daily Soap	**19.55 Sat.1 Nachrichten**		**16.30 MDR um 4** HD
17.00 Tagesschau HD	**17.00 heute**	**19.40 Gute Zeiten, schlechte Zeiten** HD Daily Soap			**17.00 MDR um 4** HD
17.15 Brisant HD	**17.10 hallo deutschland**				**17.45 Aktuell** HD
18.00 Gefragt – Gejagt	**17.45 Leute heute** HD				**18.05 Wetter für 3** HD
18.50 Großstadtrevier	**18.05 Soko 5113** HD Krimiserie				**18.10 Brisant** HD
19.45 Wissen vor acht – Zukunft	**19.00 heute**				**18.54 Sandmann**
19.50 Wetter vor acht	**19.20 Wetter**				**19.00 Regionales** HD
19.55 Börse vor acht HD	**19.25 WISO** HD				**19.30 Aktuell** HD
20.00 Tagesschau HD					**19.50 Mach dich ran** HD

5

a Ordne den Fernsehformaten 1–8 die Erklärungen A–H zu. Ergänze, wenn möglich, ein aktuelles Beispiel.

1 Daily Soap **2** Ratgebersendung **3** Nachrichten **4** Dokumentation
5 Talkshow **6** Quizsendung **7** Castingshow **8** Dokusoap

A Informationssendung zum aktuellen Tagesgeschehen (Politik, Wirtschaft, Sport)
B Serie, die täglich gesendet wird
C Dokumentarserie mit teilweise inszeniertem Ablauf
D öffentliches Auswahlverfahren von Kandidaten in einer Show
E Informationsfilm zu einem bestimmten Thema
F Sendungen, in denen Tipps und Infos zu Alltagsthemen gegeben werden
G Sendung mit unterhaltenden Elementen, wie kurzen Interviews, Musik, Tanz, Filmeinspielungen, Quiz
H Gesprächsrunde mit mehreren Teilnehmern zu unterschiedlichen Themen

→ **S. 14** Diskussionen führen

b Fernsehsendungen unterscheidet man nach ihrem Unterhaltungs-, Informations- und Bildungsgehalt. Diskutiert darüber, ob diese These stimmt.

c Übertrage die Tabelle in dein Heft und ordne die Fernsehformate 1 bis 8 aus Aufgabe a (S.73) richtig ein.

eher unterhaltend	eher informativ	eher bildend
Daily Soap	...	...

6

a Lies den folgenden Text und erkläre den Zusammenhang zwischen Programm, Quote und Geld.

»Geld und Quote« – ihr Einfluss auf die Programmgestaltung

»Geld und Quote« spielen bei der Programmplanung eine nicht unwichtige Rolle. Das Programm kostet Geld. Das Geld kommt aus Fernsehgebühren und Werbung bzw. bei den Privatsendern nur aus der Werbung.

Die Quote zeigt dem Planer den Erfolg des Programms. Sie ist für ihn eine wichtige Rückmeldung des Publikums. Eine hohe Quote bringt über die Werbung viel Geld, eine niedrige Quote bringt weniger Geld.

Die Programmwünsche der Zuschauer sind auf Unterhaltung ausgerichtet. Anspruchsvolle Programme, insbesondere aus dem Bereich von Information und Kultur, finden deshalb nicht so viele Zuschauer. Die öffentlich-rechtlichen Rundfunkanstalten geraten deshalb mit Teilen ihres Programms ins Hintertreffen, solange Erfolg und Qualität von Sendungen nur an der Quote gemessen werden. Die privaten Sender orientieren sich fast ausschließlich an den Interessen ihrer Zielgruppe, den Werbekunden. Dadurch erreichen sie hohe Werbeeinnahmen. Das Programm wird auf die Zielgruppe der Werbung hin ausgerichtet.

b In der Zeitung kannst du meist die Einschaltquoten des Vortags finden. Prüfe, ob die Verteilung der Marktanteile dem Text aus Aufgabe a entspricht.

Einschaltquoten (Zuschauer in Mio., Marktanteil in %)

1. Stubbe – Von Fall zu Fall	ZDF	8,85	27,9
2. Kommissar Stolberg	ZDF	6,39	21,4
3. Ich bin ein Star – Holt mich hier raus!	RTL	6,22	34,1
4. Deutschland sucht den Superstar (DSDS)	RTL	5,84	18,5

c Seht euch das folgende Diagramm an und tauscht euch darüber aus, in welchem Programm es zu welcher Tageszeit am lohnendsten wäre, Werbezeit zu verkaufen.

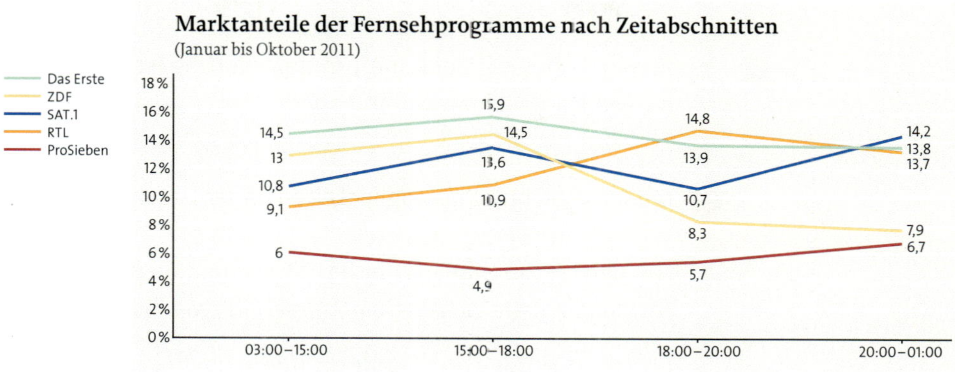

7 Stellt euch vor, es gäbe JU.KA, einen »Jugendkanal«. Welche Formate und welche Sendungen würdet ihr dort senden? Entwerft ein Werbeplakat mit Ausschnitten aus dem Tagesprogramm.

8

a Lies folgenden Auszug aus dem Rundfunkstaatsvertrag und nenne die Arten von Werbung, die darin geregelt werden.

§ 7 Werbegrundsätze, Kennzeichnungspflichten
(7) […] Auf eine Produktplatzierung ist eindeutig hinzuweisen. Sie ist […] angemessen zu kennzeichnen. […]

§ 7a Einfügung von Werbung und Teleshopping
(1) Übertragungen von Gottesdiensten sowie Sendungen für Kinder dürfen nicht durch Werbung oder Teleshopping-Spots unterbrochen werden.

§ 8 Sponsoring
(1) Bei Sendungen, die ganz oder teilweise gesponsert werden, muss zu Beginn oder am Ende auf die Finanzierung durch den Sponsor […] deutlich hingewiesen werden. […]

§ 45 Dauer der Fernsehwerbung
(1) Der Anteil an Sendezeit für Fernsehwerbespots und Teleshopping-Spots innerhalb einer Stunde darf 20 vom Hundert nicht überschreiten. Satz 1 gilt nicht für Produktplatzierungen und Sponsorhinweise.

b Seht euch unterschiedliche Sendungen kritisch an. Stoppt die Zeit der Werbeunterbrechungen und achtet auf Produktplatzierung und Sponsoring. Tauscht euch darüber aus, ob die Bestimmungen von den Sendern eingehalten werden.

c Recherchiere, was der Rundfunkstaatsvertrag ist und welche Aufgaben die Landesmedienanstalten haben.

9 Moderne technische Möglichkeiten ändern auch das Fernsehen.

a Lies den Textauszug aus der JIM-Studie und werte das Diagramm aus. Formuliere deine Schlussfolgerungen in zwei bis drei Sätzen.

Ebenso stabil wie die Senderpräferenzen der Jugendlichen sind auch die von Jugendlichen genutzten Vertriebs- bzw. Übertragungswege für Fernsehen und Fernsehinhalte. [...]
Bezogen auf die Fernsehnutzung der letzten 14 Tage steht das stationäre Fernsehgerät bei 98 Prozent an erster Stelle.

Basis: Befragte, die mind. einmal in den letzten 14 Tagen ferngesehen haben

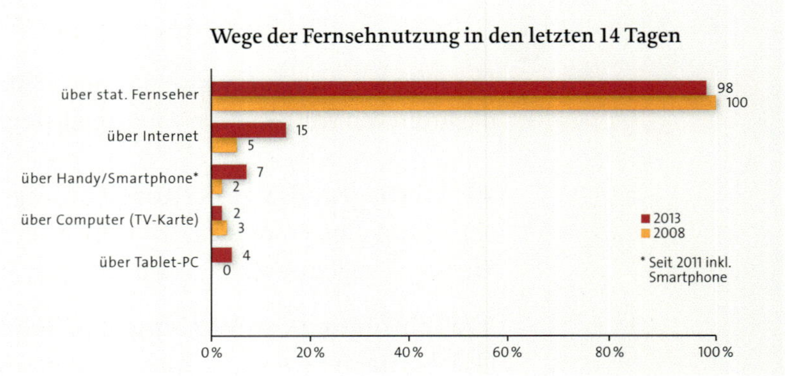

b Informiere dich über moderne Möglichkeiten des Fernsehens.

10 Gestaltet eine Präsentation zum Thema »Fernsehen heute«. Nutzt die erarbeiteten Materialien in Form von Diagrammen, Plakaten oder Collagen für eine größere Ausstellung in eurer Schule.

→ S.120 Präsentieren

Was habe ich gelernt?

11 Überprüfe, was du über das Fernsehen gelernt hast. Gestalte ein Plakat zu den Besonderheiten des Mediums. Nutze dazu Karikaturen, eine Sammlung von Zitaten, eine Collage o.Ä.

Informationen im Internet beschaffen und bewerten

Dank der technischen Entwicklung der letzten Jahre besitzen wir eine Fülle an Möglichkeiten, um uns Wissen anzueignen. In der Welt des Internets stehen uns unzählige Informationen zur Verfügung, die wir oft nicht auf Anhieb erfassen können oder die wir unkritisch aufgreifen und weitererzählen. Folgende Tipps helfen dir, gezielt nach Informationen zu suchen und diese zu prüfen:

Verwendbare Informationen suchen
- Suchbegriff korrekt schreiben
- Suche verfeinern und weitere Schlüsselwörter zum Thema eingeben
- sich auf Seiten konzentrieren, die eine übersichtliche Aufbereitung der Informationen versprechen
- Texte und Übersichten überfliegen, um einen Eindruck von ihrer Verständlichkeit zu erhalten
- eine zweite Seite suchen, um ergänzende Informationen zu finden bzw. eventuelle Widersprüchlichkeiten aufzudecken

Gefundene Informationen prüfen
- Quellenangaben (Autorin/Autor und Erscheinungsort) suchen
- Art und Herkunft der Internetseite bewerten (Impressum, private oder offizielle Seite, Beiträge im Diskussionsforum)
- Glaubwürdigkeit der Seite einschätzen (letzte Aktualisierung, Vorherrschen subjektiver Meinungen oder objektiver Tatsachen, Überprüfbarkeit der Fakten durch Verweis auf Quellen)

→ S. 85 Lesestoff

1 Stelle eine Liste von Internetseiten zusammen, auf denen du Informationen zum Thema »Wirkung von Bildern/Fotos« erhältst.

2 Wertet eure Suche aus, indem ihr eure Listen gegenseitig nach Kriterien wie Fülle und Verständlichkeit der Informationen sowie Angabe und Glaubwürdigkeit von Quellen bewertet. Stellt eure Ergebnisse vor.

3 Informiere dich über die Sicherheitsregeln der Internetseite *Wikipedia* und notiere Stichpunkte.

Die 16-jährige Miranda lebt mit ihren Brüdern Jonny und Matt sowie ihrer Mutter in einer US-amerikanischen Kleinstadt. Sie führt ein ausgefülltes Teenagerleben, bis eines Tages die Welt so erschüttert wird, dass sich ihr Leben komplett verändert. In ihrem Tagebuch hält sie die Ereignisse fest.

1 Lies den folgenden Tagebuchauszug und fasse die Ereignisse des 18. Mai zusammen.

Susan Beth Pfeffer

Die Welt, wie wir sie kannten

18. Mai

Wenn ich an heute Morgen denke, kommt es mir vor, als wäre das schon tausend Jahre her. Ich weiß noch, dass ich den Mond am Morgenhimmel gesehen habe. Ein Halbmond, aber gut sichtbar, und ich habe ihn angeschaut und daran gedacht, dass dort oben heute Abend ein Meteor einschlagen wird und wie aufregend das sein würde. […]

In der Schule war alles wie immer.

Ich weiß noch, dass ich Französisch langweilig fand.

Nach der Schule hatte ich Schwimmtraining, und dann hat Mom mich abgeholt. Sie erzählte mir, sie hätte Mrs Nesbitt eingeladen, den Meteor mit uns zusammen anzugucken, aber die hat gesagt, sie würde lieber von zu Hause aus zusehen. Also waren wir bei dem großen Ereignis nur zu dritt, Jonny, Mom und ich. So hat sie es genannt: das große Ereignis.

Dann meinte sie noch, ich solle meine Hausaufgaben lieber gleich erledigen, damit wir nach dem Abendessen Zeit hatten, das Ganze ein bisschen zu feiern. Was ich dann auch getan habe. Ich habe zwei von meinen Mond-Aufsätzen fertig geschrieben und meine Mathehausaufgaben gemacht, und dann haben wir zu Abend gegessen und bis ungefähr halb neun CNN geguckt.

Bei CNN gab es kein anderes Thema als den Mond. Sie hatten ein paar Astronomen da, und man merkte, dass sie ziemlich aufgeregt waren. […]

Sie hantierten zwar mit Schaubildern, Beamern und Computergrafiken, aber im Grunde wirkten sie eher wie große Kinder zu Weihnachten.

Mom hatte Matts Teleskop rausgeholt und auch das richtig gute Fernglas wiedergefunden, das seit letztem Sommer verschwunden gewesen war. Sie hatte sogar extra Schokokekse gebacken, und wir nahmen einen Teller davon mit raus. Wir wollten von der Straße aus zusehen, weil wir dachten, dass man vor dem Haus bessere Sicht haben würde. [...]

An diesem Abend schienen alle aus unserer Straße draußen zu sein. Manche saßen auf der Terrasse, um noch zu grillen, aber die meisten saßen vorm Haus, genau wie wir. Nur Mr Hopkins war nirgends zu sehen, aber an dem Flimmern hinter seinem Wohnzimmerfenster erkannte ich, dass er vorm Fernseher saß.

Es war wie ein großes Straßenfest. [...]

Als es dann auf halb zehn zuging, wurde es ziemlich still. Man konnte fast spüren, wie alle ihre Hälse reckten und in den Himmel starrten. Jonny stand am Teleskop, und er war dann auch der Erste, der rief, dass der Asteroid käme. Er könne ihn schon am Nachthimmel erkennen, und dann konnten wir ihn alle sehen, die größte Sternschnuppe, die man sich vorstellen kann. Um einiges kleiner als der Mond, aber größer als alles andere, was ich sonst bisher am Himmel gesehen habe. Es sah aus, als sprühte sie Feuer, und als sie in Sicht kam, brachen alle in Jubel aus.

Einen Moment lang fielen mir all die Menschen ein, die in den vergangenen Jahrtausenden den Halleyschen Kometen beobachtet hatten, ohne zu wissen, was das war – eine rätselhafte Erscheinung, die sie mit Angst und Ehrfurcht erfüllte. Für den Bruchteil einer Sekunde hätte ich auch ein sechzehnjähriges Mädchen aus dem Mittelalter sein können, das zum Himmel emporschaut und dessen Wunder bestaunt, oder eine Aztekin oder eine Indianerin. Einen winzigen Moment lang war ich wie jede andere Sechzehnjährige in der Geschichte der Welt, die nicht weiß, welche Zukunft der Himmel ihr verheißt.

Und dann kam der Aufprall. Obwohl wir alle wussten, dass es passieren würde, war es trotzdem ein Schock, als der Asteroid dann tatsächlich auf dem Mond einschlug. Auf unserem Mond. Ich glaube, erst in diesem Moment wurde allen klar, dass es unser Mond war und dass jeder Angriff gegen ihn auch gegen uns gerichtet war.

Ich weiß noch, dass die meisten Leute auf unserer Straße wieder anfingen zu jubeln, aber dann brach der Jubel plötzlich ab und ein paar Häuser weiter fing eine Frau an zu schreien, und dann schrie ein Mann »Oh mein Gott!« und andere riefen »Was denn? Was ist passiert?«, als wüsste einer von uns die Antwort. [...]

Jedenfalls war der Mond kein Halbmond mehr. Er war plötzlich ganz schief und irgendwie falsch und drei viertel voll, und er war

größer geworden, viel größer, so groß, als würde er gerade am Horizont aufgehen, bloß ging er gerade gar nicht auf. Er stand eindeutig mitten am Himmel, viel zu groß, viel zu dicht dran. Auch ohne Fernglas waren jetzt Einzelheiten der Krater zu erkennen, die ich vorher nur durchs Teleskop gesehen hatte. [...]
Es war immer noch unser Mond, einfach ein großer toter Felsbrocken am Himmel, aber er sah nicht mehr so harmlos aus. Er sah ganz plötzlich zum Fürchten aus, und man konnte spüren, wie um uns herum die Panik wuchs. Einige Leute rannten zu ihrem Auto und rasten einfach los. Andere weinten oder beteten. Eine Familie stimmte die Nationalhymne an. [...]
»Geht jetzt die Welt unter, Mom?«, fragte Jonny. Er nahm den Teller mit den Keksen vom Boden auf und stopfte sich einen davon in den Mund.
»Nein, tut sie nicht«, antwortete Mom, klappte ihren Gartenstuhl zusammen und ging damit zum Haus. »Und ja, du musst morgen zur Schule gehen.«
Wir mussten lachen. Dasselbe hatte ich mich auch gerade gefragt. Jonny stellte die Kekse weg, und ich schaltete den Fernseher wieder ein. Aber es gab kein CNN. [...]
Auf den meisten Programmen kam überhaupt nichts, aber unser Regionalsender schien NBC aus Philadelphia zu übertragen. [...]
»Sieh mal nach, was draußen los ist«, forderte Mom mich auf; und ich ging noch mal raus. Ich sah das Flimmern von Mrs Nesbitts Fernseher. In irgendeinem Garten wurde noch gebetet, aber wenigstens hatte das Schreien aufgehört.
Ich zwang mich, zum Mond hinaufzublicken. Ich glaube, ich hatte Angst, dass er noch größer geworden war, dass er in Wirklichkeit schon auf die Erde zuraste, um uns alle zu zermalmen, aber größer geworden war er offenbar nicht. Dafür war er immer noch irgendwie neben der Spur, immer noch so komisch gekippt und immer noch viel zu groß für den Nachthimmel. Und er war auch immer noch drei viertel voll.
»Mein Handy geht nicht mehr!«, schrie eine Frau in der Nachbarschaft, und ihre Stimme drückte aus, was wir empfunden hatten, als es plötzlich kein CNN mehr gab: Das ist das Ende der Zivilisation. [...]
Der Fernsehempfang war immer wieder gestört, und Kabel kriegten wir überhaupt nicht mehr. [...]
Wer auch immer der Berichterstatter war, er schien seine Informationen über seinen kleinen Ohrstöpsel zu bekommen, denn er wurde tatsächlich blass und fragte dann: »Sind Sie sicher? Ist das

offiziell bestätigt worden?« Er lauschte noch einen Moment auf die Antwort und schaute dann erst direkt in die Kamera.

Mom griff nach meiner und Jonnys Hand. »Alles wird gut«, sagte sie. »Was auch passiert sein mag, wir werden es überstehen.«

Der Reporter räusperte sich, als könnten diese zusätzlichen Sekunden etwas an dem ändern, was er zu sagen hatte. »Soeben erhalten wir Meldungen über weitverbreitete Tsunamis. [...] Die Flut ist offenbar weit über das übliche Maß gestiegen. Die eingehenden Meldungen stammen von Flugzeugpassagieren, die sich zu diesem Zeitpunkt über den betroffenen Gebieten in der Luft befanden. An der gesamten Ostküste werden starke Überschwemmungen gemeldet. Das ist teilweise bestätigt worden, aber bisher sind alle diese Meldungen nur vorläufig. Manches hört sich vielleicht schlimmer an, als es wirklich ist. Einen Moment, bitte.« [...] »Gerade erreicht uns die unbestätigte Meldung, dass Cape Cod überflutet worden ist«, fuhr der Reporter fort. [...] »Gleiches gilt offenbar für die Inseln vor der Küste von North und South Carolina. Sie sind einfach verschwunden.«

2 Wähle eine Person aus, die du in dem Textauszug kennen lernst, und beschreibe, wie sie auf das Ereignis reagiert.

3 Sammelt Informationen darüber, welchen Einfluss der Mond auf die Erde hat.

4 Überlegt gemeinsam, wie die Geschichte weitergehen könnte.

5 Das Leben von Miranda und ihrer Familie hat sich in kurzer Zeit sehr verändert. Lies die nächsten Tagebucheintragungen und beschreibe weitere Folgen der Mondkatastrophe.

3. Dezember

Es hat die ganze Nacht durchgeschneit und heute auch noch den ganzen Tag.

Die Wertstoffbehälter waren randvoll mit Schnee, deshalb haben Matt und Jon sie reingebracht, und wir haben den Schnee geschmolzen und dann in Flaschen und Krüge abgefüllt. Danach haben wir die Behälter wieder rausgestellt.

[...] Unserer Schätzung nach sind ungefähr sechzig Zentimeter Schnee gefallen, und es sieht nicht so aus, als würde es bald aufhören.

»Wasser haben wir jetzt erst mal wieder genug, oder?«, fragte ich sicherheitshalber nach. »Der Schnee bleibt doch bestimmt noch eine Weile liegen, sodass wir ihn einfach reinbringen und abkochen können, wenn wir Wasser brauchen. Oder?«

»Ich wüsste nicht, was dagegenspricht«, sagte Matt. »Ich glaube, erst mal brauchen wir uns keine Sorgen mehr ums Wasser zu machen. Außerdem schneit es ja vielleicht noch öfter.«

»Nein, danke. Lieber nicht«, sagte Mom.

»Es muss ja nicht gleich wieder ein Blizzard sein«, sagte Matt. »Aber ab und zu ein paar Zentimeter könnten wir gut gebrauchen.«

»Und Holz haben wir auch noch genug?«, fragte ich. Heute war anscheinend mein Rückversicherungstag.

»Es müsste reichen«, sagte Matt.

Ich beschloss, ihm zu glauben. Wir können ja sowieso nicht zum Holz- und Wasserladen gehen, um Nachschub zu besorgen.

Wobei mir einfällt, dass wir jetzt sowieso nirgendwo mehr hingehen können. Ich glaube kaum, dass die Straßen geräumt werden, und noch weniger glaube ich, dass irgendwer sechs Kilometer Schnee wegschaufeln wird.

Ein Glück, dass wir uns immer noch mögen. [...]

13. Dezember

»Ich glaube, wir gehen die Sache mit den Mahlzeiten falsch an«, sagte Matt heute Morgen. Einen beglückenden Moment lang dachte ich, er wollte damit sagen, wir drei sollten wieder zwei Mahlzeiten am Tag essen und Jon nur noch eine, aber das meinte er natürlich nicht.

»Keiner von uns isst etwas zum Frühstück«, sagte er. »Wir haben den ganzen Tag über Hunger. Dann essen wir zu Abend, bleiben noch ein bisschen auf und gehen ins Bett. Die einzige Zeit, in der wir keinen Hunger haben, ist also die, wenn wir schlafen. Was haben wir dann davon?«

»Du meinst, wir sollten unsere große Mahlzeit lieber morgens einnehmen?«, fragte Mom, was ziemlich lustig war, weil unsere große Mahlzeit ja gleichzeitig auch unsere einzige ist.

»Zum Frühstück oder Mittagessen«, sagte Matt. »Vielleicht auch Brunch, wie Miranda es eine Zeit lang gemacht hat. Ich glaube, ich hätte lieber nachts Hunger als den ganzen Tag.«

»Und ich?«, fragte Jonny.

»Du könntest abends noch mal was essen«, sagte Matt.

Das schien mir tatsächlich sinnvoll. Vor allem, weil Jon erst dann seine zweite Mahlzeit bekommen würde, wenn wir anderen auch schon gegessen haben. Es hat Tage gegeben, da hätte ich ihm seinen Topf mit was auch immer am liebsten über den Kopf gekippt. Vielleicht hält sich der Futterneid in Grenzen, wenn ich selber noch halbwegs satt bin.

»Probieren wir es aus«, sagte Mom. »Ich fand das Abendessen immer schön, weil wir dann alle zusammen waren. Aber jetzt sind wir sowieso den ganzen Tag zusammen, da spielt es eigentlich keine Rolle mehr. Wir essen ab jetzt immer um elf, und dann sehen wir ja, wie es uns gefällt.«

Das taten wir dann auch. Jetzt ist es vier Uhr nachmittags (hat Matt jedenfalls gesagt) und ich habe noch keinen besonders großen Hunger. Und das Wäschewaschen geht auch viel leichter, wenn ich halbwegs satt bin.

Das ist doch wirklich mal eine Verbesserung.

6 Erkläre, wie Mirandas Familie die Probleme nach der Mordkatastrophe löst.

7 Die Katastrophe bedeutet nicht nur Mangelerscheinungen, sondern auch Stillstand. Zeige, wie dieser sich in den ausgewählten Textauszügen bemerkbar macht.

Wie sehen Jugendliche den Klimawandel?

Jugendliche im Alter von 12 bis 25 Jahren wurden 2010 dazu befragt, wie sie den Klimawandel einschätzen.

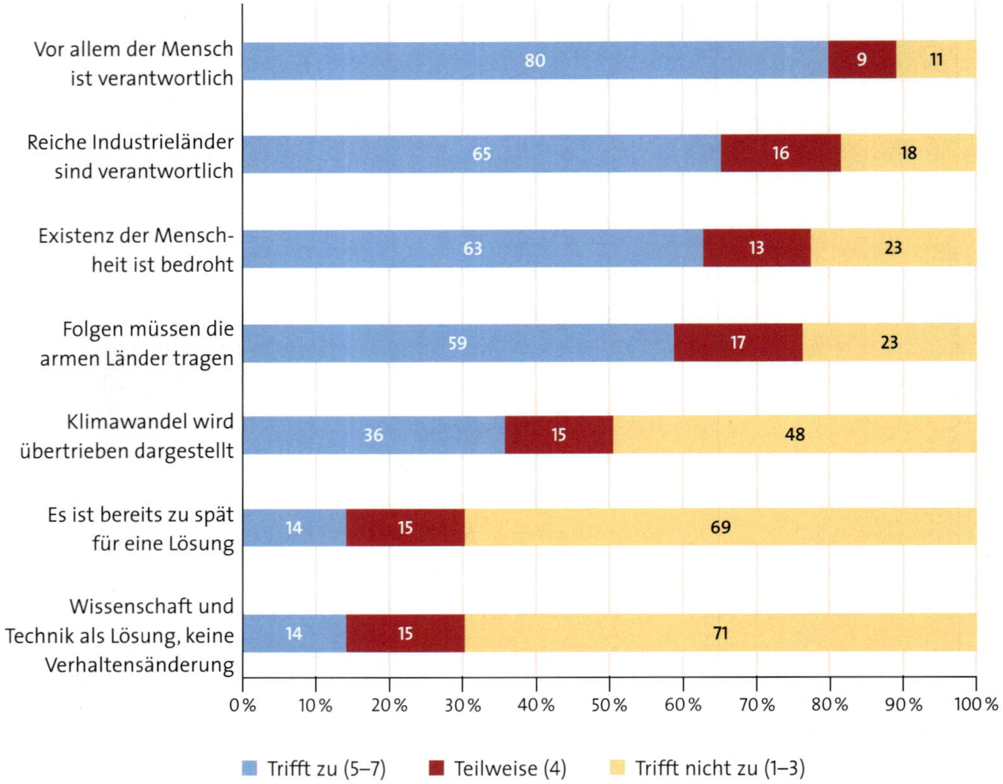

Fehlende zu 100 = keine Angabe

1. Sieh dir die Grafik an. Nach welchen Aspekten des Klimawandels wurden die Jugendlichen befragt und wie antworten sie darauf?

2. Überlegt, warum so viele Jugendliche glauben, dass der Mensch selbst verantwortlich ist.

3. Diskutiert den letzten Aspekt der Umfrage. Reichen Lösungen aus Wissenschaft und Technik aus, so dass wir unser Verhalten nicht ändern müssen?

Ist unsere Welt noch zu retten?

BIO nach EG-Öko-Verordnung

1 Beschreibe die Fotos. Was haben die dargestellten Situationen mit der Überschrift zu tun?

2 Schlagt nach, was der Begriff *Nachhaltigkeit* bedeutet, und sammelt Beispiele dafür. (vgl. z. B. S. 62 f.)

3 Führt in der Klasse eine Umfrage durch, wie man sich für Umweltschutz engagieren kann. Tragt zusammen, was ihr bereits macht und was ihr noch machen könntet.

→ S. 70 Fernsehen

4 Welche Rolle spielen Fotos bei der Vermittlung von Informationen? Wie kann es zu Manipulation kommen? Recherchiere Informationen zu diesen Fragen und stelle deine Ergebnisse vor.

Lyrische Texte untersuchen

Marc Chagall: Die Verliebten, 1950

Du bist vom selben Stern.
Ich kann deinen Herzschlag hör'n.
Du bist vom selben Stern wie ich,
Weil dich die gleiche Stimme lenkt
und du am gleichen Faden hängst.
Weil du dasselbe denkst wie ich.

Ich + Ich

Mir fehlen die Worte
Ich hab die Worte nicht
Dir zu sagen, was ich fühle
Ich bin ohne Worte
Ich finde die Worte nicht
Ich hab keine Worte für dich

Tim Bendzko

1

a Die beiden Texte sind den Liedern »Vom selben Stern« und »Wenn Worte meine Sprache wären« entnommen. Notiere zu jedem Textauszug deine ersten Gedanken.

b Vergleicht eure Notizen und erklärt, wie es eurer Meinung nach zu ähnlichen bzw. unterschiedlichen Eindrücken kommen kann.

→ **S. 250** Merkwissen (Gedicht)

c Liedtexte sind seit jeher die typischste Form lyrischer Texte. Begründe, warum es sich bei den Liedtexten oben um Lyrik handelt.

!

Liedtexte (engl. *lyrics*) sind seit jeher die üblichste Form **lyrischer Texte** (**Lyrik**, verwandt mit Lyra: Leier, altgriechisches Saiteninstrument, mit dem Lieder begleitet wurden).
Liedtexte entfalten ihre **Wirkung** im Zusammenspiel von **sprachlicher Gestaltung** und **Musik**. Je nach Musikrichtung (z. B.: Rock, Pop, Rap, Hip Hop, Schlager, Volkslied, Kunstlied, Protestsong) und Thema (z. B.: Liebe, Leben, Glück, Freiheit, Ängste, Natur, Gesellschaft) sind verschiedene Wirkungen intendiert. Die Lieder wollen z. B. unterhalten, beruhigen, aufrütteln, anregen, kritisieren, provozieren.
Die **sprachlichen Mittel (Stilmittel)** reichen von Sprachspielen, Redewendungen, Wortneuschöpfungen und ungewöhnlichem Satzbau bis zu poetisch bildhaften Beschreibungen, Alliterationen, Reimen u. Ä.

Einen Liedtext untersuchen

2

a Lies den folgenden Liedtext.

Annett Louisan

Das große Erwachen

ich tat sehr viel Stoff in mein Dekolleté
pflegte meine Haut und mein Renommee[1]
ich hab' mich benommen, so als hätt' ich Stil
noch ein Schlückchen Sekt? ach bitte nicht so viel!
ich hab' mich bemalt, damit du mich siehst
ich hab' mich geaalt wie ein kleines Biest
ich war die blonde Elfe mit gesenktem Blick
doch das war nur ein Trick, damit ich dich krieg'

und jetzt möchte ich, dass du mich liebst
ganz genau so, wie ich wirklich bin
und mir all meine albernen Macken vergibst
meine Fehler, jetzt verdammt, nimm sie hin!

[1] guter Ruf, Ansehen

hab' nicht viel gesagt, damit man dich hört
hab' nicht laut gelacht, nur falls es dich stört
du hast viel erzählt, ich tat int'ressiert
dabei hab' ich kaum was davon kapiert
ich hab' dich verführt, so als hätt' ich Lust
dabei ganz bewusst, nicht zu selbstbewusst
ich hab' mich verrenkt, unter deinem Zelt
und hab' so getan, als ob's mir gefällt

und jetzt möchte ich, dass du mich liebst ...

ich hab mich gefärbt, ich hab' mich gebräunt
ich hab' doof geguckt, immer schön verträumt
als einzige Lasche zwischen all den Schnallen
hab ich mich verstellt, um dir zu gefallen

und jetzt möchte ich, dass du mich liebst ...

b Beschreibe deine ersten Vorstellungen und Eindrücke vom lyrischen Ich.

c Trage zusammen, was das »Ich« des Liedes über sich sagt. Unterscheide zwischen Vergangenheit und Gegenwart.

d Welche Schwierigkeit ergibt sich für das lyrische Ich, da die ersehnte Beziehung zustande gekommen ist? Belege anhand von Textstellen und beziehe die Überschrift mit ein.

→ S. 244 Merkwissen

e Untersucht, welche sprachlichen Mittel im Text verwendet werden und welche Wirkung diese haben.

f Hört euch die Liedfassung an. Tauscht euch über die musikalische Gestaltung und deren Wirkung aus. Bezieht die Ergebnisse der Aufgaben b bis e ein.

3 Lies das folgende Gedicht. Beschreibe anschließend, welchen Eindruck es bei dir hinterlässt.

Johann Wolfgang von Goethe

Willkommen und Abschied

Es schlug mein Herz, geschwind zu Pferde!
Es war getan, fast eh gedacht;
Der Abend wiegte schon die Erde
Und an den Bergen hing die Nacht:
Schon stand im Nebelkleid die Eiche,
Ein aufgetürmter Riese, da,
Wo Finsternis aus dem Gesträuche
Mit hundert schwarzen Augen sah.

Der Mond von einem Wolkenhügel
Sah kläglich aus dem Duft hervor,
Die Winde schwangen leise Flügel,
Umsausten schauerlich mein Ohr;
Die Nacht schuf tausend Ungeheuer;
Doch frisch und fröhlich war mein Mut:
In meinen Adern, welches Feuer!
In meinem Herzen, welche Glut!

Dich sah ich, und die milde Freude
Floss von dem süßen Blick auf mich;
Ganz war mein Herz an deiner Seite
Und jeder Atemzug für dich.
Ein rosenfarbnes Frühlingswetter
Umgab das liebliche Gesicht,
Und Zärtlichkeit für mich – ihr Götter!
Ich hofft' es, ich verdient' es nicht!

Doch ach, schon mit der Morgensonne
Verengt der Abschied mir das Herz:
In deinen Küssen, welche Wonne!
In deinem Auge, welcher Schmerz!
Ich ging, du standst und sahst zur Erden
Und sahst mir nach mit nassem Blick:
Und doch, welch Glück, geliebt zu werden!
Und lieben, Götter, welch ein Glück!

4 Untersuche das Gedicht jetzt genauer:

a Wer könnte das lyrische Ich sein? In welcher Stimmung ist es und warum? Beziehe dabei auch den Titel des Gedichts ein.

b Schreibe aus dem Gedicht Formulierungen heraus, die Gefühle zum Ausdruck bringen.

c Erläutere, wie die Naturdarstellungen auf dich wirken. Notiere Beispiele für Personifizierungen der Natur.

Der Abend wiegt die Erde (Z. 3)

e Trage das Gedicht wirkungsvoll vor. Bedenke dabei die wechselnden Stimmungen des lyrischen Ichs sowie seine Handlungen (heranreiten, weggehen).

5

a Sieh dir die Illustration zum Gedicht an. Findest du sie passend? Begründe deine Meinung.

b Finde oder gestalte eigene Illustrationen zum Gedicht, die den sich ändernden Stimmungen gerecht werden.

Bei einer Gedichtinterpretation kannst du so vorgehen

1. Überlege, welche Grundstimmung vom Gedicht ausgeht und von welchem Thema es handelt. Beziehe evtl. den Titel ein.
2. Betrachte die äußere Form (Strophen, Verse) und überlege, welche Wirkung davon ausgeht.
3. Untersuche und deute die einzelnen Strophen und Verse: Wer ist das lyrische Ich? In welcher Stimmung ist es? Was geschieht bzw. was ist das Thema? Welche sprachlichen Mittel werden verwendet und welche Wirkung haben sie (Reime, Wortwahl, sonstige Stilmittel)?
4. Verfasse eine zusammenhängende Gedichtinterpretation. Nenne in der Einleitung Autor, Titel, Thema und/oder Inhalt des Gedichts. Formuliere am Ende deinen Gesamteindruck oder eine Meinung zu dem Gedicht.

6 Auf dieser und der nächsten Seite findet ihr drei Gedichte zum Thema »Liebe«.

a Lest, untersucht und interpretiert die Gedichte in Gruppen und stellt eure Ergebnisse der Klasse vor. Nutzt den Methodenkasten auf Seite 90.

Adelbert von Chamisso

Seit ich ihn gesehen

Seit ich ihn gesehen,
Glaub ich blind zu sein;
Wo ich hin nur blicke,
Seh ich ihn allein;
Wie im wachen Traume
Schwebt sein Bild mir vor,
Taucht aus tiefstem Dunkel
Heller nur empor.

Sonst ist licht- und farblos
Alles um mich her,
Nach der Schwestern Spiele
Nicht begehr ich mehr.
Möchte lieber weinen
Still im Kämmerlein;
Seit ich ihn gesehen,
Glaub ich blind zu sein.

Matthias Claudius

Die Liebe

Die Liebe hemmet nichts;
sie kennt nicht Tür noch Riegel,
Und dringt durch alles sich;
Sie ist ohn Anbeginn,
schlug ewig ihre Flügel,
Und schlägt sie ewiglich.

Theodor Storm

Du gehst an meiner Seite hin

Du gehst an meiner Seite hin
Und achtest meiner nicht;
Nun schmerzt mich deine weiße Hand,
Dein süßes Angesicht.

O sprich wie sonst ein liebes Wort,
Ein einzig Wort mir zu!
Die Wunden bluten heimlich fort,
Auch du hast keine Ruh.

Der Mund, der jetzt zu meiner Qual
Sich stumm vor mir verschließt,
Ich hab ihn ja so tausendmal,
Vieltausendmal geküsst.

Was einst so überselig war,
Bricht nun das Herz entzwei;
Das Aug, das meine Seele trank,
Sieht fremd an mir vorbei.

b Die drei Gedichte entstanden zwischen 1798 und 1851. Verfasse zu einem der Gedichte ein Parallelgedicht in einer freien Form.

7 Suche oder verfasse ein eigenes Liebesgedicht und schreibe es möglichst kunstvoll (z. B. mit Feder und Tusche) auf eine Postkarte.

Ein Drama lesen und verstehen

»Nathan der Weise« – Den Stoff des Dramas kennen lernen

Aufführung Schauspielhaus Graz (2002)

Ich weiß, wie gute Menschen denken; weiß,
Dass alle Länder gute Menschen tragen.

G. E. Lessing:
Nathan der Weise, II/5

1 Setzt euch mit dem Zitat aus dem Drama auseinander. Sammelt in einem Brainstorming, was ihr unter einem *guten Menschen* versteht.

→ S.132 Fabeln

2 Gotthold Ephraim Lessing schrieb das Drama »Nathan der Weise« im Jahr 1779. Informiert euch im Lexikon oder im Internet über Leben und Werk des Autors.

3

a Lessing nutzte für sein Drama »Nathan der Weise« die folgende Geschichte aus dem 14. Jahrhundert. Lies sie und gib den Inhalt mit eigenen Worten wieder.

Giovanni Boccaccio

Das Dekameron. Erster Tag, dritte Geschichte

Saladin, dessen Trefflichkeit so groß war, dass sie ihn nicht nur von einem geringen Manne zum Sultan von Babylon erhob, sondern ihm auch vielfach Siege über sarazenische[1] und christliche Fürsten gewährte, hatte in zahlreichen Kriegen und in großartigem Aufwand seinen ganzen Schatz geleert und wusste nun, da neue und unerwartete Bedürfnisse wieder eine große Geldsumme erheischten, nicht, wo er sie so schnell, wie er ihrer bedurfte, auftreiben sollte. Da erinnerte er sich eines reichen Juden namens Melchisedech, der in Alexandrien auf Wucher lieh und nach Saladins Dafürhalten wohl imstande gewesen wäre, ihm zu helfen, aber so geizig war, dass er es aus freien Stücken nie getan hätte. Gewalt wollte Saladin nicht gebrauchen; aber das Bedürfnis war dringend, und es stand bei ihm fest, auf die eine oder andere Art sollte der Jude ihm helfen. So sann er denn nur auf einen Vorwand, ihn unter einigem Scheine von Recht zwingen zu können.
Endlich ließ er ihn rufen, empfing ihn auf das Freundlichste, hieß ihn neben sich sitzen und sprach alsdann: »Mein Freund, ich habe schon von vielen gehört, du seiest weise und habest besonders in göttlichen Dingen tiefe Einsicht. Darum wüsste ich gern von dir, welches unter den drei Gesetzen du für das wahre hältst, das jüdische, das sarazenische oder das christliche.«
Der Jude war in der Tat ein weiser Mann und erkannte wohl, dass Saladin ihm solcherlei Fragen nur vorlegte, um ihn in seinen eigenen Worten zu fangen. Auch sah er, dass, welches von diesen Gesetzen er auch vor den andern loben möchte, Saladin immer seinen Zweck erreichte. So bot er denn schnell seinen ganzen Scharfsinn auf, um eine unverfängliche Antwort, wie sie ihm nottat, zu finden. Schon fiel ihm auch ein, wie er sprechen musste, und er sagte:
»Mein Gebieter, die Frage, die Ihr mir vorlegt, ist schön und tiefsinnig. Soll ich aber meine Meinung darüber sagen, so muss ich Euch eine kleine Geschichte erzählen [...]. Ich erinnere mich [...], dass vor Zeiten ein reicher und vornehmer Mann lebte, der vor allen anderen auserlesenen Juwelen, die er in seinem Schatz

[1] arabisch, muslimisch

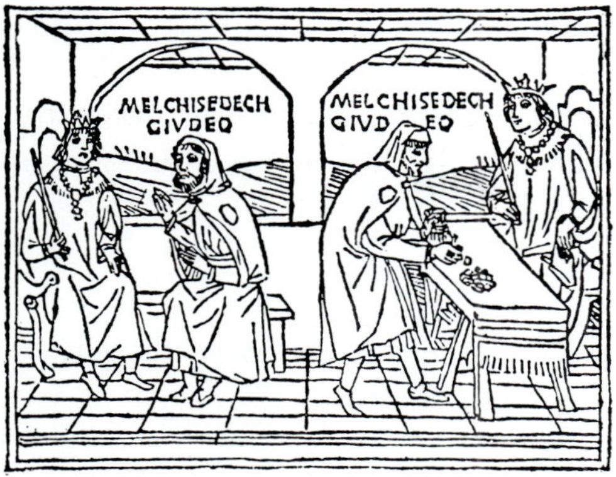

Holzschnitt der italienischen Ausgabe von 1492

verwahrte, einen wunderschönen und kostbaren Ring werthielt. Um diesen seinem Werte und seiner Schönheit nach zu ehren und ihn auf immer im Besitz seiner Nachkommen zu erhalten, ordnete er an, dass derjenige unter seinen Söhnen, der den Ring, als ihm vom Vater übergeben, vorzeigen könnte, für seinen Erben gelten und vor allen anderen als der Vornehmste geehrt werden sollte. [...] Kurz, der Ring ging von Hand zu Hand auf viele Nachkommen über. Endlich aber kam er in den Besitz eines Mannes, der drei Söhne hatte, die sämtlich schön, tugendhaft und ihrem Vater unbedingt gehorsam waren, daher auch gleich zärtlich von ihm geliebt wurden. Die Jünglinge wussten, welche Bewandtnis es mit dem Ringe hatte, und da ein jeder der Geehrteste unter den Seinigen zu werden wünschte, baten alle drei einzeln den Vater, der schon alt war, inständig um das Geschenk des Ringes. Der gute Mann liebte sie alle gleichmäßig und wusste selber keine Wahl unter ihnen zu treffen. So versprach er denn den Ring einem jeden und sann über ein Mittel nach, um alle zu befriedigen. Zu diesem Ende ließ er heimlich von einem geschickten Meister zwei andere Ringe fertigen, die dem ersten so ähnlich waren, dass er selbst, der doch den Auftrag gegeben hatte, den rechten kaum zu erkennen wusste. Als er auf dem Totenbette lag, gab er heimlich jedem der Söhne einen von den Ringen. Nach des Vaters Tod nahm ein jeder Erbschaft und Vorrang für sich in Anspruch, und da einer dem andern das Recht dazu bestritt, zeigte jeder, um seine Forderung zu begründen, den Ring vor, den er erhalten hatte. Da sich nun ergab, dass die Ringe einander so ähnlich waren, dass niemand erkennen konnte, welcher der echte sei, blieb die Frage, welcher von ihnen des Vaters echter Erbe sei, unentschieden, und bleibt es noch heute. So sage ich Euch denn, mein Gebieter, auch von den drei Gesetzen, die Gottvater den drei Völkern gegeben und über die Ihr mich befraget. Jedes der Völker glaubt seine Erbschaft, sein wahres Gesetz und seine Gebote zu haben, damit es sie befolge. Wer es aber wirklich hat, darüber ist, wie über die Ringe, die Frage noch unentschieden.«

b Wie gelingt es dem Juden Melchisedech, sich mit Geschick und Scharfsinn aus der Affäre zu ziehen?
Beurteile seine Bewertung der Geschichte im letzten Absatz.

Eine Dramenszene untersuchen

In Lessings Drama lässt Saladin, der sich in Geldnot befindet, den reichen Juden Nathan zu sich kommen und fragt ihn, welcher Glaube ihm am meisten eingeleuchtet habe.

1

a Lies den ersten Teil der folgenden Szene. Fasse den wesentlichen Inhalt anschließend mit eigenen Worten zusammen.

Gotthold Ephraim Lessing

Nathan der Weise

Dritter Aufzug. Siebenter Auftritt

Saladin und Nathan.

Saladin: (So ist das Feld hier rein!) – Ich komm dir doch
Nicht zu geschwind zurück? Du bist zu Rande
Mit deiner Überlegung. – Nun so rede!
Es hört uns keine Seele.

Nathan: Möcht auch doch
Die ganze Welt uns hören.

Saladin: So gewiss
Ist Nathan seiner Sache? Ha! das nenn
Ich einen Weisen! Nie die Wahrheit zu
Verhehlen! für sie alles auf das Spiel
Zu setzen! Leib und Leben! Gut und Blut!

Nathan: Ja! ja! wann's nötig ist und nutzt. [...]
Doch, Sultan, eh ich mich dir ganz vertraue,
Erlaubst du wohl, dir ein Geschichtchen zu
Erzählen?

Saladin: Warum das nicht? Ich bin stets
Ein Freund gewesen von Geschichtchen, gut
Erzählt. [...]

Nathan: Vor grauen Jahren lebt' ein Mann in Osten,
Der einen Ring von unschätzbarem Wert'
Aus lieber Hand besaß. Der Stein war ein
Opal, der hundert schöne Farben spielte,
Und hatte die geheime Kraft, vor Gott
Und Menschen angenehm zu machen, wer
In dieser Zuversicht ihn trug. Was Wunder,

Dass ihn der Mann in Osten darum nie
Vom Finger ließ; und die Verfügung traf,
Auf ewig ihn bei seinem Hause zu
Erhalten? Nämlich so. Er ließ den Ring
Von seinen Söhnen dem geliebtesten;
Und setzte fest, dass dieser wiederum
Den Ring von seinen Söhnen dem vermache,
Der ihm der liebste sei; und stets der liebste,
Ohn Ansehn der Geburt, in Kraft allein
Des Rings, das Haupt, der Fürst des Hauses werde. –
Versteh mich, Sultan.

Saladin: Ich versteh dich. Weiter!

Nathan: So kam nun dieser Ring, von Sohn zu Sohn,
Auf einen Vater endlich von drei Söhnen;
Die alle drei ihm gleich gehorsam waren,
Die alle drei er folglich gleich zu lieben
Sich nicht entbrechen konnte. Nur von Zeit
Zu Zeit schien ihm bald der, bald dieser, bald
Der dritte, – so wie jeder sich mit ihm
Allein befand, und sein ergießend Herz
Die andern zwei nicht teilten, – würdiger
Des Ringes; den er denn auch einem jeden
Die fromme Schwachheit hatte, zu versprechen.
Das ging nun so, solang es ging. – Allein
Es kam zum Sterben, und der gute Vater
Kömmt in Verlegenheit. Es schmerzt ihn, zwei
Von seinen Söhnen, die sich auf sein Wort
Verlassen, so zu kränken. – Was zu tun? –
Er sendet in geheim zu einem Künstler,
Bei dem er, nach dem Muster seines Ringes,
Zwei andere bestellt, und weder Kosten
Noch Mühe sparen heißt, sie jenem gleich,
Vollkommen gleich zu machen. Das gelingt
Dem Künstler. Da er ihm die Ringe bringt,
Kann selbst der Vater seinen Musterring
Nicht unterscheiden. Froh und freudig ruft
Er seine Söhne, jeden insbesondre;
Gibt jedem insbesondre seinen Segen, –
Und seinen Ring, – und stirbt. – Du hörst doch, Sultan?

Saladin: *(der sich betroffen von ihm gewandt)*
Ich hör, ich höre! – Komm mit deinem Märchen
Nur bald zu Ende. – Wird's?

Nathan: Ich bin zu Ende.
Denn was noch folgt, versteht sich ja von selbst. –
Kaum war der Vater tot, so kömmt ein jeder
Mit seinem Ring, und jeder will der Fürst
Des Hauses sein. Man untersucht, man zankt,
Man klagt. Umsonst; der rechte Ring war nicht
Erweislich; – *(nach einer Pause, in welcher er des Sultans Antwort erwartet)*
Fast so unerweislich, als
Uns itzt – der rechte Glaube.

Saladin: Wie? das soll
Die Antwort sein auf meine Frage? ...

Nathan: Soll
Mich bloß entschuldigen, wenn ich die Ringe,
Mir nicht getrau zu unterscheiden, die
Der Vater in der Absicht machen ließ,
Damit sie nicht zu unterscheiden wären.

Saladin:
Die Ringe! – Spiele nicht mit mir! – Ich dächte,
Dass die Religionen, die ich dir
Genannt, doch wohl zu unterscheiden wären.
Bis auf die Kleidung; bis auf Speis und Trank!

Nathan: Und nur von Seiten ihrer Gründe nicht. –
Denn gründen alle sich nicht auf Geschichte?
Geschrieben oder überliefert! – Und
Geschichte muss doch wohl allein auf Treu
Und Glauben angenommen werden? – Nicht? –
Nun wessen Treu und Glauben zieht man denn
Am wenigsten in Zweifel? Doch der Seinen?
Doch deren Blut wir sind? doch deren, die
Von Kindheit an uns Proben ihrer Liebe
Gegeben? die uns nie getäuscht, als wo
Getäuscht zu werden uns heilsamer war? –
Wie kann ich meinen Vätern weniger
Als du den deinen glauben? Oder umgekehrt. –
Kann ich von dir verlangen, dass du deine
Vorfahren Lügen strafst, um meinen nicht
Zu widersprechen? Oder umgekehrt.
Das Nämliche gilt von den Christen. Nicht? –

Saladin: (Bei dem Lebendigen! Der Mann hat Recht.
Ich muss verstummen.)

b Erkläre, welche Kraft dem Ring zugeschrieben wird und weshalb der Vater zwei weitere identische Ringe anfertigen lässt. Belege dies anhand von Textstellen.

2 Vergleiche Lessings und Boccaccios Fassung der Ringgeschichte.

a Vergleiche den Inhalt der beiden Geschichten. Notiere Gemeinsamkeiten und Unterschiede in Stichpunkten.

b Vergleiche die Sprache der beiden Texte. Welche Wirkung geht von der sprachlichen Gestaltung jeweils aus? Begründe deine Meinung mithilfe von Textstellen.

c Vergleicht die Form der beiden Texte. Um welche literarische Gattung handelt es sich jeweils? Belegt anhand von Textstellen.

3 Lies die Szene zu Ende. Welchen Rat erteilt der kluge Richter den drei Söhnen? Formuliere in eigenen Worten.

Nathan: Lass auf unsre Ring'
Uns wieder kommen. Wie gesagt: die Söhne
Verklagten sich; und jeder schwur dem Richter,
Unmittelbar aus seines Vaters Hand
Den Ring zu haben. – Wie auch wahr! – Nachdem
Er von ihm lange das Versprechen schon
Gehabt, des Ringes Vorrecht einmal zu
Genießen. – Wie nicht minder wahr! – Der Vater,
Beteu'rte jeder, könne gegen ihn
Nicht falsch gewesen sein; und eh' er dieses
Von ihm, von einem solchen lieben Vater,
Argwohnen lass': eh müss' er seine Brüder,
So gern er sonst von ihnen nur das Beste
Bereit zu glauben sei, des falschen Spiels
Bezeihen; und er wolle die Verräter
Schon auszufinden wissen; sich schon rächen.

Saladin:
Und nun, der Richter? – Mich verlangt zu hören,
Was du den Richter sagen lässest. Sprich!

Nathan:
Der Richter sprach: Wenn ihr mir nun den Vater
Nicht bald zur Stelle schafft, so weis ich euch
Von meinem Stuhle. Denkt ihr, dass ich Rätsel
Zu lösen da bin? Oder harret ihr,
Bis dass der rechte Ring den Mund eröffne? –
Doch halt! Ich höre ja, der rechte Ring
Besitzt die Wunderkraft, beliebt zu machen;
Vor Gott und Menschen angenehm. Das muss
Entscheiden! Denn die falschen Ringe werden
Doch das nicht können! – Nun; wen lieben zwei
Von euch am meisten? – Macht, sagt an! Ihr schweigt?
Die Ringe wirken nur zurück? und nicht
Nach außen? Jeder liebt sich selber nur
Am meisten? – O so seid ihr alle drei
Betrogene Betrieger! Eure Ringe
Sind alle drei nicht echt. Der echte Ring
Vermutlich ging verloren. Den Verlust
Zu bergen, zu ersetzen, ließ der Vater
Die drei für einen machen.

Saladin: Herrlich! herrlich!

Nathan: Und also; fuhr der Richter fort, wenn ihr
Nicht meinen Rat, statt meines Spruches, wollt:
Geht nur! – Mein Rat ist aber der: ihr nehmt
Die Sache völlig, wie sie liegt. Hat von
Euch jeder seinen Ring von seinem Vater:
So glaube jeder sicher seinen Ring
Den echten. – Möglich; dass der Vater nun
Die Tyrannei des Einen Rings nicht länger
In seinem Hause dulden wollen! – Und gewiss;
Dass er euch alle drei geliebt, und gleich
Geliebt: indem er zwei nicht drücken mögen,
Um einen zu begünstigen. – Wohlan!
Es eifre jeder seiner unbestochnen
Von Vorurteilen freien Liebe nach!
Es strebe von euch jeder um die Wette,
Die Kraft des Steins in seinem Ring an Tag
Zu legen! komme dieser Kraft mit Sanftmut,
Mit herzlicher Verträglichkeit, mit Wohltun,
Mit innigster Ergebenheit in Gott,
Zu Hülf'! Und wenn sich dann der Steine Kräfte
Bei euern Kindes-Kindeskindern äußern:
So lad ich über tausend tausend Jahre,
Sie wiederum vor diesen Stuhl. Da wird
Ein weisrer Mann auf diesem Stuhle sitzen
Als ich; und sprechen. Geht! – So sagte der
Bescheidne Richter.

Saladin: Gott! Gott!

Nathan: Saladin,
Wenn du dich fühlest, dieser weisere
Versprochne Mann zu sein: ...

Saladin: *(der auf ihn zustürzt und seine Hand ergreift, die er bis zu Ende nicht wieder fahren lässt)*
Ich Staub? Ich Nichts?
O Gott!

Nathan: Was ist dir, Sultan?

Saladin: Nathan, lieber Nathan! –
Die tausend tausend Jahre deines Richters
Sind noch nicht um. – Sein Richterstuhl ist nicht
Der meine. – Geh! – Geh! – Aber sei mein Freund [...]

4 Nathans Antwort auf die Frage des Sultans wird auch als »Ringparabel« bezeichnet. Eine Parabel ist eine lehrhafte Gleichniserzählung, aus der eine Erkenntnis gewonnen wird.
Erläutere, wie Nathan die Parabel von den drei Ringen (S. 96, Z. 20 bis S. 101, Z. 175) auf die Beantwortung der Frage des Sultans nach dem wahren Glauben anwendet.

→ S. 218 Geschichte der deutschen Sprache

5 Versuche, den Richterspruch aus Lessings Drama (ab Zeile 152) in heutiges Deutsch zu übertragen. Erläutere, welche Schwierigkeiten sich dabei ergeben.

6 Fasse zusammen, worin sich in dieser Szene die Weisheit Nathans zeigt.

7 Welche Ideen habt ihr für die Inszenierung der abgedruckten Szene auf der Bühne?
Notiert Stichpunkte zu einem möglichen Bühnenbild, zu Requisiten, Musik, Geräuschen und Licht.

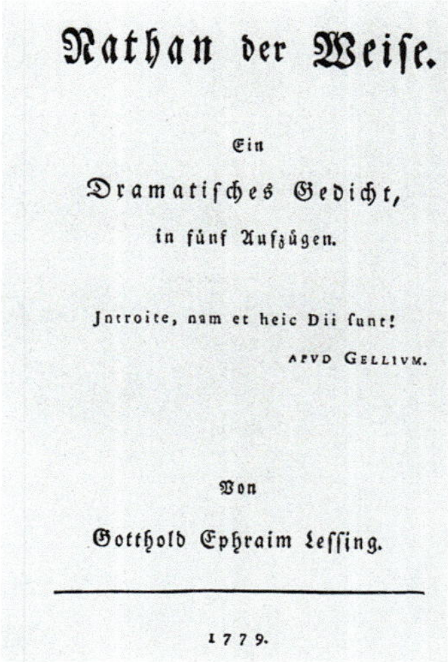
Nathan der Weise.

Ein

Dramatisches Gedicht,

in fünf Aufzügen.

Introite, nam et heic Dii sunt!

APVD GELLIVM.

Von

Gotthold Ephraim Lessing.

1779.

Eine Szene spielen

8 Spielt die Szene nach (S. 96–101).

a Wiederholt zunächst den Handlungs- und Gesprächsverlauf.

b Verteilt die Rollen und notiert Stichpunkte als Erinnerungshilfe für euch als Schauspieler / -innen.

c Spielt die Szene frei nach.

9

a Verfasse eine vollständige Analyse der Dramenszene (S. 96–101). Orientiere dich dabei an der Methodenseite (S. 103).

b Vergleicht eure Analysen. Schätzt ein, wie gut es gelungen ist, den wesentlichen Inhalt und die Kernaussage der Szene zu erfassen. Gebt euch gegenseitig Hinweise zum Überarbeiten.

Dramenszenen analysieren

→ S. 107 Lesestoff

Die Analyse einer Dramenszene ist eine Vorarbeit zur Interpretation. Die folgenden Schritte helfen dir dabei:

1. Sich einen Gesamtüberblick verschaffen
- Lies die Szene.
- Beachte auch die Überschrift und vorhandene Regieanweisungen.

2. Stichpunktartig die *W*-Fragen beantworten
- Was ging der Szene voraus?
- Wo und wann spielt die Handlung?
- Wer tritt auf?
  Personen, die aufeinandertreffen, ihre Besonderheiten, ihr Verhältnis zueinander
- Wie sprechen die Figuren miteinander?
  sprachliche Besonderheiten, z. B. sachliche oder Umgangssprache; Sprechweise, z. B. hastig, zögerlich, ruhig, liebevoll, herablassend usw.
- Was geschieht?
  Handlungs- und Gesprächsverlauf
- Wie wird die weitere Handlung beeinflusst?
  Funktion der Szene im Gesamtgefüge des Dramas: Wird eine neue Person oder ein neues Thema eingeführt? Erfährt die Handlung einen Wendepunkt, eine Zuspitzung, eine Lösung des Konflikts o. Ä.?

3. Aussagen mit Textstellen belegen
- Suche ein kurzes, aussagekräftiges Zitat.
- Achte auf die richtige Zitierweise.

1 Lest eine weitere Dramenszene aus Lessings »Nathan der Weise« (S. 107–112) und analysiert sie. Fasst eure Ergebnisse auf einem DIN-A4-Blatt zusammen.

→ S. 113 Epoche *Aufklärung*

»Nathan der Weise« – Ein Drama der Epoche *Aufklärung*

1

a Lies die folgende Zusammenfassung des Drameninhalts.

Das Drama spielt Ende des 12. Jahrhunderts zur Zeit der Kreuzzüge. Der reiche Jude Nathan, von einer Geschäftsreise soeben nach Jerusalem zurückgekehrt, erfährt, dass seine Tochter Recha von einem christlichen Tempelherrn vor dem Feuertod gerettet wurde. Der junge Mann selbst verdankt sein Leben der unverhofften Begnadigung durch Saladin, nur weil sein Anblick den Sultan an dessen verstorbenen Bruder Assad erinnerte. Nathan überredet den Tempelherrn zu einem Besuch, um Rechas Dank für die Rettung entgegenzunehmen.
Der Sultan befindet sich wegen großzügiger Almosengaben in finanziellen Schwierigkeiten. Er lässt Nathan zu sich kommen, angeblich um dessen Weisheit auf die Probe zu stellen, und fragt ihn, welcher der einzig wahre Glaube sei. Nathans Antwort, die Ringparabel, bildet das Kernstück des Dramas. Der Sultan ist tief beeindruckt von diesem Gleichnis und bietet Nathan aufrichtig seine Freundschaft an. Nathan wiederum stellt ihm aus freien Stücken ein großzügiges Darlehen zur Verfügung.
Der Tempelherr verliebt sich in Recha und begehrt sie zur Frau, obwohl sie Jüdin ist. Doch dann erfährt er, dass das Mädchen in Wirklichkeit nicht Nathans leibliche Tochter, sondern ein christlich getauftes Waisenkind ist. Daraufhin wendet er sich an den Patriarchen[1] von Jerusalem, dem er von dem Fall berichtet, ohne Namen zu nennen. Der Patriarch, ein religiöser Fanatiker, will Nathan, den er als den »genannten« Juden vermutet, unbedingt überführen und zum Tode verurteilen lassen. Er beauftragt damit jedoch ausgerechnet den Klosterbruder, der Nathan achtzehn Jahre zuvor, als dieser durch einen Anschlag seine gesamte Familie verlor, jenes Christenkind anvertraut hat.
Die letzte Szene des Dramas spielt im Palast des Sultans. Saladin will Recha und den Tempelherrn zusammenführen, um der Liebe beider eine Chance zu geben. Auch Nathan kommt hinzu und deckt nicht nur Rechas rätselhafte Herkunft auf.

[1] christliches Kirchenoberhaupt

Ein Schaubild zum Inhalt erstellen

b Stelle den Inhalt anhand eines Schaubildes dar.

c Stelle Vermutungen darüber an, weshalb Lessing die Handlung seines Dramas in die weit zurückliegende Vergangenheit verlegt hat.

d Tauscht euch darüber aus, inwiefern das Drama noch heute von großer Aktualität ist.

2

a Lessings Stück »Nathan der Weise« weist den Aufbau des klassischen antiken Dramas auf. Lies die folgende Übersicht.

1. Akt	**Einführung (Exposition)** Lebenswelt Nathans, Rettung Rechas; Alle drei Religionen werden vorgestellt.
2. Akt	**Entfaltung** Lebenswelt des Sultans; Freundschaft zwischen Nathan und dem Tempelherrn
3. Akt	**Höhepunkt** Ringparabel
4. Akt	**retardierendes (verzögerndes) Moment** Eingreifen des Patriarchen; schlimmste Wendung möglich
5. Akt	**Lösung** glücklicher Ausgang; wiedergefundene Familie als Sinnbild der Weltfamilie

b Im klassischen Drama steht meist ein Konflikt im Mittelpunkt. Formuliere den Konflikt, um den es in Lessings »Nathan der Weise« geht.

c Das klassische Drama verfolgt meist eine bestimmte Wirkungsabsicht. Lies die Informationen auf S. 106 und erläutere, welche Wirkung Lessing mit seinem Drama erzielen wollte.

Einen Vortrag halten

d Recherchiere Informationen zur Wirkungsabsicht des klassischen Dramas und halte einen kurzen Vortrag darüber. Stelle dabei Beispiele vor.

Fachübergreifend: Wie ein Streit zu einem Drama führte

1

a Lies den folgenden Text.

Während seiner Zeit als Bibliothekar in Wolfenbüttel veröffentlichte Lessing 1774 die bibelkritische Schrift einer befreundeten Familie unter dem Titel »Fragmente eines Ungenannten«. Lessing ging es dabei in erster Linie um die Freiheit, religionskritische Ansichten öffentlich diskutieren zu dürfen. Er legte seine Meinung dar, die sich vor allem gegen die orthodoxen[1] und dogmatischen[2] Glaubensvorschriften der Kirche richtete.
Die Reaktion darauf war stark, viele Gegenschriften erschienen. Der Hamburger Hauptpastor J. M. Goeze wurde dabei zu Lessings Hauptgegner. Zwischen beiden entwickelte sich ein heftiger, öffentlich ausgetragener Streit, der so genannte *Fragmentenstreit*. Lessing machte seinen Standpunkt in mehreren Briefen deutlich, diese nannte man später *Anti-Goeze-Briefe*. So schrieb er im elften Brief: »Sie haben mich feindseliger Angriffe auf die christliche Religion beschuldiget. Sie haben mich förmlicher Gotteslästerungen beschuldiget; Sagen Sie selbst: [...] Wissen Sie Beschuldigungen, die unmittelbarer Hass und Verfolgung nach sich ziehen? Mit diesem Dolche kommen Sie auf mich eingerannt, und ich soll mich nicht anders als den Hut in der Hand gegen Sie verteidigen können? soll ganz ruhig und bedächtig stehn bleiben, damit ja nicht Ihr schwarzer Rock bestaubt werde? soll jeden Atemzug so mäßigen, dass ja Ihre Perrucke den Puder nicht verliere?«
Der Streit wurde im Juli 1778 von der Zensur verboten und die herzogliche Regierung untersagte Lessing jegliche Veröffentlichung seiner Schriften. Da beschloss er, die Auseinandersetzung auf der Theaterbühne weiterzuführen. In einem Brief an seinen Bruder Karl schrieb er: »Ich glaube, eine sehr interessante Episode dazu erfunden zu haben, dass sich alles sehr gut soll lesen lassen, und ich gewiss den Theologen einen ärgern Possen damit spielen will als noch mit zehn Fragmenten.«

[1] *gr.-lat.* rechtgläubig, strenggläubig

[2] *gr.-lat.* starr an einer Ideologie oder Lehrmeinung festhaltend

b Erläutert, worum es Lessing im so genannten Fragmentenstreit ging. Setzt euch dazu mit dem Zitat aus dem Anti-Goeze-Brief auseinander (Z. 14 – 22).

Was habe ich gelernt?

2 Überprüfe, was du über das Untersuchen eines Dramas gelernt hast. Gestalte dazu ein Merkblatt.

Den Inhalt einer Szene wiedergeben

1 Lies die letzte Szene des Dramas »Nathan der Weise« und fertige eine Figurenübersicht an.

Gotthold Ephraim Lessing

Nathan der Weise

Fünfter Aufzug. Letzter Auftritt

Nathan und der Tempelherr zu den Vorigen.

Saladin: Ah, meine guten lieben Freunde! – Dich,
Dich, Nathan, muss ich nur vor allen Dingen
Bedeuten, dass du nun, sobald du willst,
Dein Geld kannst wiederholen lassen! ...
Nathan: Sultan! ...
Saladin: Nun steh ich auch zu deinen Diensten ...
Nathan: Sultan! ...
Saladin: Die Karawan' ist da. Ich bin so reich
Nun wieder, als ich lange nicht gewesen. –
Komm, sag mir, was du brauchst, so recht was Großes
Zu unternehmen! Denn auch ihr, auch ihr,
Ihr Handelsleute, könnt des baren Geldes
Zu viel nie haben!
Nathan: Und warum zuerst
Von dieser Kleinigkeit? – Ich sehe dort
Ein Aug' in Tränen, das zu trocknen mir
Weit angelegner ist. *(Geht auf Recha zu.)* Du hast geweint?
Was fehlt dir? – bist doch meine Tochter noch?
Recha: Mein Vater! ...
Nathan: Wir verstehen uns. Genug! –
Sei heiter! Sei gefasst! Wenn sonst dein Herz
Nur dein noch ist! Wenn deinem Herzen sonst
Nur kein Verlust nicht droht! – Dein Vater ist
Dir unverloren!
Recha: Keiner, keiner sonst!
Tempelherr: Sonst keiner? – Nun so hab ich mich betrogen.
Was man nicht zu verlieren fürchtet, hat
Man zu besitzen nie geglaubt, und nie
Gewünscht. – Recht wohl! recht wohl! – Das ändert, Nathan,
Das ändert alles! – Saladin, wir kamen
Auf dein Geheiß. Allein, ich hatte dich
Verleitet: itzt bemüh dich nur nicht weiter!

1 jäh, ungestüm

Saladin: Wie gach[1] nun wieder, junger Mann! – Soll alles
Dir denn entgegenkommen? alles dich
Erraten?
Tempelherr: Nun du hörst ja! siehst ja, Sultan!
Saladin: Ei wahrlich! – Schlimm genug, dass deiner Sache
Du nicht gewisser warst!
Tempelherr: So bin ich's nun.
Saladin: [...] (*Auf Recha zugehend, um sie dem Tempelherrn zuzuführen.)*
Komm, liebes Mädchen,
Komm! Nimm's mit ihm nicht so genau. Denn wär
Er anders; wär er minder warm und stolz:
Er hätt es bleiben lassen, dich zu retten.
Du musst ihm eins fürs andre rechnen. – Komm!
Beschäm ihn! tu, was ihm zu tun geziemte!
Bekenn ihm deine Liebe! trage dich ihm an!
Und wenn er dich verschmäht; dir's je vergisst,
Wie ungleich mehr in diesem Schritte du
Für ihn getan als er für dich ... Was hat
Er denn für dich getan? Ein wenig sich
Beräuchern lassen! ist was Rechts! – so hat
Er meines Bruders, meines Assad, nichts!
So trägt er seine Larve, nicht sein Herz.
Komm, Liebe ...

2 Saladins Schwester

Sittah[2]: Geh! geh, Liebe, geh! Es ist
Für deine Dankbarkeit noch immer wenig;
Noch immer nichts.
Nathan: Halt Saladin! halt Sittah!
Saladin: Auch du?
Nathan: Hier hat noch einer mitzusprechen [...]
Saladin: Wer?
Nathan: Ihr Bruder!
Saladin: Rechas Bruder?
Nathan: Ja!
Recha: Mein Bruder?
So hab ich einen Bruder?
Tempelherr: *(aus seiner wilden stummen Zerstreuung auffahrend)*
Wo? wo ist
Er, dieser Bruder? Noch nicht hier? Ich sollt'
Ihn hier ja treffen.
Nathan: Nur Geduld! [...]
Ihr seid kein Stauffen!
Tempelherr: Wer bin ich denn?

Nathan: Heißt Curd von Stauffen nicht!
Tempelherr: Wie heiß ich denn?
Nathan: Heißt Leu von Filneck.
[...] Kann doch wohl sein,
Dass jener Nam' Euch ebenfalls gebührt.
Tempelherr: Das sollt ich meinen! – (Das hieß Gott ihn sprechen!)
Nathan: Denn Eure Mutter – die war eine Stauffin.
Ihr Bruder, Euer Ohm[3], der Euch erzogen,
Dem Eure Eltern Euch in Deutschland ließen,
Als, von dem rauen Himmel dort vertrieben,
Sie wieder hier zu Lande kamen: – Der
Hieß Curd von Stauffen; mag an Kindes statt
Vielleicht Euch angenommen haben! – [...]
Tempelherr: [...] – Aber, aber –
Was hat mit diesem allen Rechas Bruder
Zu schaffen?
Nathan: Euer Vater ...

3 Onkel

Tempelherr: Wie? auch den
Habt Ihr gekannt? Auch den?
Nathan: Er war mein Freund.
Tempelherr: War Euer Freund? Ist's möglich, Nathan! ...
Nathan: Nannte
Sich Wolf von Filneck; aber war kein Deutscher ...
Tempelherr: Ihr wisst auch das?
Nathan: War einer Deutschen nur
Vermählt; war Eurer Mutter nur nach Deutschland
Auf kurze Zeit gefolgt ...
Tempelherr: Nicht mehr! Ich bitt'
Euch! – Aber Rechas Bruder? Rechas Bruder ...
Nathan: Seid Ihr!
Tempelherr: Ich? ich ihr Bruder?
Recha: Er mein Bruder?
Sittah: Geschwister!
Saladin: Sie Geschwister!
Recha: *(will auf ihn zu)* Ah! mein Bruder!
Tempelherr: *(tritt zurück)*
Ihr Bruder!
Recha: *(hält an, und wendet sich zu Nathan)*
Kann nicht sein! nicht sein! – Sein Herz
Weiß nichts davon! – Wir sind Betrieger! Gott!
Saladin: *(zum Tempelherrn)*
Betrieger? wie? Das denkst du? kannst du denken?
Betrieger selbst! Denn alles ist erlogen
An dir: Gesicht und Stimm und Gang! Nichts dein!
So eine Schwester nicht erkennen wollen! Geh!
Tempelherr: *(sich demütig ihm nahend)*
Missdeut auch du nicht mein Erstaunen, Sultan!
Verkenn in einem Augenblick, in dem
Du schwerlich deinen Assad je gesehen,
Nicht ihn und mich! *(Auf Nathan zueilend.)*
Ihr nehmt und gebt mir, Nathan!
Mit vollen Händen beides! – Nein! Ihr gebt
Mir mehr, als Ihr mir nehmt! unendlich mehr!
(Recha um den Hals fallend.)
Ah meine Schwester! meine Schwester!
Nathan: Blanda
Von Filneck!

Tempelherr: Blanda? Blanda? – Recha nicht?
Nicht Eure Recha mehr? – Gott! Ihr verstoßt
Sie! gebt ihr ihren Christennamen wieder!
Verstoßt sie meinetwegen! – Nathan! Nathan!
Warum es sie entgelten lassen? sie!

Nathan: Und was? – O meine Kinder! meine Kinder! –
Denn meiner Tochter Bruder wär mein Kind
Nicht auch, – sobald er will? [...]

Saladin: Nathan, auf ein Wort! ein Wort! – [...]
Sagtest du vorhin
Nicht –?

Nathan: Was?

Saladin: Aus Deutschland sei ihr Vater nicht
Gewesen; ein geborner Deutscher nicht.
Was war er denn? wo war er sonst denn her?

Nathan: Das hat er selbst mir nie vertrauen wollen.
Aus seinem Munde weiß ich nichts davon.

Saladin: Und war auch sonst kein Frank? kein Abendländer?

Nathan: O! dass er der nicht sei, gestand er wohl. –
Er sprach am liebsten Persisch ...

Saladin: Persisch? Persisch?
Was will ich mehr? – Er ist's! Er war es!

Nathan: Wer?

Saladin: Mein Bruder! ganz gewiss! Mein Assad! ganz
Gewiss!

Nathan: Nun, wenn du selbst darauf verfällst: –
Nimm die Versichrung hier in diesem Buche!
(Ihm das Brevier[4] überreichend.)

4 Gebetsbuch, das Nathan vom Klosterbruder erhielt

Saladin: *(es begierig aufschlagend)*
Ah! seine Hand! Auch die erkenn ich wieder!
Nathan: Noch wissen sie von nichts! Noch steht's bei dir
Allein, was sie davon erfahren sollen!
Saladin: *(indes er darin geblättert)*
Ich meines Bruders Kinder nicht erkennen?
Ich meine Neffen – meine Kinder nicht?
Sie nicht erkennen? ich? Sie dir wohl lassen?
(Wieder laut.)
Sie sind's! sie sind es, Sittah, sind! Sie sind's!
Sind beide meines ... deines Bruders Kinder!
(Er rennt in ihre Umarmungen.)
Sittah: *(ihm folgend)*
Was hör ich! – Konnt's auch anders, anders sein! –
Saladin: *(zum Tempelherrn)*
Nun musst du doch wohl, Trotzkopf, musst mich lieben!
(Zu Recha.)
Nun bin ich doch, wozu ich mich erbot?
Magst wollen oder nicht!
Sittah: Ich auch! ich auch!
Saladin: *(zum Tempelherrn zurück)*
Mein Sohn! mein Assad! meines Assads Sohn!
Tempelherr: Ich deines Bluts! – So waren jene Träume,
Womit man meine Kindheit wiegte, doch –
Doch mehr als Träume! *(Ihm zu Füßen fallend.)*
Saladin: *(ihn aufhebend)* Seht den Bösewicht!
Er wusste was davon, und konnte mich
Zu seinem Mörder machen wollen! Wart!
(Unter stummer Wiederholung allerseitiger Umarmungen fällt der Vorhang.)

2 Vergleiche die Ringparabel (S. 96–101) mit der Schlussszene. In welchem gedanklichen Zusammenhang stehen beide? Belege anhand von Textstellen.

Eine Szenenanalyse vorbereiten

3 Bereitet eine Szenenanalyse vor. Orientiert euch an den *W*-Fragen auf Seite 103.

Eine Szene spielen

4 Spielt die Schlussszene frei nach.

Epochen der Literaturgeschichte erschließen: *Aufklärung* und *Weimarer Klassik*

Habe Mut, dich deines eigenen Verstandes zu bedienen.
Immanuel Kant: Was ist Aufklärung?

Im engen Kreis
verengert sich der Sinn,
Es wächst der Mensch
mit seinen größern Zwecken.
Friedrich Schiller: Wallensteins Lager, Prolog

Edel sei der Mensch,
Hülfreich und gut!
Johann Wolfgang von Goethe: Das Göttliche

1

a Erkläre, wie du die Zitate verstehst.

b Tauscht euch darüber aus, wie ihr euch einen Menschen vorstellt, der den Zitatinhalten gerecht wird. Notiert dazu Stichpunkte.

2 Die literarischen Epochen *Aufklärung* und *Weimarer Klassik* umfassen etwa den Zeitraum von 1770–1800 und 1786–1805. Recherchiert in der Bibliothek oder im Internet zu den beiden Zeitspannen. Erstellt eine Mindmap und ordnet den beiden literarischen Epochen Informationen zu Folgendem zu:

- historische Ereignisse und Entdeckungen,
- wichtige Vertreter aus Literatur, Kunst und Wissenschaft.

3

a Lies den folgenden Text.

Inge von Wangenheim

Eine »Gnadenstelle« für den Knaben Lessing

Zwölfeinhalb ist der Bub, der sich am 21. Juni 1741 acht Uhr morgens in der Fürstenschule St. Afra zu Meißen dem Rektor des Alumnat-Gymnasiums zur Aufnahmeprüfung stellt. In vorgeschriebener Haltung, gekleidet wie ein Erwachsener, den Dreispitz unterm linken Ellbogen, in der Rechten eine lateinische Grammatik, einen gefalteten Bogen Papier sowie etliche zugeschnittene Gänsefedern, harrt er des Befehls. Er ist gut vorbereitet, seiner Sache ziemlich sicher und weiß, worum es geht. Wie die meisten seiner Amtsbrüder hat auch Pastor Lessing zu Kamenz zu viele Kinder und zu wenig Dukaten. Man ist angewiesen auf den fürstlichen Freiplatz, die »Gnadenstelle«, wie sie in den Akten heißt, und der Knabe fest entschlossen, die vor ihm aufgebaute Hürde zu nehmen. Nimmt er sie nicht, ist der vom Vater entworfene Lebensplan für seinen Ältesten verpfuscht. Das kleine Rokokomännlein steht in dem hohen, klösterlichen Amtszimmer recht frühe vor seiner ersten alternativen Bewährungsprobe – leistungswillig, konzentriert, hellwach und fügsam. Ein Kind noch ...
Aber nein, das weiß der Bub nicht. Das ganze 18. Jahrhundert weiß noch nicht, was das ist – ein Kind. Kinder sind kleine Erwachsene und haben sich, nur eine Nummer kleiner, wie Erwachsene aufzuführen. [...]

Kinderbild von Gotthold Ephraim Lessing (re.) mit seinem Bruder

b Was erfährst du über die Zustände in dieser Zeit? Recherchiere weitere Informationen zur Kindheit in der Epoche der *Aufklärung*. Stelle deine Ergebnisse vor.

Einem Lexikonartikel Informationen entnehmen

4 Lies den folgenden Lexikonartikel und informiere dich über den allgemeinen Begriff *Aufklärung* sowie über die literarische Epoche. Beachte beim Lesen folgende Tipps:

- Überlege, welche Informationen du von dem Artikel erwartest. Notiere dir dazu entsprechende *W*-Fragen.
- Schreibe beim ersten Lesen Schlüsselwörter heraus.
- Schlage unbekannte Wörter oder Abkürzungen im Wörterbuch nach.

Die Epoche der Aufklärung

Aufklärung, 1. *allg.:* die Erklärung »dunkler«, als geheimnisvoll geltender Vorgänge, Einrichtungen u. Überlieferungen durch Rückführung auf ihren natürl., wirkl., vernünftigen Kern [...] **2.** *Kulturgeschichte:* die im 18. Jh. vorherrschende geistige Bewegung der europ. Intelligenz. Ihr Kennzeichen ist das Vertrauen in die Vernunft als entscheidende Quelle aller Erkenntnis, als Richtschnur menschl. Handelns u. als Maßstab aller Werte. Die Bez. »A.« für diese Bewegung ist in Dtschld. seit 1750 in Umlauf. *Kant* definierte 1784 in seiner Schrift »Was ist A.?« die A. als »Ausgang des Menschen aus seiner selbst verschuldeten Unmündigkeit« u. forderte die Menschen auf, den Mut zu haben, sich ihres eigenen Verstandes ohne Leitung eines anderen zu bedienen. Im vernünftigen Denken u. in einem durch die Vernunft bestimmten Handeln sahen die Aufklärer die Garantie für ein ständiges Fortschreiten der Menschheit in der Beherrschung der Naturkräfte ebenso wie in der Herbeiführung einer gerechten sozialen Ordnung. [...] Der sozialgeschichtl. Hintergrund ist der wirtschaftl. u. soziale Aufstieg des Bürgertums, dessen Emanzipationsbestrebungen von der A. wiederum wichtige Impulse erhielten. Die A. war die geistige Wegbereiterin der Franz. Revolution. [...] Im politisch zerrütteten Dtschld., dessen Bürgertum vergleichsweise schwach entwickelt war, machte sich der Einfluss der A. ab Mitte des 18. Jh.s vor allem in der Philosophie u. in der Literatur bemerkbar. [...] Ihren Höhepunkt erreichte die dt. A. in der Literatur mit *G. E. Lessing, F. G. Klopstock* u. *C. M. Wieland.*

5 Lies die folgende Geschichte und erläutere, was sie als typisch für die Aufklärung kennzeichnet. Nutze den Lexikonartikel oben.

Johann Gottfried Herder

Der afrikanische Rechtsspruch

Alexander aus Mazedonien kam einst in eine entlegene goldreiche Provinz von Afrika; die Einwohner gingen ihm entgegen und brachten ihm Schalen dar, voll goldner Äpfel und Früchte. »Esset ihr diese Früchte bei euch?«, sprach Alexander; »ich bin nicht gekommen, eure Reichtümer zu sehen, sondern von euren Sitten zu lernen.« Da führeten sie ihn auf den Markt, wo ihr König Gericht hielt.

Eben trat ein Bürger vor und sprach: »Ich kaufte, o König, von diesem Manne einen Sack voll Spreu und habe einen ansehnlichen Schatz in ihm gefunden. Die Spreu ist mein, aber nicht das Gold; und dieser Mann will es nicht wiedernehmen. Sprich ihm zu, o König, denn es ist das Seine.«

Und sein Gegner, auch ein Bürger des Orts, antwortete: »Du fürchtest dich, etwas Unrechtes zu behalten; und ich sollte mich nicht fürchten, ein solches von dir zu nehmen? Ich habe dir den Sack verkauft, nebst allem, was drinnen ist; behalte das Deine. Sprich ihm zu, o König.«

Der König fragte den Ersten, ob er einen Sohn habe. Er antwortete: »Ja.« Er fragte den andern, ob er eine Tochter habe, und bekam Ja zur Antwort. »Wohlan«, sprach der König, »ihr seid beide rechtschaffene Leute: Verheiratet eure Kinder untereinander und gebet ihnen den gefundenen Schatz zur Hochzeitgabe; das ist meine Entscheidung.«

Alexander erstaunte, da er diesen Ausspruch hörte. »Habe ich unrecht gerichtet«, sprach der König des fernen Landes, »dass du also erstaunest?« – »Mitnichten«, antwortete Alexander, »aber in unserm Lande würde man anders richten.« – »Und wie denn?«, fragte der afrikanische König. »Beide Streitende«, sprach Alexander, »verlören ihre Häupter, und der Schatz käme in die Hände des Königes.«

Da schlug der König die Hände zusammen und sprach: »Scheinet denn bei euch auch die Sonne, und lässt der Himmel noch auf euch regnen?« Alexander antwortete: »Ja.« – »So muss es«, fuhr er fort, »der unschuldigen Tiere wegen sein, die in eurem Lande leben; denn über solche Menschen sollte keine Sonne scheinen, kein Himmel regnen.«

Einen Vortrag halten

6

a Halte einen Kurzvortrag zur Kindheit in der *Aufklärung*. Nutze deine Ergebnisse aus Aufgabe 3.

b Halte einen Kurzvortrag zur Epoche *Aufklärung*.

c Setzt die Fabeln von G. E. Lessing (S. 132) in Beziehung zum Lexikonartikel (S. 115). Nennt formale und inhaltliche Merkmale, die zeigen, dass die Texte zur Epoche der *Aufklärung* gehören.

→ S. 137–140 Lesestoff

d Erläutere, warum es sich bei »Nathan der Weise« von Lessing (S. 93-112) um ein Drama der Epoche *Aufklärung* handelt.

7

a Informiere dich anhand der folgenden Übersicht über die wesentlichen Merkmale der *Weimarer Klassik* (1786–1805).

Weimarer Klassik – kurz gefasst

Kunst und Literatur wurden als Mittel zur ästhetischen Erziehung des Menschen angesehen. Das Erziehungsideal war die so genannte »schöne Seele«, ein Mensch, der mit sich selbst im Reinen ist, dessen Handeln und Pflichten mit seinem Denken und seiner Neigung übereinstimmen.

Leitmotive: Humanität (Menschlichkeit) und Toleranz in Wort und Tat jedem Menschen gegenüber; charakteristisch waren allgemeingültige, zeitlose Themen.

Antike als Kunstideal. Viele Dichter bearbeiteten Stoffe der griechischen Mythologie. Sie strebten nach Vollkommenheit und der Übereinstimmung von Inhalt und Form, z. B. durch die Übernahme antiker Versformen.

Schöpferisch tätiges Individuum zu sein, verkörpert das klassische Menschenbild. Hier ging es u. a. um den Einzelnen und sein Schicksal.

Streben nach Harmonie durch die Übereinstimmung von Geist (Vernunft) und Gemüt (Sinnlichem), von Mensch und Natur, von Individuum und Gesellschaft.

Ideale des Guten, Wahren, Schönen werden durch literarische Figuren verkörpert.

Kern der klassischen Humanitätsauffassung: »Der Mensch wird nur dann produktiv, wenn er sich verändert, zugleich aktiv seine Umwelt verändert, sie ›menschlicher‹ macht!« (Goethe)

b Was hältst du vom klassischen Menschenbild? Tausche dich mit deinen Mitschülerinnen/Mitschülern darüber aus.

8

a Lies das folgende Gedicht aus der Epoche der *Weimarer Klassik*.

Johann Wolfgang von Goethe

Kophtisches[1] Lied

[1] abgeleitet von *Kophta*, ägypt. Magier und Weiser

Geh! gehorche meinem Winken,
Nutze deine jungen Tage,
Lerne zeitig klüger sein:
Auf des Glückes großer Waage
Steht die Zunge selten ein;
Du musst steigen oder sinken,
Du musst herrschen und gewinnen
Oder dienen und verlieren,
Leiden oder triumphieren,
Amboss oder Hammer sein.

b Notiere Fragen zum Inhalt des Gedichts.

c Erläutere, wie das Bild der Waage im Gedicht verwendet wird. Belege dies anhand von Textstellen.

d Beurteile die Aussage/-n des Gedichts. Begründe deine Haltung.

e Woran kann man erkennen, dass es sich um ein Gedicht der *Klassik* handelt? Erläutere anhand des Sachtextes auf S.117.

f Trage das Gedicht ausdrucksstark vor.

9

a Lest folgende Zitate, die Goethes Roman »Wilhelm Meisters Lehrjahre« entnommen sind, und erklärt, was damit jeweils gemeint sein könnte.

»Man sollte [...] alle Tage wenigstens ein kleines Lied hören, ein gutes Gedicht lesen, ein treffliches Gemälde sehen und, wenn es möglich zu machen wäre, einige vernünftige Worte sprechen.«

»Handeln ist leicht, Denken schwer; nach dem Gedanken handeln unbequem.«

»Das Menschenpack fürchtet sich vor nichts mehr als vor dem Verstande; vor der Dummheit sollten sie sich fürchten, wenn sie begriffen, was fürchterlich ist. Aber jener ist unbequem und man muss ihn beiseiteschaffen, diese ist nur verderblich und das kann man abwarten.«

b Erläutert, inwiefern die Zitate das Denken in der Epoche der *Weimarer Klassik* wiederspiegeln.

!

Die literarische Epoche der **Aufklärung** (1720–1800) wird stark vom Blick zurück in die Antike geprägt. Die Literatur soll erfreuen, belehren, erbauen. Der Aspekt der Belehrung wird besonders beachtet. Die Literatur (Kirchenlied, Fabel, Drama) soll die Menschen klüger machen und zum selbstständigen Denken anregen. Gesetzmäßigkeiten und Regeln sollen die Literatur strukturieren, Verteter der Regelpoetik: Johann Christoph Gottsched (1700–1766).

→ S. 120 Friedrich Schiller

Die Epoche der **Weimarer Klassik (1786–1805)** wird als Höhepunkt der deutschen Literaturgeschichte eingestuft. Johann Wolfgang von Goethe und Friedrich Schiller gestalten literarische Werke von höchstem Können in Form und Inhalt. Sie orientieren sich an der klassischen Antike und entfalten in ihren Werken ein Ideal von Menschlichkeit und Schönheit.

10 Erstellt eine Übersicht zu den wichtigsten Vertretern der *Klassik*. Nennt ihre Werke und stellt eins davon ausführlich vor (Inhalt, Gestaltung, Aussage).

11 Tragt Informationen zur Klassik in der Musik zusammen. Haltet einen kurzen Vortrag und stellt Musikbeispiele vor.

Was habe ich gelernt?

12 Überprüfe, was du über die literarischen Epochen der *Aufklärung* und der *Weimarer Klassik* gelernt hast.
Gestalte ein Plakat, auf dem du beide Epochen im Vergleich darstellst.

Eine Präsentation zu Friedrich Schiller gestalten

1 Im Unterricht steht das Drama »Kabale und Liebe« von Friedrich Schiller auf dem Plan. Die Schülerinnen/Schüler sollen in Vorbereitung darauf in einer Präsentation Schillers Biografie vorstellen.

a Überprüft, was ihr bereits über das Präsentieren wisst. Notiert dazu Begriffe, die euch einfallen, auf vorbereitete kleine Zettel.

b Klärt nun gemeinsam, welche Rolle die folgenden Begriffe beim Präsentieren spielen.

Diagramm – Zeitstrahl – Musik – Landkarte

c Ergänzt die Schrittfolge für die Vorbereitung und Gestaltung einer Präsentation durch Arbeitsschritte und Hinweise zum Vorgehen. Nutzt dazu die vorgegebene Tabelle.

1. Vorbereitung	2. Präsentation	3. Auswertung
Thema analysieren …	Begrüßung …	Feedback anhören

d Präsentiert eure Schrittfolge der Klasse.

Das Thema durchdenken

→ S. 77 Informationen im Internet beschaffen und bewerten

2 Bereite eine Präsentation zu Schillers Biografie vor.

a Lies in Aufgabe 1 noch einmal, welches Unterrichtsthema mit der Präsentation vorbereitet werden soll. Recherchiere, wann das genannte Drama entstanden ist, und überlege, welche Auswirkungen das auf deine Präsentation haben sollte.

b Plane dein Vorgehen. Nutze dabei die Schrittfolge aus Aufgabe 1c.

Informationen sammeln

c Lies die Informationen zur Biografie des Dichters. Entscheide, welche Aspekte in der Präsentation erwähnt werden müssen.

- 10. 11. 1759 in Marbach am Neckar geboren
- Vater: Arzt und Offizier im Dienste des Herzogs von Württemberg
- Mutter: Tochter eines Gastwirts
- 1764 bis 1773 Schulzeit in Lorch und Ludwigsburg
- 1773 bis 1780 Zeit an der späteren Karlsschule
- 1780 bis 1782 Regimentsarzt in Stuttgart
- 1782 »Die Räuber«, Flucht nach Mannheim, weiter über Frankfurt nach Bauerbach
- 1783 bis 1784 Theaterdichter in Mannheim, »Kabale und Liebe«
- 1785 Übersiedlung nach Leipzig-Gohlis, Freundschaft mit Körner
- 1788 als Geschichtsprofessor nach Jena berufen
- 1790 Heirat mit Charlotte von Lengefeld
- 1791 ernste Erkrankung, an der er den Rest seines Lebens leidet
- 1793 Geburt seines Sohnes
- 1797 Balladenjahr (Zusammenarbeit mit Goethe)
- 1799 Umzug nach Weimar, Arbeitsfreundschaft mit Goethe
- 1800 Uraufführung des Dramas »Maria Stuart« in Weimar
- 1805 Tod in Weimar

d Wähle die Aspekte aus, zu denen du noch weitere Informationen recherchieren möchtest.

Die Präsentation gliedern

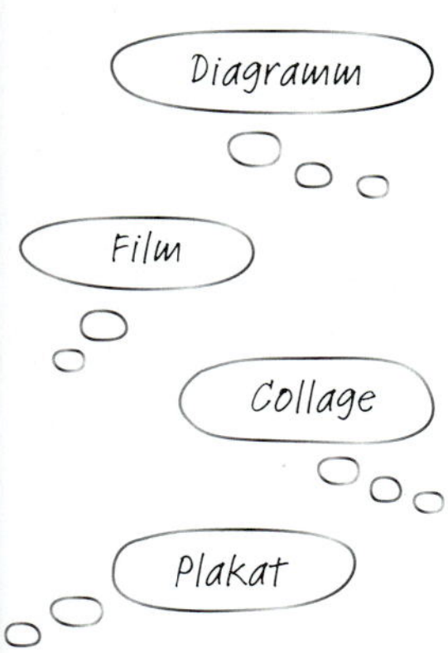

3 Es gibt viele Möglichkeiten, die Präsentation zu strukturieren.

a Diskutiert, welche der vorgeschlagenen Formen der Gliederung ihr wählen würdet.

1 ausgehend von den Daten bzw. einem Zeitstrahl
2 ausgehend von den genannten Orten bzw. einer Landkarte

b Überlegt, welche Medien ihr an welcher Stelle einsetzen wollt.

c Entwerft eine Gliederung eurer Präsentation.

! Eine Möglichkeit, den **Vortrag** lebendig und authentisch zu gestalten, besteht darin, aus den Werken, den Briefen oder Tagebüchern des Autors zu **zitieren**. Dazu wählt man eine aussagekräftige Textstelle aus und fügt sie in den Vortragstext ein.

4

Zitate in einer Präsentation verwenden

a Lies den Brief Schillers an seinen Freund Streicher, den er während seiner Flucht in Bauerbach bei Frau von Wolzogen schrieb.

Bauerbach, 8. Dezbr. 1782

Liebster Freund! Endlich bin ich hier, glücklich und vergnügt, dass ich einmal am Ufer bin. Ich traf alles noch über meine Wünsche; keine Bedürfnisse ängstigen mich mehr, kein Querstrich von außen soll meine dichterischen Träume, meine idealischen Täuschungen stören. Das Haus meiner Wolzogen ist ein recht hübsches Gebäude, wo ich die Stadt gar nicht vermisse. Ich habe alle Bequemlichkeit, Kost, Bedienung, Wäsche, Feuerung, ...

Aus: Friedländer, Paul (Hrsg.): Schiller. Ein Lesebuch für unsere Zeit. Berlin, Weimar: Aufbau, 1983, S. 91.

→ S. 202 Zitieren

b Lies im Merkkasten, wie man Zitate in eine Präsentation einbaut.

! Beim **direkten (wörtlichen) Zitieren** kann das Zitat so eingefügt werden, z. B.:
In Bauerbach kam Schiller zur Ruhe. So schrieb er im Dezember 1782 an seinen Freund – ich zitiere – »Ich traf alles noch über meine Wünsche; keine Bedürfnisse ängstigen mich mehr, ...« – Ende des Zitats.
Eine genauere Quellenangabe ist beim mündlichen Vortrag nicht erforderlich. In den Aufzeichnungen aber sollte man die Quelle notieren, z. B.:
Aus: Friedländer, Paul (Hrsg.): Schiller. Ein Lesebuch für unsere Zeit. Berlin, Weimar: Aufbau, 1983, S. 91.

→ S. 165 Die Modusformen des Verbs

Beim **indirekten (nicht wörtlichen) Zitieren** nutzt man den Konjunktiv I, z. B.:
In Bauerbach kam Schiller zur Ruhe. So schrieb er im Dezember 1782 an seinen Freund, dass alles seine Wünsche übertreffe, dass keine Bedürfnisse ihn mehr ängstigen. (Vgl. Friedländer, Paul (Hrsg.): Schiller. Ein Lesebuch für unsere Zeit. Berlin, Weimar: Aufbau, 1983, S. 91.)

5 Ergänze folgende Sätze sinnvoll durch direkte oder indirekte Zitate aus Schillers Brief (Aufgabe 4 a).

1 In seinem Brief schwärmte Schiller von der Gastfreundschaft.
2 Wie froh Schiller über die Unterkunft war, zeigt sich in seinem Brief.

6

a Lies den Textauszug über die Karlsschule und überlege, welche Informationen du in welcher Form in deinen Vortrag aufnehmen könntest.

Der Tag begann ganz wie in einer Kaserne. Um 5 Uhr im Sommer, um 6 Uhr im Winter wurde geweckt – schleuniges Aufstehen, eiliges Waschen, Ankleiden und Frisieren, […] Bettenbau – eine Stunde nach dem Wecken Rapport[1]. Morgengebet und Frühstück, das nach der Gewohnheit der Zeit aus einer gebrannten Mehlsuppe bestand. Ab 7 Uhr, im Winter 8 Uhr, war Unterricht bis 11 Uhr. Es folgte eine Art Putz- und Flickstunde, um die Uniform in untadeliger Ordnung zu halten, dann Rapport, den sehr oft der Herzog persönlich vornahm […]; darauf in militärischer Ordnung Einzug in den Speisesaal. Das anständige Mittagessen – jedem Zögling stand täglich ein halbes Pfund Fleisch zu – musste eher klösterlicher Gewohnheit als Kasernenbrauch entsprechend schweigend eingenommen werden […]. Nach dem Essen ein Spaziergang, bei schlechtem Wetter Exerzieren unterm Dach. Dann wieder Unterricht bis halb sieben Uhr, danach eine Erholungsstunde, dann das ziemlich reichhaltige Nachtessen, zu dem aber nur Wasser getrunken wurde. Bald darauf ging man zur Ruhe, um neun musste alles in den Betten sein.

Lahnstein, Peter: Schillers Leben. München: Paul List, 1981, S. 47f.

[1] Bericht, Meldung

b Erkläre, wie du Schillers folgende Aussage über die Karlsschule verstehst. Verwende diese Aussage oder einen Teil davon als Zitat.

»Acht Jahre rang mein Enthusiasmus mit der militärischen Regel, aber Leidenschaft für die Dichtung ist feurig und stark wie die erste Liebe. Was sie ersticken sollte, facht sie an.«

Schiller, Friedrich: Ankündigung der Rheinischen Thalia. Aus: Sämtliche Werke. Band 5. München: Hanser, 1962, S. 855.

Die Sprechweise üben

7

a Trage eines der folgenden Schiller-Zitate in der Gruppe vor. Erkläre anschließend, was es bedeuten könnte und warum es dir gefällt.

1 »Der brave Mann denkt an sich selbst zuletzt.« (Schiller, Friedrich: Wilhelm Tell. Ditzingen: Reclam, 2004, S.10.)

2 »Es kann der Frömmste nicht im Frieden bleiben,
Wenn es dem bösen Nachbar nicht gefällt.« (Ebd.[1], S.102.)

3 »Verbunden werden auch die Schwachen mächtig.« (Ebd., S.21.)

[1] Ebenda (in derselben Quelle)

b Tragt die Zitate nun besonders betont vor.

TIPP
Sprecht z.B. sehr deutlich, langsam, laut oder leise und setzt Pausen bewusst ein.

c Betont bei jedem Sprechen des folgenden Satzes ein anderes Satzglied. Überlegt, welche Wirkung das erzielt.

Schiller floh vor Herzog Carl Eugen nach Mannheim.

! Mit einer **rhetorischen Frage** kann man Leser/Zuhörer direkt ansprechen und zum Mitdenken auffordern. Die rhetorische Frage betont eine Aussage besonders, der Vortragende erwartet keine Antwort, z.B.: *Hat Schiller hier nicht wirklich Mut bewiesen?*

8 Formuliere rhetorische Fragen und überlege, an welchen Stellen deiner Präsentation du diese nutzen kannst.

9 Trage deine Präsentation zur Biografie Schillers in der Klasse vor.

10 Gestalte eine Präsentation über die Biografie Schillers ab 1785.

TIPP
Nutze dein Wissen aus Klasse 8.

11 Gestalte eine Präsentation über die Epoche des *Sturm und Drang*.

12 Gestalte eine Präsentation zum zeitgeschichtlichen Hintergrund der Epoche des *Sturm und Drang* (1765–1785).

Was habe ich gelernt?

13 Überprüfe, was du über das Präsentieren gelernt hast. Gestalte ein Merkblatt mit der Schrittfolge, wie man eine Präsentation vorbereitet.

Handouts erstellen

!

Ein **Handout** (engl. *hand-out* – Thesenpapier, Arbeitsblatt) ist eine Zusammenfassung zum Inhalt der Präsentation für die Zuhörer. Es unterstützt den Kurzvortrag, indem es die wichtigsten Informationen über das Thema in zusammengefasster, verkürzter Form aufführt. Ausgewähltes Text- oder Bildmaterial kann ebenfalls enthalten sein. Die Zuhörer können so dem Kurzvortrag besser folgen und die gebotenen Informationen bei Bedarf später nutzen.

1 Sieh dir das Muster eines Handouts an.

a Prüft, welche Angaben ein Handout unbedingt enthalten sollte.

(Name, Vorname der Verfasserin / des Verfassers)
(Ort, Datum)

Thema des Kurzvortrags: ...

Gliederung

1.1 ...
1.2 ...

Quellenverzeichnis

- Nachschlagewerke:
  - ...
- Internet:
  - ...

b Überlege, ob das Papier vor, während oder nach der Präsentation ausgegeben werden soll. Begründe deine Entscheidung.

c Gestalte ein Handout für deine Präsentation zu Schillers Biografie. Prüfe, ob du auch Bild- und Textmaterial aufnimmst.

Aktiv zuhören und mitschreiben

!

Aktives Zuhören dient dem aufmerksamen und genauen Zuhören und dem besseren Verstehen. Dazu sollte man:
- sich auf das Zuhören vorbereiten,
- die Vortragende / den Vortragenden ansehen,
- Rückmeldungen geben (nicken, Kopf schütteln, Stirn runzeln usw.),
- alles Wichtige, besonders Interessante oder Unklare mitschreiben,
- ggf. nachfragen.

1

a Besprecht, in welchen Situationen und warum euch das Zuhören schwerfällt, und überlegt, wie man das Zuhören trainieren kann.

b Tauscht euch darüber aus, ob Mitschreiben das Zuhören vereinfacht oder erschwert. Begründet eure Meinungen. Tragt zusammen, in welchen Situationen man unbedingt mitschreiben sollte.

!

Das **Mitschreiben** dient dem aktiven Zuhören und/oder dem gezielten schriftlichen Festhalten von Gehörtem in Abhängigkeit von einem besonderen Interesse an bestimmten Informationen oder einer speziellen Höraufgabe. Dabei kommt es darauf an,
- sich auf das Mitschreiben vorzubereiten,
- konzentriert und gezielt zuzuhören,
- Wesentliches von Unwesentlichem zu unterscheiden,
- Aussagen schnell und genau zusammenzufassen.

Um schnell mitschreiben zu können, sollte man:
- **Stichpunkte** formulieren, z. B.: *Schiller in Weimar, ab 1791 krank,*
- **Abkürzungen** verwenden, z. B.: *u., ca., usw.,*
- nichtsprachliche **Zeichen** und **Markierungen** nutzen, wie Pfeile, Gedankenstriche, Nummerierungen, Aufzählungszeichen.

c Besprecht, wie man sich richtig auf das Mitschreiben vorbereitet.

2 Übt das Mitschreiben. Eine/Einer hält in der Gruppe z. B. einen kurzen Vortrag zum Thema »Richtig zuhören und mitschreiben«, die anderen schreiben mit. Wiederholt das Vorgehen mit anderen Methodenseiten.

Facharbeiten schreiben

> !
> Eine **Facharbeit** ist eine zusammenhängende Arbeit zu einem ausgewählten Thema, in der man unter Beweis stellt, dass man sich mit einem bestimmten **Thema** intensiv und selbstständig auseinandersetzen kann. Zuerst muss man sich **Informationen** zum Thema **beschaffen**, anschließend das gesammelte **Material auswerten** und die **Ergebnisse** in schriftlicher Form geordnet zusammenstellen.
> Da das Verfassen einer Facharbeit aufwändig ist, sollte man seine Vorgehensweise langfristig planen.

1 Folgende Arbeitsschritte sind beim Schreiben einer Facharbeit nötig. Ordne sie in der richtigen Reihenfolge.

A Text überarbeiten

B über das Thema nachdenken

C Material sammeln, Informationen suchen

D Text entwerfen

E Gliederung entwerfen

F Inhaltsverzeichnis schreiben

G Material auswerten, Informationen ordnen

H Quellenverzeichnis erstellen

I Endfassung erstellen

Über das Thema nachdenken

2 Stelle dir vor, für den Deutschunterricht stehen mehrere Themen für eine Facharbeit zur Auswahl.

a Wähle eins der vorgeschlagenen Themen aus.

1 Das Leseverhalten der Schülerinnen und Schüler an unserer Schule
2 Der junge Schiller und die Epoche des *Sturm und Drang*
3 Die Epoche der *Aufklärung*
4 Sollte auf Anglizismen verzichtet werden?
5 Gibt es geschlechtsspezifisches Sprachverhalten in Diskussionen?

b Führe ein Brainstorming durch. Notiere das Thema und alle Gedanken, die dir dazu einfallen.

c Unterstreiche in der von dir ausgewählten Themenstellung Schlüsselwörter.

d Bewerte deine Notizen aus dem Brainstorming und streiche unbrauchbare Ideen. Ordne die übrigen Gedanken in einem Cluster.

Material sammeln

→ **S. 252** Merkwissen (Informationen suchen)

3 Du benötigst zu deinem Thema Sachinformationen.

a Überlege, wo du suchen bzw. recherchieren kannst.

b Bewerte die Vor- und Nachteile der unterschiedlichen Quellen.

So kannst du Informationen recherchieren

1. Stelle Schlüsselwörter für deine Suche in Bibliothekskatalogen und im Internet zusammen.
2. Wähle geeignete Bücher, Zeitschriften sowie Texte aus dem Internet aus und fertige dir Kopien an. Notiere den Quellennachweis.
3. Lies die Texte und markiere wichtige Textstellen.
4. Notiere Stichpunkte zu wichtigen Informationen.
   - Lege dir eine Mappe zum Sammeln des Materials an.
   - Sammle alle Angaben zu den benutzten Büchern, Zeitschriften und Internetseiten (mit Abrufdatum) für das Quellenverzeichnis.

TIPP
Notiere alle Quellen genau.

4 Suche in Büchern, Zeitschriften und im Internet geeignete Texte, Informationen und Anschauungsmaterial zu deinem Thema. Nutze dazu die Schlüsselwörter aus der Themenstellung und dem Cluster.

Das Material auswerten

5 Sichte und ordne dein Material.

→ **S. 54** Sachtexte erschließen

a Stelle durch überfliegendes Lesen fest, welche Texte und Informationen du genauer auswerten möchtest.

→ **S. 66** Exzerpte anfertigen

b Lies die ausgewählten Texte und Informationen jetzt gründlich und notiere alle Fakten, die du für deine Facharbeit nutzen kannst.

→ **S. 202** Zitieren

c Überprüfe, ob du zu allen Texten, Informationen und Anschauungsmaterialien die genauen Quellenangaben notiert hast.

Eine Text-gliederung entwerfen

6 Ordne nun deine Ergebnisse und erstelle eine Gliederung.

a Denke erneut über das Thema nach und erfasse mögliche Unterthemen in einer Mindmap.

b Ordne die Unterthemen und schreibe eine Gliederung. Orientiere dich an folgendem Merkkasten.

> **!** Eine Facharbeit muss nach einer übersichtlichen **Gliederung** aufgebaut sein. Diese kann man bei der Reinschrift als **Inhaltsverzeichnis** nutzen, dafür wird die Dezimalnummerierung verwendet, z. B.:

1	Einleitung	*1*	*Schiller – ein wichtiger deutscher Dichter*
2	Hauptteil	*2*	*Schiller als Dichter des Sturm und Drang*
2.1	Unterthema 1	*2.1*	*Die Epoche des Sturm und Drang*
2.1.1	Abschnitt 1	*2.1.1*	*Zeitliche Einordnung*
2.1.2	Abschnitt 2	*2.1.2*	*Wichtige Vertreter und Werke*
2.2	Unterthema 2	*2.2.*	*Der junge Schiller als Vertreter des Sturm und Drang*
usw.			
3	Schluss	*3*	*Zusammenfassung*
4	Anhang	*4*	*Anhang: Quellenverzeichnis, Abbildungen, Texte*

→ S. 120 Präsentieren

7 Übertrage die Gliederung aus dem Merkkasten in dein Heft und ergänze sie.

Einen Textentwurf schreiben

8

a Entwirf Einleitung, Hauptteil und Schluss. Orientiere dich dabei an deiner Gliederung. Schreibe am PC und berücksichtige die Vorgaben im Merkkasten oben.

b Ordne den Gliederungspunkten das Anschauungsmaterial zu und füge es sinnvoll in den Text ein.

Wie die Grafik zeigt, …

Auf den Fotos kann man erkennen, dass …

Das Diagramm veranschaulicht …

Den Textentwurf überarbeiten

9 Überarbeite den Textentwurf mehrfach an verschiedenen Tagen.

a Überprüfe dabei den Inhalt, den Zusammenhang der Textteile und die logische Aufeinanderfolge der Gliederungspunkte.

b Korrigiere Wortwahl, Satzbau, Zeichensetzung und Rechtschreibung.

→ S. 202 Zitieren

c Prüfe, ob im Text alle Quellen exakt angegeben sind, und bereite das vollständige Quellenverzeichnis vor.

!

Zur Facharbeit gehören:
- ein **Deckblatt**,
- das **Inhaltsverzeichnis**,
- der Text und
- der Anhang (**Quellenverzeichnis, eidesstattliche Erklärung**).

Der **Umfang** (ohne Anhang) beträgt in der Regel ca. 8–10 Seiten, die nur einseitig bedruckt und nummeriert werden. Wähle eine gut lesbare Schriftart (Times New Roman oder Arial, Schriftgrad 12, Zeilenabstand 1,5 Zeilen). Der linke Rand beträgt 4 cm, die übrigen jeweils mindestens 2 cm. Die Arbeit wird nach dem Ausdrucken in einen Schnellhefter geheftet oder gebunden.
Gegebenenfalls muss man spezielle Vorgaben und Anforderungen aus dem Fachunterricht beachten.

Die Facharbeit vervollständigen

10

a Entwirf dein Deckblatt nach folgendem Muster.

Facharbeit
im Fach Deutsch

Thema: Der junge Schiller

Sekundarschule »An der Doppelkapelle« Landsberg
Schuljahr 2013/2014

Verfasserin: Antonia Lehmann, Klasse 9 a
Betreuerin: Frau Rosenkranz

b Erstelle das Inhaltsverzeichnis, nutze dazu deine Gliederung.

c Nutze das folgende Muster für die Gestaltung deiner eigenen eidesstattlichen Erklärung auf dem PC.

> Ich erkläre, dass ich die Facharbeit ohne fremde Hilfe angefertigt und nur die im Quellenverzeichnis angeführten Quellen und Hilfsmittel benutzt habe.
> *(Ort, Datum)* *(handschriftliche Unterschrift)*

Die Facharbeit überprüfen und die Endfassung erstellen

11 Lies die gesamte Facharbeit noch einmal gründlich. Prüfe, ob alle Bestandteile vorhanden sind und ob alle formalen Vorgaben eingehalten wurden. Drucke die Endfassung aus.

12 Vollziehe mithilfe der Schrittfolge nach, wie man beim Verfassen einer Facharbeit vorgeht, und orientiere dich beim Schreiben weiterer Facharbeiten daran.

So kannst du eine Facharbeit schreiben

1. Analysiere das Thema und notiere Suchbegriffe für die Recherche.
2. Suche in Bibliotheken und im Internet nach geeigneten Informationsquellen (Bücher, Zeitschriftenartikel u. Ä.).
3. Werte die Materialien aus, notiere Stichpunkte und Zitate. Zu den wichtigsten Texten fertige Exzerpte oder Konspekte an.
4. Ordne deine Notizen und erstelle eine Gliederung für die Arbeit.
5. Schreibe einen Entwurf des Textes und überarbeite ihn mehrfach.
6. Entwirf das Deckblatt und das Inhaltsverzeichnis, stelle das Quellenverzeichnis zusammen und schreibe die eidesstattliche Erklärung.
7. Überarbeite alles gründlich und erstelle die Endfassung.

Was habe ich gelernt?

13 Überprüft, was ihr über das Schreiben von Facharbeiten gelernt habt. Erarbeitet eine Checkliste.

- [x] *Deckblatt korrekt und vollständig*
- [ ] *Inhaltsverzeichnis, Gliederung*
- [ ] …

→ S. 113 Epoche *Aufklärung*

1 Lies die folgenden Fabeln. Übertrage die Fabellehre einer der beiden Fabeln auf eine erfundene Situation. Schreibe eine Erzählung.

2 Nenne wesentliche Merkmale dieser literarischen Textsorte. Nutze dazu deine Kenntnisse aus vorangegangenen Klassenstufen.

3 Schreibe zu einer der beiden Fabeln eine Textinterpretation.

Gotthold Ephraim Lessing

Der Wolf auf dem Todbette

Der Wolf lag in den letzten Zügen und schickte einen prüfenden Blick auf sein vergangenes Leben zurück. »Ich bin freilich ein Sünder«, sagte er; »aber doch, hoffe ich, keiner von den größten. Ich habe Böses getan; aber auch viel Gutes. Einstmals, erinnere ich mich, kam mir ein blökendes Lamm, welches sich von der Herde verirret hatte, so nahe, dass ich es gar leicht hätte würgen können; und ich tat ihm nichts. Zu eben dieser Zeit hörte ich die Spöttereien und Schmähungen eines Schafes mit der bewundernswürdigsten Gleichgültigkeit an, ob ich schon keine schützenden Hunde zu fürchten hatte.«
»Und das alles kann ich dir bezeugen«, fiel ihm Freund Fuchs, der ihn zum Tode bereiten half, ins Wort. »Denn ich erinnere mich noch gar wohl aller Umstände dabei. Es war zu eben der Zeit, als du dich an dem Beine so jämmerlich würgtest, das dir der gutherzige Kranich hernach aus dem Schlunde zog.«

Gotthold Ephraim Lessing

Der Besitzer des Bogens

Ein Mann hatte einen trefflichen Bogen von Ebenholz, mit dem er sehr weit und sehr sicher schoss, und den er ungemein werthielt. Einst aber, als er ihn aufmerksam betrachtete, sprach er: »Ein wenig zu plump bist du doch! Alle deine Zierde ist die Glätte. Schade!« – Doch dem ist abzuhelfen, fiel ihm ein. »Ich will hingehen und den besten Künstler Bilder in den Bogen schnitzen lassen.« – Er ging hin und der Künstler schnitzte eine ganze Jagd auf den Bogen; und was hätte sich besser auf einen Bogen geschickt als eine Jagd?
Der Mann war voller Freuden. »Du verdienest diese Zierraten, mein lieber Bogen!« – Indem will er ihn versuchen; er spannt und der Bogen – zerbricht.

Die folgende Ballade entstand 1797, im so genannten Balladenjahr. Schiller verwendete einen griechischen Stoff, dessen Handlung im 6. Jahrhundert v. Chr. spielt. Athleten und Künstler Griechenlands treten bei einem großen Festspiel in den Wettstreit um den Siegerkranz.

1 Lasst euch die Ballade vortragen und beschreibt euren Höreindruck.

Friedrich Schiller

Die Kraniche des Ibykus

Zum Kampf der Wagen und Gesänge,
Der auf Korinthus' Landesenge
Der Griechen Stämme froh vereint,
Zog Ibykus, der Götterfreund.
Ihm schenkte des Gesanges Gabe,
Der Lieder süßen Mund Apoll,
So wandert' er, an leichtem Stabe,
Aus Rhegium, des Gottes voll.

Schon winkt auf hohem Bergesrücken
Akrokorinth des Wandrers Blicken,
Und in Poseidons Fichtenhain
Tritt er mit frommem Schauder ein.
Nichts regt sich um ihn her, nur Schwärme
Von Kranichen begleiten ihn,
Die fernhin nach des Südens Wärme
In graulichtem Geschwader ziehn.

»Seid mir gegrüßt, befreund'te Scharen!
Die mir zur See Begleiter waren,
Zum guten Zeichen nehm ich euch,
Mein Los, es ist dem euren gleich.
Von fernher kommen wir gezogen
Und flehen um ein wirtlich Dach.
Sei uns der Gastliche gewogen,
Der von dem Fremdling wehrt die Schmach!«

Und munter fördert er die Schritte
Und sieht sich in des Waldes Mitte,
Da sperren, auf gedrangem Steg,
Zwei Mörder plötzlich seinen Weg.

Zum Kampfe muss er sich bereiten,
Doch bald ermattet sinkt die Hand,
Sie hat der Leier zarte Saiten,
Doch nie des Bogens Kraft gespannt.

Er ruft die Menschen an, die Götter,
Sein Flehen dringt zu keinem Retter,
Wie weit er auch die Stimme schickt,
Nichts Lebendes wird hier erblickt.
»So muss ich hier verlassen sterben,
Auf fremdem Boden, unbeweint,
Durch böser Buben Hand verderben,
Wo auch kein Rächer mir erscheint!«

Und schwer getroffen sinkt er nieder,
Da rauscht der Kraniche Gefieder,
Er hört, schon kann er nicht mehr sehn,
Die nahen Stimmen furchtbar krähn.
»Von euch, ihr Kraniche dort oben!
Wenn keine andre Stimme spricht,
Sei meines Mordes Klag erhoben!«
Er ruft es, und sein Auge bricht.

Der nackte Leichnam wird gefunden,
Und bald, obgleich entstellt von Wunden,
Erkennt der Gastfreund in Korinth
Die Züge, die ihm teuer sind.
»Und muss ich so dich wiederfinden,
Und hoffte mit der Fichte Kranz
Des Sängers Schläfe zu umwinden,
Bestrahlt von seines Ruhmes Glanz!«

Und jammernd hören's alle Gäste,
Versammelt bei Poseidons Feste,
Ganz Griechenland ergreift der Schmerz,
Verloren hat ihn jedes Herz.
Und stürmend drängt sich zum Prytanen
Das Volk, es fordert seine Wut,
Zu rächen des Erschlagnen Manen,
Zu sühnen mit des Mörders Blut.

Doch wo die Spur, die aus der Menge,
Der Völker flutendem Gedränge,
Gelocket von der Spiele Pracht,
Den schwarzen Täter kenntlich macht?
Sind's Räuber, die ihn feig erschlagen?
Tat's neidisch ein verborgner Feind?
Nur Helios vermag's zu sagen,
Der alles Irdische bescheint.

Er geht vielleicht mit frechem Schritte
Jetzt eben durch der Griechen Mitte,
Und während ihn die Rache sucht,
Genießt er seines Frevels Frucht.
Auf ihres eignen Tempels Schwelle
Trotzt er vielleicht den Göttern, mengt
Sich dreist in jene Menschenwelle,
Die dort sich zum Theater drängt.

Denn Bank an Bank gedränget sitzen,
Es brechen fast der Bühne Stützen,
Herbeigeströmt von fern und nah,
Der Griechen Völker wartend da,
Dumpf brausend wie des Meeres Wogen;
Von Menschen wimmelnd, wächst der Bau
In weiter stets geschweiftem Bogen
Hinauf bis in des Himmels Blau.

Wer zählt die Völker, nennt die Namen,
Die gastlich hier zusammenkamen?
Von Theseus' Stadt, von Aulis' Strand,
Von Phokis, vom Spartanerland,
Von Asiens entlegner Küste,
Von allen Inseln kamen sie
Und horchen von dem Schaugerüste
Des *Chores* grauser Melodie,

Der streng und ernst, nach alter Sitte,
Mit langsam abgemessnem Schritte,
Hervortritt aus dem Hintergrund,
Umwandelnd des Theaters Rund.
So schreiten keine ird'schen Weiber,
Die zeugete kein sterblich Haus!
Es steigt das Riesenmaß der Leiber
Hoch über menschliches hinaus.

Ein schwarzer Mantel schlägt die Lenden,
Sie schwingen in entfleischten Händen
Der Fackel düsterrote Glut,
In ihren Wangen fließt kein Blut.
Und wo die Haare lieblich flattern,
Um Menschenstirnen freundlich wehn,
Da sieht man Schlangen hier und Nattern
Die giftgeschwollnen Bäuche blähn.

Und schauerlich gedreht im Kreise
Beginnen sie des Hymnus Weise,
Der durch das Herz zerreißend dringt,
Die Bande um den Sünder schlingt.
Besinnungraubend, herzbetörend
Schallt der Erinnyen Gesang,
Er schallt, des Hörers Mark verzehrend,
Und duldet nicht der Leier Klang:

»Wohl dem, der frei von Schuld und Fehle
Bewahrt die kindlich reine Seele!
Ihm dürfen wir nicht rächend nahn,
Er wandelt frei des Lebens Bahn.
Doch wehe, wehe, wer verstohlen
Des Mordes schwere Tat vollbracht,
Wir heften uns an seine Sohlen,
Das furchtbare Geschlecht der Nacht!

Und glaubt er fliehend zu entspringen,
Geflügelt sind wir da, die Schlingen
Ihm werfend um den flücht'gen Fuß,
Dass er zu Boden fallen muss.
So jagen wir ihn, ohn Ermatten,
Versöhnen kann uns keine Reu,
Ihn fort und fort bis zu den Schatten
Und geben ihn auch dort nicht frei.«

So singend, tanzen sie den Reigen,
Und Stille wie des Todes Schweigen
Liegt überm ganzen Hause schwer,
Als ob die Gottheit nahe wär.
Und feierlich, nach alter Sitte
Umwandelnd des Theaters Rund
Mit langsam abgemessnem Schritte,
Verschwinden sie im Hintergrund.

Und zwischen Trug und Wahrheit schwebet
Noch zweifelnd jede Brust und bebet
Und huldiget der furchtbarn Macht,
Die richtend im Verborgnen wacht,
Die unerforschlich, unergründet
Des Schicksals dunkeln Knäuel flicht,
Dem tiefen Herzen sich verkündet,
Doch fliehet vor dem Sonnenlicht.

Da hört man auf den höchsten Stufen
Auf einmal eine Stimme rufen:
»Sieh da! Sieh da, Timotheus,
Die Kraniche des Ibykus!« –
Und finster plötzlich wird der Himmel,
Und über dem Theater hin
Sieht man in schwärzlichtem Gewimmel
Ein Kranichheer vorüberziehn.

»Des Ibykus!« – Der teure Name
Rührt jede Brust mit neuem Grame,
Und, wie im Meere Well auf Well,
So läuft's von Mund zu Munde schnell:
»Des Ibykus, den wir beweinen,
Den eine Mörderhand erschlug!
Was ist's mit dem? Was kann er meinen?
Was ist's mit diesem Kranichzug?« –

Und lauter immer wird die Frage,
Und ahnend fliegt's mit Blitzesschlage
Durch alle Herzen. »Gebet acht!
Das ist der Eumeniden Macht!
Der fromme Dichter wird gerochen,
Der Mörder bietet selbst sich dar!
Ergreift ihn, der das Wort gesprochen,
Und ihn, an den's gerichtet war.«

Doch dem war kaum das Wort entfahren,
Möcht er's im Busen gern bewahren;
Umsonst, der schreckenbleiche Mund
Macht schnell die Schuldbewussten kund.
Man reißt und schleppt sie vor den Richter,
Die Szene wird zum Tribunal,
Und es gestehn die Bösewichter,
Getroffen von der Rache Strahl.

2 Lies die Ballade noch einmal und gib den wesentlichen Inhalt der erzählten Geschichte wieder. Nutze dazu den Wortwegweiser auf der folgenden Seite (S. 139).

3 Weist anhand des Textes nach, dass Balladen die Merkmale aller drei literarischen Gattungen (Lyrik, Epik, Dramatik) in sich vereinen.

4 Lies noch einmal den Kern der Ballade (Z. 105–152). Erläutere, wie Schiller sein Ideal der erzieherischen Wirkung von Kunst umsetzt.

Wortwegweiser zu »Die Kraniche des Ibykus«

Die folgende Übersicht hilft dir beim Lesen und Verstehen von Schillers Ballade »Die Kraniche des Ibykus«. Sie enthält in alphabetischer Reihenfolge griechische Orts- und Götternamen bzw. schwierige Begriffe und deren Erklärung.

Akrokorinth	ein seit der Antike befestigter Ort, der sich auf einem 575 m hohen Tafelberg in der Nähe der Stadt → Korinth befindet
Apoll	u. a. Gott der Dichtkunst und der Musik
Aulis	antike Hafenstadt in Mittelgriechenland
Erinnyen	Rachegöttinnen der griech. Mythologie
Eumeniden	anderer Name für → Erinnyen
Gastliche, der	gemeint ist Zeus, der höchste Gott der griech. Mythologie
gerochen	gerächt
Helios	Sonnengott der griech. Mythologie
Hymnus	vgl. Hymne: feierlicher Lobgesang, diente in der Antike der Helden- und Götterverehrung
Ibykus	auch Ibykos, altgriech. Dichter
Korinth	griech. Stadt an der Landenge von Korinth, welche die Halbinsel Peloponnes mit dem griech. Festland verbindet
Leier	Saiten-/Zupfinstrument
Manen	Geister der Toten
Phokis	Gebirgslandschaft in Mittelgriechenland
Poseidon	Gott des Meeres in der griech. Mythologie
Prytanen	führende Mitglieder der Regierung einer Stadt im antiken Griechenland
Rhegium	(auch Rhegion, heute Reggio), war eine der zahlreichen griech. Kolonien in Unteritalien, Geburtsort des Dichters → Ibykus
Spartanerland	vgl. Sparta, Stadt und Landschaft der griech. Antike
Theseus' Stadt	gemeint ist Athen, Theseus ist ein griech. Held

Mitteilungen verfassen

1 Tragt zusammen, aus welchen Anlässen ihr Briefe oder Mails verfasst habt. Unterscheidet zwischen offiziellen und privaten Schreiben.

2 Lies den Merkkasten und erkläre, warum es sinnvoll ist, Regeln des Briefverkehrs zu beachten.

! Wer einen **Brief** oder eine **E-Mail** versendet, möchte damit etwas erreichen: sich informieren, sich entschuldigen, sich beschweren, sich bedanken oder für sich werben. Um die verfolgte Absicht zu erreichen, sollte man bestimmte **Regeln** einhalten. So sollte das Anschreiben gut lesbar, übersichtlich, verständlich und höflich formuliert sein, d.h., es sollte **situations- und adressatengerecht** sein.

3

→ S.255 Merkwissen (Mitteilungen verfassen)

a Wiederhole, was du über den Aufbau und die Gestaltung offizieller Briefe bereits weißt. Erkläre kurz die Unterschiede zur E-Mail.

→ S.144 Sich bewerben

b Lies die folgende E-Mail und erläutere, warum sie eher offiziellen Charakter hat.

Von: T. Schuster@internet.de

An: Kollmann-Schlosshof@mail.de

Betreff: Verschiebung des Vorstellungsgesprächs

Sehr geehrte Frau Kollmann,
leider muss ich den für morgen geplanten Gesprächstermin absagen, da ich krank bin. Ich bitte Sie, dies zu entschuldigen. Es würde mich sehr freuen, wenn Sie mir in der nächsten Woche einen Ausweichtermin anbieten könnten.
Mit freundlichen Grüßen
Tanja Schuster

c Beurteile, ob die Verfasserin der Mail mit ihrer Mitteilung Erfolg haben kann.

!

Ein **Entschuldigungsschreiben** sollte sehr höflich abgefasst sein, um so den Respekt vor dem Adressaten auszudrücken und Verständnis zu gewinnen. Es sollte auf jeden Fall einen Grund für das zu entschuldigende Verhalten und die Bitte um Entschuldigung beinhalten. Wichtig ist auch das Einhalten bestimmter Fristen.

→ **S. 151** Vorstellungsgespräche führen

4

a Du kannst nicht am Bewerbungstest teilnehmen, deine Klasse ist zu dieser Zeit auf Exkursion. Verfasse einen Entschuldigungsbrief.

b Überprüfe dein Schreiben mithilfe der folgenden Checkliste.

Äußere Form
- [x] sauberes, weißes DIN-A4-Papier
- [x] Schrift u. Schriftgröße (z. B. Arial, 11/12 pt)
- [ ] ausreichend frankierter Umschlag

Form des Schreibens
- [ ] Absender/Adressat links oben
- [ ] Datum rechts oben
- [ ] Betreffzeile
- [ ] Anrede durch Komma abgetrennt
- [ ] Text durch Absätze gegliedert
- [ ] Grußformel u. handschriftliche Unterschrift
- [ ] Großschreibung höflicher Anredepronomen
- [ ] korrekte Rechtschreibung u. Zeichensetzung

Inhalt, Wortwahl, Satzbau
- [ ] Absender/Adresse korrekt u. vollständig
- [ ] Betreffzeile kurz und aussagekräftig
- [ ] angemessene Anrede und Grußformel
- [ ] sinnvolle Gliederung
- [ ] Anliegen klar u. verständlich formuliert
- [ ] angemessene Wortwahl
- [ ] richtiger Satzbau, sinnvolle Satzverbindungen

c Du kannst aus schulischen Gründen nicht morgens um neun Uhr zum Vorstellungsgespräch erscheinen. Bitte um einen Nachmittagstermin. Entschuldige dich per E-Mail.

! Mithilfe einer **Anfrage** bittet man um Informationen, die Zusendung von Materialien, wie Formularen oder Katalogen, oder um die Erteilung von Auskünften. Dies kann per E-Mail oder mit einem Brief geschehen. Behörden verlangen oftmals eine schriftliche Anfrage. Man sollte sich beim Erstellen einer Anfrage am offiziellen Brief orientieren.

5 Du hast den Auftrag, für deine Klasse eine Firmenbesichtigung zu organisieren. Verfasse eine Anfrage per E-Mail an eine ortsansässige Firma mit der Bitte um eine Betriebsbesichtigung für deine Klasse.

●●● **6** Verfasse eine Anfrage deiner Wahl in Briefform.

7 Die folgenden Sätze aus Anfragen weisen Ausdrucks- und Rechtschreibfehler auf. Schreibe sie richtig in dein Heft.

Achtung, Fehler!

1. Wir möchten uns gern Ihre Firma ansehen und ein bisschen rumschnuppern.
2. Unsere Gruppe besteht aus 26 Leuten, 12 Mädchen, 13 Jungen und ein Lehrer.
3. Wir hoffen, wir kriegen einen Termin bei Ihnen.
4. Da wir uns sehr für Klassenfahrten interessieren, wäre es sehr schön, wenn es Ihnen möglich wäre, uns auf dem Postweg einige Kataloge zuzusenden.
5. Deshalb wenden wir uns mit der Anfrage an sie, ob es ihnen möglich ist, im Juni auf unserem Schulfest aufzutreten.

● **8** Richte eine E-Mail-Anfrage nach Katalogen für Klassenfahrten an ein Reiseunternehmen.

9 Ihr wollt eine Exkursion in die Landeshauptstadt machen. Informiere dich bei einem ortsansässigen Busunternehmen nach Angeboten für die Fahrt dorthin. Entscheide selbst, ob du per E-Mail oder Brief anfragst.

●●● **10** Erkundige dich bei unterschiedlichen Firmen in der Region, die in deinem Wunschberuf ausbilden, nach Informationen zum Bewerbungsverfahren. Entscheide, ob du per E-Mail oder Brief anfragst.

11 Danksagungen spielen sowohl im privaten als auch im schulischen oder beruflichen Leben eine Rolle.

a Überlegt, zu welchen Anlässen Dankschreiben verfasst werden und in welcher Form sie gestaltet sein können.

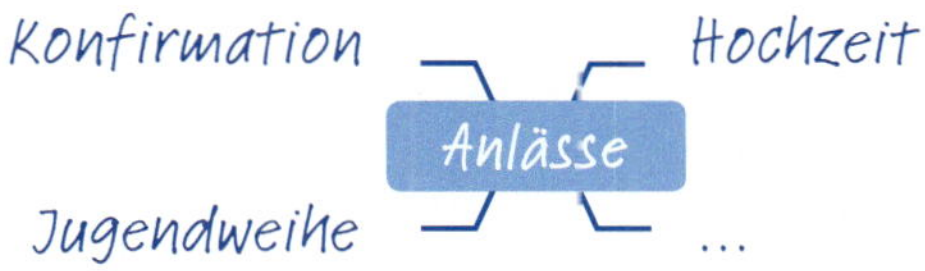

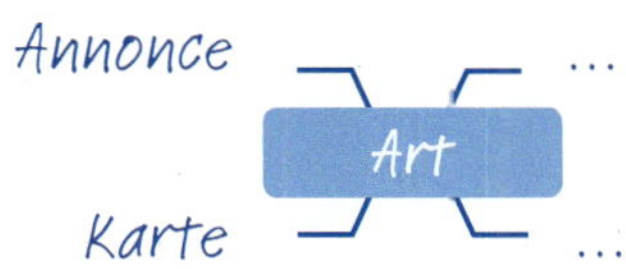

!

Indem man sich schriftlich bedankt, pflegt man auf höfliche und freundliche Weise Beziehungen, denn der Adressat freut sich über das Schreiben. Ein **Dankschreiben** sollte je nach Art, Empfänger und Anlass gestaltet sein. Man kann noch einmal auf den Anlass eingehen und erklären, was besonders gut gefallen hat.
Private Dankeschön-Karten können handschriftlich verfasst werden. Das wirkt persönlicher und wertschätzender.

b Verfasse eine Danksagung, mit der du dich bei der Nachbarin für ihre Glückwünsche zum Mopedführerschein oder ihre Unterstützung bei der Suche nach einem Praktikumsplatz bedankst.

c Entwirf ein Dankschreiben an die freiwillige Feuerwehr, die euer Schulhoffest unterstützt hat. Orientiere dich an einem offiziellen Brief.

Was habe ich gelernt?

12 Überprüft, was ihr über private und offizielle Schreiben gelernt habt. Gestaltet einen offiziellen Musterbrief, aus dem alle formalen Anforderungen ersichtlich sind.

→ S.140 Mitteilungen verfassen

Sich bewerben

Wunschberufe finden

1 Um eine Entscheidung über die berufliche Zukunft treffen zu können, braucht man umfangreiche Informationen.

a Stelle eine Mappe mit den Informationen zusammen, die für dich zutreffen. Nutze dazu diese drei Säulen.

→ http://www.planet-beruf.de
→ http://berufenet.arbeitsagentur.de/berufe/

eigene Stärken und Interessen	Wege nach der Schule	Informationen zu Berufsbildern
• Welche körperlichen, geistigen oder sozialen Fähigkeiten besitze ich? • Wo liegen meine Interessen? • Welche Ziele verfolge ich beruflich?	• Berufsausbildung • weiterführende Schule • Freiwilliges Soziales Jahr (FSJ) • Freiwilliges Ökologisches Jahr (FÖJ) • Bundesfreiwilligendienst (BFD)	• genaue Informationen zu Ausbildungsberufen im Berufsinformationszentrum (BiZ) der Agentur für Arbeit und im Internet

b Schätze dich selbst ein. Übertrage die Tabelle in dein Heft und ergänze sie.

Selbsteinschätzung	Wobei entdeckt? Wie trainiert?
Meine Stärken • … • …	 … …
Meine Interessen • … • …	 … …

c Bitte Eltern, Freunde, Lehrer oder Berufsberater um eine Fremdeinschätzung. Vergleiche sie mit deiner Selbsteinschätzung.

2 Wähle einen Beruf, der zu dir passt.

TIPP
Wiederhole, wie du beim Erschließen des Textes vorgehen kannst.

a Überlege, in welchen Berufen deine Stärken und Interessen gebraucht werden.

b Lies folgendes Berufsbild und überlege, ob das ein Beruf für dich wäre. Begründe deine Meinung.

Berufsbild: Verkäufer/-in

Verkäufer/-in ist ein anerkannter Ausbildungsberuf, den man innerhalb von zwei Jahren als duale Berufsausbildung in Betrieb und Berufsschule erlernen kann.
Je nach Betrieb oder Abteilung hat man z. B. mit Bekleidung, Nahrungsmitteln oder Unterhaltungselektronik zu tun. Man arbeitet sowohl in großen Kaufhäusern und Supermärkten als auch in kleinen Modeläden, Bäckereien usw. Meist ist der Arbeitsort in Verkaufsräumen, es gibt aber auch Tätigkeiten in Lager- und Kühlräumen oder im Freilandbereich von Gartencentern.
Die Hauptaufgabe einer Verkäuferin / eines Verkäufers besteht in Verkaufsgesprächen und der Beratung von Kunden. Darüber hinaus nehmen Verkäuferinnen und Verkäufer Waren an, sortieren sie, räumen sie in Regale ein und zeichnen Preise aus. Beim Kassieren müssen sie die Echtheit von Geldscheinen prüfen, auf die richtige Ausgabe des Wechselgeldes achten und bargeldlose Zahlungen abwickeln. Oft wirken sie auch bei der Planung und Umsetzung von Werbemaßnahmen mit. Als Verkaufsleiterin/ Verkaufsleiter prüfen sie zudem den Lagerbestand und bestellen Waren nach.
In diesem Beruf kommt es vor allem auf die Kommunikationsfähigkeit an, um Verkaufs- und Beratungsgespräche angemessen führen zu können. Ein gutes Deutsch ist für den Umgang mit Kunden überaus wichtig. Außerdem sind Mathematikkenntnisse notwendig, um Preise und Rabatte zu berechnen.
Für die Ausbildung ist kein bestimmter Schulabschluss vorgeschrieben. In der Praxis beginnen 55 % der Bewerber mit Hauptschulabschluss und 33 % mit einem Realschulabschluss eine Ausbildung zur Verkäuferin / zum Verkäufer.

→ http://www.planet-beruf.de
→ Schüler
→ Meine Talente
→ BERUFE-Universum

c Suche weitere Berufsbilder im Internet und überprüfe, welcher Beruf zu dir passen könnte. Vergleiche deine Ergebnisse mit den Überlegungen in Aufgabe a.

3 Du hast deinen Wunschberuf gefunden und suchst nach einer Ausbildungsstelle. Lies den Merkkasten und suche Beispiele für die einzelnen Informationsmöglichkeiten. Bedenke ihre Vor- und Nachteile.

!

Bei der Suche nach einem Ausbildungsplatz muss man möglichst viele Angebote zur Informationsgewinnung nutzen:
- **Annoncen** in Zeitungen: Stellenanzeigen von Firmen,
- **Agentur für Arbeit**: Informationen und Beratungsgespräche zu Berufen, Ausbildungswegen, Alternativen und freien Ausbildungsplätzen,
- **Webseite eines Unternehmens**: Informationen zu Ausbildungsberufen und freien Ausbildungsplätzen,
- **Ausbildungsmessen**: Informationen zu unterschiedlichen Branchen und Unternehmen sowie Angaben zur Ausbildungssituation.

4

a Lies die folgenden Stellenanzeigen (S. 146–147) und überlege, wie man überprüfen kann, ob es sich um ein ernsthaftes Angebot handelt.

DAMMSCHUH bildet aus

im Großraum Thüringen, ab August 2016

Was Sie wissen sollten

Sie möchten eine fundierte Ausbildung als Fachverkäufer/-in Schuhe. Sie suchen eine Firma, die nach der Ausbildung interessante Perspektiven in Filialen in ganz Deutschland bietet. Sie haben große Lust, Neues zu lernen, und Schuhe haben es Ihnen angetan.

Was wir Ihnen bieten können

Bei uns lernen Sie auch in der Praxis viel, zusätzlich zum Berufsschulunterricht. Auch als Azubi bekommen Sie neben der tariflichen Ausbildungsvergütung Weihnachts- und Urlaubsgeld. Wenn Sie sich gern engagieren und Spaß am Verkaufen haben, nehmen wir Sie gern in unser erfolgreiches Team auf.

Senden Sie die vollständigen Bewerbungsunterlagen an:
Dammschuh, Johannesgasse 12, 99116 Erfurt.

Servicefachkraft für Dialogmarketing (m/w) in Rostock

Beschreibung/Anforderungen:
- sehr guter Hauptschulabschluss oder Mittlere Reife (Realschulabschluss)
- gute Mathematik- und Englischkenntnisse
- Interesse an Datenverarbeitung
- Begeisterung für Mobilfunk und Computertechnik
- Überzeugungs- und Begeisterungsfähigkeit

Du willst die mobile Zukunft bereichern und neue Ideen verfolgen? Dann freuen wir uns auf deine Bewerbung! Wir bieten hervorragende Perspektiven.
Bewerbungen von schwerbehinderten Menschen sind ausdrücklich erwünscht.

Ausbildungsort:	Zwickau
Ausbildungsbeginn:	01. August 2014
Bewerbungsadresse:	Telefon HRO GmbH, Sandstr. 12, 18055 Rostock
Bewerbungsart:	online unter http://www.telefon-hro.de
Bewerbungsunterlagen:	tabellarischer Lebenslauf, Kopien der letzten drei Zeugnisse, Praktikumsnachweise, sonstige Qualifikationsnachweise

Azubi für ZAP in Weimar gesucht.

Voraussetzung: Guter Schulabschluss und gute Umgangsformen, mögl. volljährig. Tel. (03643) 753087

b Lege eine Tabelle an und trage die Antworten zu folgenden Vorgaben aus der Stellenanzeige von *Dammschuh* aus Aufgabe a (S 146) ein.

1 Name und Adresse, eventuell Ansprechpartner/-in
2 Angaben des Unternehmens über sich selbst
3 Was bietet das Unternehmen?
4 Bezeichnung des Ausbildungsberufs
5 Tätigkeiten bzw. Aufgaben der/des Auszubildenden
6 Anforderungen, die Bewerber/-innen erfüllen müssen
7 Fähigkeiten, die von Vorteil sind
8 Art der Bewerbung (Post, E-Mail, online über die Webseite)

c Wähle eine der beiden anderen Stellenanzeigen aus und lege eine Tabelle nach dem Muster in Aufgabe b an. Ergänze die Tabelle.

d Suche eine dich interessierende Stellenanzeige und analysiere sie nach dem Muster in Aufgabe b.

Bewerbungen schreiben

!

Zu den Unterlagen in einer Bewerbungsmappe gehören ein **Bewerbungsschreiben** und ein **tabellarischer Lebenslauf** sowie Anlagen.
Das **Bewerbungsschreiben** liegt oben und sollte Folgendes enthalten:
- Bewerbungssatz,
- Gründe für die Bewerbung,
- Vorstellung der eigenen Person,
- Bitte um persönliches Gespräch.

1 Überprüfe, ob Lisas Schreiben den Anforderungen entspricht.

Lisa Muster
Musterstr. 12
01234 Musterhausen
Tel. (01 23) 43 53 63

Musterhausen, 02. Oktober 2015

Dammschuh
Personalabteilung
Johannesgasse 12
99116 Erfurt

Bewerbung um einen Ausbildungsplatz als Fachverkäufer/-in

Sehr geehrte Damen und Herren,

durch Ihre Annonce in der Erfurter Zeitung habe ich erfahren, dass Sie eine Ausbildung zur Fachverkäuferin Schuhe anbieten. Sie suchen engagierte Auszubildende, die Lust haben, etwas Neues zu lernen, deshalb bewerbe ich mich hiermit bei Ihnen.
Zurzeit bin ich Schülerin der 9. Klasse der Goetheschule in Musterhausen, die ich im Sommer mit dem Hauptschulabschluss verlassen werde. Meine Lieblingsfächer sind Deutsch und Mathematik. Ich arbeite gern im Team und bin kommunikativ, weshalb ich mir gut vorstellen kann, Kunden zu beraten. Erste Erfahrungen sammelte ich bereits bei einem Praktikum im Kaufhaus.
Gerne würde ich mich in einem persönlichen Gespräch vorstellen.

Mit freundlichen Grüßen

Lisa Muster

Anlagen: Lebenslauf
Kopie des letzten Zeugnisses

2

a Ordne die Teile des Briefes den Textbausteinen im Merkkasten zu.

b Schreibt für jeden Textbaustein andere Formulierungen auf.

→ S. 237 Fehlerschwerpunkte in Bewerbungen erkennen – Fehler vermeiden

c Entwirf ein Bewerbungsschreiben auf eine der Anzeigen aus Aufgabe 4 a (S. 146). Nutze dazu deine Vorarbeiten aus den Aufgaben 4 b und c.

TIPP
Das Schreiben muss fehlerfrei sein. Lass unbedingt jemanden Korrektur lesen.

d Entwirf dein eigenes Bewerbungsschreiben am PC. Überarbeite es anschließend und schreibe eine Endfassung.

! Der **tabellarische Lebenslauf** enthält in kurzer und übersichtlicher Form alle wichtigen persönlichen Angaben und Informationen, die von Bedeutung sind. Angaben zu den Berufen der Eltern und zu Geschwistern sowie ein Passfoto sind freiwillig.

3

a Lies Lisas tabellarischen Lebenslauf und nenne die Angaben, die er enthalten muss. Vergleiche mit dem Bewerbungsschreiben.

Lebenslauf

Name	Lisa Muster
Adresse	Musterstr. 12 01234 Musterhausen
Geburtsdatum	23. Mai 2000
Geburtsort	Musterhausen

Schulbildung

2006–2010	3. Grundschule Musterhausen
seit 2010	Goetheschule in Musterhausen
2016	voraussichtlich Hauptschulabschluss

Praktika

2014	dreiwöchiges Betriebspraktikum im Kaufhaus

Persönliche Fähigkeiten und Kompetenzen

Fremdsprachen	Englisch (7 Jahre)
Computer	Windows, PowerPoint

Musterhausen, 02. Oktober 2015

Lisa Muster

b Beschreibe, welche Besonderheiten dir bei der Gestaltung auffallen.

TIPP
Nutze die Tabulatortaste oder eine Tabelle.

c Verfasse nun deinen eigenen tabellarischen Lebenslauf nach dem Muster aus Aufgabe a am PC, damit du die Datei bearbeiten kannst.

4 Verfasse für eins der Ausbildungsangebote aus Aufgabe 4 a (S. 146) die erforderlichen Bewerbungsunterlagen.

! Einige Firmen bitten um **Bewerbungen per E-Mail**. Dabei gelten die gleichen Richtlinien wie bei einem Brief. Folgendes sollte man beachten:

- die E-Mail-Adresse des Empfängers prüfen,
- die eigene E-Mail-Adresse ggf. in eine seriöse ändern, z. B.: *Name.Vorname@maildomain.de*,
- als Betreffzeile: *Bewerbung um einen Ausbildungsplatz als …*,
- den Namen in getippter Form unter das Schreiben setzen,
- auf Smileys o. Ä. verzichten,
- den Lebenslauf und weitere Unterlagen als Anhänge in gängigen Dateiformaten (Word, PDF, RTF) versenden.

Um die Vollständigkeit und korrekte Formatierung der Bewerbung zu prüfen, sollte man die Mail zunächst an eine Freundin / einen Freund schicken.

TIPP
Speichere den Text in einer Word-Datei, damit du ihn später bearbeiten und wieder verwenden kannst.

5 Lies folgende Anzeige und bewirb dich per E-Mail. Schreibe und überarbeite den Text der Mail am PC. Speichere die nötigen Unterlagen in einem Ordner.

Wir sind eine deutschlandweit führende Kette von Backshops und bieten für das neue Ausbildungsjahr eine Ausbildung
zur Bäckerin / zum Bäcker.
Wenn Sie einen guten Hauptschulabschluss haben, besonders in Mathematik und Chemie, gerne früh aufstehen und sich für eine Arbeit in der Backstube interessieren, dann bewerben Sie sich mit aussagekräftigen Unterlagen unter backshop@mail.de.

Was habe ich gelernt?

6 Überprüft, was ihr über Bewerbungen gelernt habt.
Gestaltet Muster für alle wichtigen Bewerbungsunterlagen.

Vorstellungsgespräche führen

→ S. 8 Gespräche führen

! Wenn eine Bewerberin / ein Bewerber mit ihrer/seiner schriftlichen Bewerbung überzeugen kann, wird sie/er zu einem **Vorstellungsgespräch** eingeladen. Dabei wollen **Arbeitgeber** einen Eindruck von der Persönlichkeit und den Fähigkeiten der Bewerberin / des Bewerbers gewinnen und feststellen, ob sie/er für die Ausbildung geeignet ist.

1 Die verantwortlichen Mitarbeiter in den Ausbildungsbetrieben bereiten sich gründlich auf Bewerbungsgespräche vor.

a Lest den Auszug aus einer Broschüre für Arbeitgeber. Benennt die Gesprächsziele des Personalmitarbeiters und klärt die Bedeutung der aufgeführten Bewerbereigenschaften.

2 Ziel des Gesprächs

- Eindruck über Sozialverhalten gewinnen (Sozial- und Persönlichkeitskompetenz)
- Kennenlernen der Fähigkeiten (Leistungsvermögen und Leistungsbereitschaft), man spricht auch von der Fach- und Methodenkompetenz; denkbar wären an dieser Stelle kleine Übungen zum Fähigkeitsbeweis (Fachfragen, kleine Experimente, etwas zusammenbauen, auseinandernehmen …)
- Generell gilt: Methoden können erlernt werden, soziale Fähigkeiten sollten bereits vorhanden sein (»die Nase muss passen«).

Über folgende Eigenschaften des Bewerbers sollten Sie sich während des Einstellungsgesprächs zudem ein Bild machen können:

- Eigeninitiative,
- Belastbarkeit,
- Arbeitsbereitschaft, aber auch
- Teamfähigkeit,
- Problemlöseverhalten (z. B.: Wie sind Sie damit umgegangen …?),
- Selbstständigkeit und
- kommunikatives Vermögen.

b Formuliere fünf Schlussfolgerungen für dich als Bewerberin/Bewerber.

! Der Verlauf eines **Vorstellungsgesprächs** entscheidet wesentlich darüber, ob man den angestrebten Ausbildungsplatz erhält. Deshalb sollte man sich als **Bewerberin/Bewerber** zunächst **inhaltlich** darauf **vorbereiten.** Man sollte Auskunft geben können über:
- sich selbst, eigene Interessen und den Berufswunsch,
- den Betrieb und seine Produkte bzw. Besonderheiten,
- den Ausbildungsberuf.

Außerdem sollte man sich schon vorher überlegen, welche Fragen man selbst stellen möchte, z. B. zu konkreten Arbeitszeitregelungen und Anforderungen, zur zuständigen Berufsschule oder zum Ablauf des Ausbildungsjahres.

2 Stelle dir vor, du bereitest dich auf ein Vorstellungsgespräch bei den Dresdner Verkehrsbetrieben (DVB) vor.

a Sieh dir die Homepage an und schreibe die wichtigsten Informationen über das Unternehmen heraus.

DVB
DRESDNER VERKEHRSBETRIEBE AG

Fahrplanauskunft öffnen ▼

Unternehmen
- Leitbild & Compliance
- Standorte
- Zahlen & Fakten
- Organe
- Konzern

Nachhaltigkeit
Technik
Zukunftsprojekte
Karriere
Geschichte

Unternehmen

Wir bewegen Dresden - mit Straßenbahnen, Bussen, Bergbahnen und Fähren, indem wir planen, vermarkten, fahren, investieren, instand halten und ausbilden. Wir betreiben den ÖPNV in der sächsischen Landeshauptstadt.

Werktags sind etwa eine halbe Million Fahrgäste mit uns unterwegs. Mit unserer Verkehrsleistung tragen wir dazu bei, die Straßen zu entlasten, die Umwelt zu schonen und Dresden lebenswert zu erhalten.

Wir betreiben ein dichtes Netz aus Straßenbahn- und Buslinien, Fährverbindungen sowie Bergbahnen. Unsere Kunden schätzen kurze Taktzeiten, Niederflurfahrzeuge, barrierefreie Haltestellen und umfassende Informationen. Für Stadt und Region sind wir ein attraktiver Arbeitgeber und Ausbildungsbetrieb.

b Schreibe heraus, was du in der Anzeige über die Ausbildung zur Fachkraft im Fahrbetrieb erfährst.

Fachkraft im Fahrbetrieb

Die Ausbildung zur Fachkraft im Fahrbetrieb hat viele Facetten. Du qualifizierst Dich zum Führen von Straßenbahn und Bus und lernst viel Spannendes über Technik und Kundendienst. Du organisierst den Fahrbetrieb, sorgst für die Betriebssicherheit und Einsatzbereitschaft der Fahrzeuge und übst Dich im Umgang mit unseren Kunden. Einzelne Ausbildungsmodule absolvierst Du im Rahmen der länderübergreifenden Ausbildung an der Prager Verkehrsschule.

Ausbildungszeit: 3 Jahre

Dein Aufgabengebiet

- pünktliches und kundenorientiertes Führen von Straßenbahnen und Bussen
- Informieren und Sichern der Fahrgäste bei Störungen und Unfällen
- Betriebssicherheit und Einsatzbereitschaft von Fahrzeugen herstellen
- Pflege von Fahrzeugen und Zubehör
- Planung und Disposition des Fahrbetriebes
- kundenorientierte Fahrplangestaltung
- qualitätsgerechte Kundenberatung
- Verkauf von Fahrkarten und Souvenirs

Deine Voraussetzungen

- mindestens Realschulabschluss
- gute Kenntnisse in Mathematik, Deutsch, Informatik und Englisch
- sprachliche Kompetenz
- selbstbewusstes und korrektes Auftreten
- Bereitschaft, eigenständig sowie nach Vorgaben zu arbeiten
- gesundheitliche Eignung nach § JArbSchG
- private Finanzierung des Führerschein Klasse B
- Bereitschaft zu einem mehrwöchigen Aufenthalt im Ausland

Länderübergreifende Ausbildung

Seit der EU-Osterweiterung bilden sich auch in der Euroregion Elbe-Neiße und Elbe-Labe grenzüberschreitende Arbeits- und Dienstleistungsmärkte heraus. Neue grenzüberschreitende Verkehrsströme sind entstanden und bringen neue Anforderungen an unsere Mitarbeiter mit sich. Als Auszubildender im Beruf Fachkraft im Fahrbetrieb erlernst Du deshalb die tschechische Sprache und verbringst drei Wochen Deiner Ausbildungszeit an der Verkehrsschule Prag. Im Austausch kommen tschechische Auszubildende, die den Beruf Operator der Verkehrswirtschaft erlernen, nach Dresden.

Wir freuen uns auf Deine Bewerbung!

c Recherchiere im Internet, um weitere Informationen zu finden, z. B. über andere Ausbildungsberufe bei den Dresdner Verkehrsbetrieben (DVB) oder Angebote für Praktika.

d Bereite Fragen für das Vorstellungsgespräch vor und schreibe sie auf.

→ S. 120 Präsentieren

3 Sammle die notwendigen Informationen über einen Ausbildungsberuf bzw. Ausbildungsbetrieb, der dich interessiert. Bereite dich darauf vor, diesen in der Klasse zu präsentieren.

!

Bei der **Vorbereitung auf ein Vorstellungsgespräch** ist auch auf Folgendes zu achten:
- Man muss sich informieren, wo das Gespräch stattfindet und wie man termingerecht dorthin gelangt.
- Man muss dem Ausbildungsplatz angemessene Kleidung auswählen.
- Man muss für ein gepflegtes Erscheinungsbild sorgen (saubere Fingernägel, geputzte Schuhe u. Ä.).

4

a Seht euch den Cartoon an. Tauscht euch darüber aus, was unter angemessener Kleidung und gepflegtem Erscheinungsbild zu verstehen ist.

b Stellt euch vor, ihr seid zu einem ganz bestimmten Vorstellungsgespräch eingeladen. Beratet euch gegenseitig, was ihr anziehen sollt.

5

a Lies den folgenden Merkkasten.

!

Das **Vorstellungsgespräch** folgt häufig folgendem Aufbau:
- Begrüßung,
- Interview,
- Gesprächsabschluss.

Zum Abschluss des Gesprächs erfährt der Bewerber, wann er über die Entscheidung des Unternehmens informiert wird. Gelegentlich bekommt er auch eine Rückmeldung über sein Auftreten und sein Gesprächsverhalten. Zu Hause sollte man unbedingt eine Gesprächsnotiz anfertigen. So behält man die Übersicht und lernt aus den Hinweisen.

b Ordne die folgenden Äußerungen den Gesprächsteilen aus dem Merkkasten auf S. 154 zu.

1 Welche Einstellung haben Sie zur Teamarbeit?
2 Guten Morgen. Haben Sie gut hergefunden?
3 Was wissen Sie über unseren Betrieb?
4 Wir werden Sie telefonisch über unsere Entscheidung informieren.
5 Warum möchten Sie bei uns eine Ausbildung machen?
6 Welche Vorstellungen haben Sie von der Ausbildung bzw. Ihrem zukünftigen Arbeitsalltag?
7 Warum sollten wir uns für Sie entscheiden?
8 Welche Erfahrungen konnten Sie während Ihres Praktikums sammeln?
9 Worauf führen Sie die Verbesserung Ihrer Note im Fach … zurück?
10 Danke, das Gespräch mit Ihnen war sehr interessant.
11 Beschreiben Sie Ihre Stärken und Schwächen.
12 Hatten Sie eine problemlose Anreise?

c Überlegt, wie ihr die Fragen aus Aufgabe b beantworten könnt.

d Formuliert eine höfliche Verabschiedung.

6 Bereitet ein Vorstellungsgespräch vor. Nutzt dabei eure eigenen Angaben.

→ **S. 144** Sich bewerben

a Bereitet eure Bewerbungsunterlagen vor, sortiert eure Notizen zum Ausbildungsberuf bzw. -betrieb und überlegt, welche Fragen im Vorstellungsgespräch gestellt werden könnten.

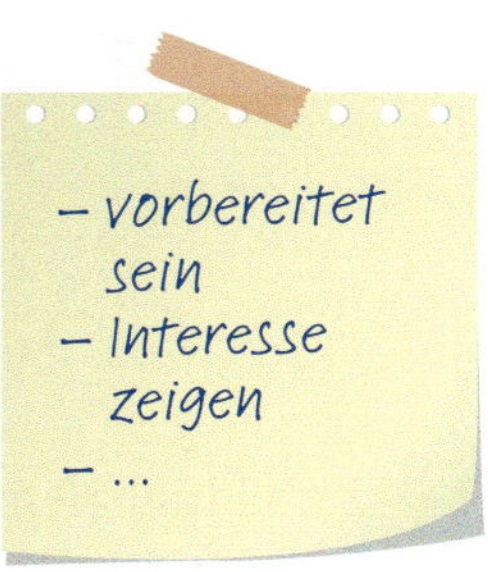

b Tragt Kriterien zur Einschätzung des Gesprächsverhaltens der Bewerberin / des Bewerbers zusammen. Entwerft einen Bewertungsbogen.

c Spielt eure Vorstellungsgespräche in der Klasse vor. Bewertet das Gesprächsverhalten der Bewerberin / des Bewerbers fair und ehrlich.

Was habe ich gelernt?

7 Überprüft, was ihr über Vorstellungsgespräche gelernt habt. Entwerft und gestaltet eine Wandzeitung zum Thema »Was du auf keinen Fall bei einem Vorstellungsgespräch tun solltest«.

Exkursionsberichte schreiben

1

→ S. 244 Merkwissen

a Tauscht euch darüber aus, wann und in welcher Form euch schon Berichte begegnet sind. Welchen Zweck hatten sie?

b Überlegt, zu welchem Zweck und in welchen Formen man über Exkursionen berichten kann.

c Vergleicht eure Ergebnisse mit dem folgenden Merkkasten.

!

Berichte über Exkursionen informieren knapp, sachlich und in der richtigen Reihenfolge, z. B. über Betriebsbesichtigungen und Museumsbesuche an Projekttagen. Dabei werden die wichtigsten ***W*-Fragen** beantwortet. Die Auswahl der Informationen und die Gestaltung des Berichts hängen vom Anlass, Zweck und Empfänger ab. Exkursionsberichte sollten folgende **Gliederungspunkte** enthalten:

- Aufgabe bzw. Ziel der Exkursion,
- Verlauf der Exkursion,
- Einschätzung über Erreichen der Zielstellung der Exkursion.

Bei der sprachlichen Gestaltung ist besonders auf die korrekte Verwendung von **Fachbegriffen** zu achten.

2 Im Rahmen der Berufsorientierung soll für die Schulhomepage ein Bericht über die Exkursion zum Flughafen geschrieben werden. Beurteile, ob der folgende Text die Kriterien eines Berichts erfüllt, und begründe deine Meinung.

Achtung, Fehler!

Besuch auf dem Flughafen

Am 8. Dezember sind wir – die Klassen 9 a und 9 b – zum Flughafen Rostock-Laage gefahren. Los ging es schon morgens um 7:30 Uhr. Die Busfahrt war sehr lustig und entspannend. Um 9:00 Uhr sind wir dann angekommen und hatten eigentlich einen netten, gut aussehenden Mann erwartet, der uns alles zeigt und uns etwas über die Geschichte des Flughafens erzählt. Aber weit gefehlt! Uns begrüßte eine junge Frau, die seit 2003 hier arbeitet. Wirklich begeistert waren wir nicht, dass sie uns herumführte. Doch wir wurden gut informiert über den Werdegang des Flughafens:

Baubeginn, Flugbetrieb, Ausbau, aktuelle Angaben. Besonders interessant fanden wir auch, wie die Ausbildung zum Piloten erfolgt. Man muss ja in Bestform sein, und das, solange man fliegt. Abschreckend war für alle die Kommunikationssprache – Englisch (was wir alle so gut können!). Dafür muss man wenigstens nicht bis zu seinem 67. Lebensjahr arbeiten. Unsere nächste Station war der Tower. Von dort aus hatten wir einen tollen Blick auf den Flughafen. Irgendwie war es ein bisschen wie im Film, wie die Männer dort arbeiten und Funkkontakt zu den Piloten halten, damit alles unter Kontrolle bleibt.

Ein besonderes Highlight war die Besichtigung des Radarraums. Es war selbst für technisch völlig Unbegabte interessant zu erfahren, wie das Radar funktioniert und was man damit alles machen kann.

Den öffentlich zugänglichen Bereich kannten noch nicht alle. Für die meisten war es jedoch langweilig – einchecken, Gepäck aufgeben, Sicherheitskontrolle. Lustig war nur, was die Jungen so alles in ihren Taschen hatten.

Um 18:00 Uhr fielen wir vor der Schule ziemlich erschöpft aus dem Bus.

Eins haben wir jedoch gesehen und begriffen. Wer einen verantwortungsvollen Beruf, wie Pilot, erlernen möchte, muss etwas dafür tun.

3 Schreibe den Text in einen Exkursionsbericht um.

a Notiere in Stichpunkten die Fakten aus dem Text, die man für einen Bericht benötigt. Orientiere dich an den *W*-Fragen.

Wer? die Klassen 9a und 9b
Was? …

b Vergleicht eure Stichpunkte und korrigiert sie.

c Formuliere einen Entwurf des Berichts. Orientiere dich am Merkkasten auf S. 156.

d Überarbeite deinen Entwurf. Achte auf die richtige Verwendung der Fachbegriffe und die Vermeidung von Umgangssprache.

e Stellt eure Berichte in der Klasse vor und besprecht, welcher Bericht sich für die Schulhomepage am besten eignet.

4 Im Rahmen der Berufsorientierung sollt ihr für die Schulhomepage einen Bericht über den Besuch eines Bauernhofs schreiben.

a Lies die Stichpunkte, die sich Magda während des Besuchs notierte.

- 9:10 Uhr Abfahrt aus Greifswald nach Kemnitz mit dem Linienbus, nach einer Viertelstunde waren wir da, kein Bauernhof zu sehen, 2 km Fußmarsch, furchtbar
- Hund Darko begrüßt uns bei Bäuerin (Frau Kurowski)
- schönes Wetter, draußen Bänke, Hofrundgang
- vom Getreide zum Brot: Mähen, Dreschen (Stroh und Spelze bleiben auf dem Acker)
- Ähren anfassen, unterschiedliche Getreidesorten kennen lernen: Weizen, Gerste, Roggen
- Weizen, Gerste lange Grannen, Roggen robuster
- Weizenähre auseinandernehmen: Trennung Grannen, Korn von Spelz, Korn in Handkaffeemühle mahlen, Mehl – sehr mühsam, schade, Backen ging nicht
- weitere Pflanzen identifizieren: Mais, Zuckerrüben, Kartoffeln, Raps
- Knüppelkuchen am Lagerfeuer, lecker, Jungen toben, benehmen sich wie die Kinder
- Besichtigung der Hallen, Getreide, Trocknungsanlage und Raps
- den Rapsberg erstürmen auch Mädchen, was für ein Spaß
- Maschinenhalle: Traktoren, Mähdrescher, Pflüge, Scheibeneggen, Drillmaschinen, Bagger, Teleskopradlader, Hänger, Tieflader, ...
- Trecker fahren – allgemeine Begeisterung
- zurück wieder latschen, 2 Jungen Treckerfahrt, Fußmarsch war nicht schlimm, Bus 15:20 Uhr nach Greifswald

b Formuliere mithilfe der Stichpunkte einen Exkursionsbericht. Gehe so vor wie in Aufgabe 3.

→ S. 144 Sich bewerben

5 Plant eine Klassenexkursion und berichtet darüber. Überlegt z. B., welche Betriebe ihr zur Berufsorientierung besichtigen wollt oder welche Ziele sich aus bestimmten Themen des Fachunterrichts ergeben könnten.

6 Schreibe für das Projekt im Deutschunterricht »Schriftsteller in ihrer Zeit« einen Exkursionsbericht.

Einen Exkursionsbericht schreiben

a Lies Leas Tagebucheintrag und notiere Stichpunkte für den Bericht. Formuliere anhand dieser Stichpunkte den Exkursionsbericht.

Donnerstag, 5. Januar

Heute war Exkursionstag: Kennenlernen eines Schriftstellers in seiner Zeit. Nach Halberstadt schleppte uns die Deutschlehrerin, ins Gleimhaus. Der 20-minütige Weg vom Bahnhof bis in die Innenstadt war gar nicht cool, aber was dann kam, war eher abgefahren. »Freundschaftstempel« nannte Gleim seine Hütte. Und schon befanden wir uns im 18. Jahrhundert. Dichter und Denker wie Lessing, Bürger und Klopstock lud der in sein Haus, unterstützte Freunde, bot ihnen ein Heim – cooler Typ – einfach so. Dann kam die Besichtigung: Bilder (alle seine Besucher hängen als Gemälde in der Ausstellung), Bücher, Möbel, Kostüme. Dann war Ende mit Langeweile, Perücke aufsetzen, ab in den Schreibstuhl und so tun, als wären wir in eine längst vergangene Zeit zurückversetzt. Jetzt hatten wir die Wahl: Papier schöpfen, Briefe schreiben oder Scherenschnitte anfertigen. Alles, was wir gesehen hatten, konnten wir nun selber machen. Da sich mein Großvater über persönliche Schreiben freut, wollte ich schreiben. Das Postwesen des 18. Jahrhunderts war schon kompliziert und das Schreiben erst! Mit Feder und Tinte jeden Buchstaben aufs Papier malen, ohne zu klecksen – Schriftsteller sein war damals schwer. Aber mit Siegel war der Brief klasse. Jeder hatte etwas gefunden und die weniger Kreativen hatten währenddessen in der Museumskiste gekramt. Zum Schluss durften sich die »Schönsten« noch im Rokokokostüm fotografieren lassen. Tolle Erinnerung!

b Informiert in einer kurzen Präsentation über den Schriftsteller Johann Wilhelm Ludwig Gleim.

→ S. 120 Präsentieren

Was habe ich gelernt?

7 Überprüft, was ihr über Exkursionsberichte gelernt habt. Entwerft ein Muster.

Exkursionen protokollieren

1

→ S. 244 Merkwissen

a Wiederholt, welche Protokollformen ihr kennt und was man beim Schreiben beachten muss.

b Überlegt, welche Protokollform sich anbietet, um eine Exkursion zu dokumentieren.

2 Sieh dir das folgende Protokoll an und beurteile, ob es vollständig ist.

Protokoll der Exkursion nach Weimar
»Auf den Spuren von Goethe und Schiller«
am 15. Mai 2013, von 8 bis 18 Uhr
Teilnehmer/-innen: Klasse 9 a der Regelschule Magdala

Ablauf der Exkursion:
1. Fahrt nach Weimar
2. Goethehaus
3. Schillerhaus
4. Fürstengruft (Historischer Friedhof)
5. Rückfahrt nach Magdala

zu 2.: Frauenplan 1: hier hat Goethe fast 50 Jahre gewohnt, Wohnräume Goethes und seiner Frau Christiane, Arbeitszimmer und Bibliothek des Dichters (unverändert erhalten), Empfangs- und Kunstsammlungsräume sowie Hausgarten besichtigt, Zustand in Goethes letzten Lebensjahren rekonstruiert

zu 3.: Schillerstr. 12: Schiller wohnte hier 1802–1805, unter Verwendung originaler Ausstattungsstücke eingerichtet, Arbeitszimmer, Gesellschafts- und Empfangszimmer mit teilweise originalem Inventar, Wohnräume Charlottes und der Kinder besichtigt

zu 4.: Grabstätte des großherzoglichen Hauses von Sachsen-Weimar-Eisenach, letzte Ruhestätte Schillers (1827) und Goethes (1832)

Jakob Heinrich
Protokollant

3 Du sollst für den Geschichtsunterricht ein Protokoll des Projekttags im Historisch-Technischen Museum Peenemünde verfassen.

a Lies den Bericht und notiere zum Verlauf der Exkursion Stichpunkte in der richtigen chronologischen (zeitlichen) Reihenfolge.

Am 16. 11. 2013 fuhr die Klasse 9 b mit der Usedomer Bäderbahn nach Peenemünde. Ziel war das Historisch-Technische Museum (HTM) in Peenemünde.
Die Heeresversuchsanstalt Peenemünde war zwischen 1936 und 1945 eines der modernsten Technologiezentren der Welt. Die Forschung diente jedoch nur dem Ziel, militärische Überlegenheit zu schaffen. Nur durch den massiven Einsatz von Zwangsarbeitern, KZ-Häftlingen und Kriegsgefangenen waren die Errichtung der Versuchsanstalt und die spätere Massenproduktion der Rakete, die zynisch »Vergeltungswaffe 2« (V2) genannt wurde, in so kurzer Zeit möglich.

Unsere Aufgabe sollte es sein, uns über den Mythos V2 in der Heeresversuchsanstalt zu informieren. Des Weiteren erhielten wir die Möglichkeit, in Gruppenarbeit selbstständig mehr über Zwangsarbeit und Raketenentwicklung zu erfahren.
Um 10:00 Uhr begann der 20-minütige Einführungsvortrag. Im Anschluss daran begaben wir uns in das Außengelände, um uns die Modelle der V1 und V2 anzusehen. Dort befanden sich auch Teile einer Abschussrampe im Original und Waggons der damals dort verkehrenden S-Bahn.
Der Rundgang wurde nun im ehemaligen Kraftwerk fortgesetzt. Zuerst erhielten wir in der zweiten Etage einen Überblick über die Ausstellung, die mit dem Traum vom Fliegen begann, dem »Raketenfieber«, die Entwicklung der Technik verfolgte und mit dem »Einschlag«, also der Nutzung der V2, endete. Von besonderem Interesse waren in diesem Zusammenhang die Informationen über Zwangsarbeit.
Anschließend begaben wir uns in die erste Etage, in der sich Spinde mit Biografien befanden. Alle weiteren Ausstellungen befassten sich mit dem Raketenerbe von Peenemünde. Dies wurde insbesondere durch den Raketenwettstreit der UdSSR und der

USA, also das Wettrüsten im Kalten Krieg, dargestellt.

Nach diesem gemeinsamen Programm teilten wir uns in Gruppen und konnten selbstständig über Zwangsarbeit, die Geschichte der V2 und die Raketenentwicklung im Kalten Krieg recherchieren. Zum Abschluss hatten wir noch Zeit, allein das Förderband und den »Brecher« im Außengelände zu besichtigen oder einfach einen Videofilm zu sehen.

Um 15:30 Uhr fuhren wir mit der Bahn zurück nach Greifswald. Wir haben viel Interessantes und Neues erfahren und sind gespannt auf die Arbeitsergebnisse der einzelnen Gruppen.

b Schreibe mithilfe deiner Notizen ein Protokoll der Exkursion. Nutze dazu die Schrittfolge und orientiere dich am Muster aus Aufgabe 2 (S. 160).

So kannst du das Protokoll einer Exkursion schreiben

1. Notiere (während oder möglichst bald nach der Exkursion) Stichpunkte zum Verlauf. Nutze dazu Abkürzungen.
2. Schreibe auf, welches Ziel die Exkursion verfolgte und mit welchem Ergebnis sie endete.
3. Fülle den Kopf des Protokolls aus (Überschrift, Zeit, Ort, Teilnehmer/-innen).
4. Schreibe einen ersten Textentwurf.
5. Überarbeite den Entwurf und schreibe die Endfassung.

4 Schreibe auf der Grundlage des Textes aus Aufgabe 2 (S. 156) ein Protokoll dieser Exkursion.

a Lies den Text noch einmal und notiere zum Verlauf der Exkursion Stichpunkte in der richtigen chronologischen (zeitlichen) Reihenfolge.

b Schreibe mithilfe deiner Notizen ein Protokoll der Exkursion. Nutze das Muster aus Aufgabe 2 (S. 160).

5 Schreibe für den Fachunterricht ein Protokoll einer Exkursion. Achte darauf, dass du kurz, sachlich und genau informierst.

Prüfungssituationen meistern

1 Im Leben muss man oft Prüfungssituationen meistern. Tragt zusammen, welche Prüfungen ihr schon absolviert habt und auf welche ihr euch vielleicht noch vorbereiten müsst.

!

In der Schule, während der Ausbildung, im Berufsleben oder wenn man einen Führerschein erwerben möchte, muss man **Prüfungssituationen meistern**. Um diese erfolgreich zu bestehen, sollte man sich aktiv **vorbereiten**. Dazu muss man zuerst überlegen, ob es sich um eine mündliche oder schriftliche Prüfung handelt und welche Anforderungen in der Prüfung gestellt werden. Anschließend müssen fachliche bzw. inhaltliche Erwartungen geklärt werden, z.B. wie die Prüfung abläuft und welche Themen vorbereitet sein müssen.
In der Prüfung sollte man in der Lage sein, die Antworten sprachlich angemessen, verständlich und deutlich vorzutragen bzw. schriftlich in Sätzen oder als zusammenhängenden Text zu formulieren.

2 Stelle dir vor, du bereitest dich auf ein Prüfungsgespräch vor.

a Trage die Themen und Fragen zusammen, die vorzubereiten sind.

b Überlege, welchen Zeitraum du für die Vorbereitung einplanen solltest.

So kannst du für eine Prüfung lernen

1. Stelle zuerst das Material zusammen, mit dem du dich anschließend vorbereiten willst (Hefter, Bücher, Broschüren o.Ä.).
2. Gliedere den Lernstoff in Portionen, fertige einen Zeitplan an.
3. Überlege, mit welchen Methoden der Stoff am besten einzuprägen ist (z.B. Schaubild, Mindmap, Poster, Lernkartei, Spickzettel).
4. Wiederhole den Stoff mehrmals und tausche dich mit anderen über das Gelernte aus.

3 Stellt unterschiedliche Lernmethoden in einer Übersicht dar. Unterscheidet nach solchen, die man allein, und solchen, die man in der Gruppe anwenden kann.

! Wenn alles vorbereitet ist, sollte man die **Prüfungssituation simulieren**. Das funktioniert am besten mit einer Freundin / einem Freund, die/der die Rolle des Interviewers oder Prüfers übernimmt. Man sollte auch bei der Probe schon an passende Kleidung denken und auf Blickkontakt und Körpersprache achten. Die simulierten Prüfungsgespräche kann man filmen, das erleichtert ihre Auswertung.

4 Gestaltet ein Prüfungsgespräch.

TIPP
Zur ersten Simulation und Übung einer Prüfung könnt ihr noch Spickzettel nutzen.

a Lasst euch von einem Fachlehrer mögliche Prüfungsthemen geben, entscheidet, zu welchem Thema eine Prüfung simuliert werden soll, und bereitet euch gründlich darauf vor.

b Notiert stichpunktartig, worauf ihr im Prüfungsgespräch besonders achten solltet. Berücksichtigt die Hinweise in den Merkkästen.

– *höflich grüßen, Blickkontakt, …*

c Simuliert das Gespräch und wertet es anschließend sorgfältig aus. Nutzt dazu eure Notizen zu Aufgabe b.

TIPP
Plant auch regelmäßige Termine zum Austausch über das Gelernte.

d Tauscht euch darüber aus, wie ihr euch weiter auf Prüfungen vorbereiten wollt. Erstellt persönliche Arbeitspläne und beurteilt sie gegenseitig.

! Wenn man gut vorbereitet ist, darf man optimistisch in die **Prüfung** gehen. Man sollte höflich und mit Selbstvertrauen auftreten. Wichtig ist es, die Fragestellungen zu beachten, Nachfragen sind selbstverständlich erlaubt, ausführliche Antworten erwünscht. Natürlich ist man glücklich, wenn man eine Prüfung erfolgreich meistern konnte, und unzufrieden, wenn dies nicht der Fall war. In jedem Fall lohnt es sich, über eigene Stärken und Schwächen nachzudenken und sich Notizen für die Vorbereitung der nächsten Prüfung anzufertigen.

5 Gestaltet eine Wandzeitung mit Hinweisen und Tipps für die Prüfung.

Wortarten und Wortformen

Verben

Die Modusformen des Verbs

1

a Lest den Text. Fasst zusammen, worüber der Artikel informiert und mit welchen Personen gesprochen wurde.

»Frida, zeig noch mal den Salsa-Grundschritt!«, ruft der Tanzlehrer. 24 Schüler der 9. Klasse in S. konnten dieses Schuljahr zwischen Tanzen und Sportunterricht wählen – und haben sich fürs Tanzen entschieden. »Früher hätte man Sie für verrückt erklärt, wenn Sie an einer Hauptschule Paartanz als Sportunterricht angeboten hätten.« Da ist sich der Schulleiter sicher. »Klar, ein paar Jungs und Mädels mussten wir erst überreden«, sagt Lilly. Hakim ist Hip-Hop-Fan: »Das ist ein tolles Angebot. Zu Hause tanze ich auch vor dem Spiegel.« Getanzt wird 90 Minuten, Rumba, Foxtrott, Salsa. Das erfordere Konzentration und Kondition, meint Frida. Die Idee zum Tanzunterricht hatte die Psychologielehrerin. In Bayern sei Tanzen Teil des Musikunterrichts. »Da haben sich schon etliche vom Kampftrinker zum Sozialwesen entwickelt«, sagt sie. Für die Jungen etwa sei es eine gute Erfahrung zu führen – in einem Alter, »in dem sie sich sonst ausgeliefert fühlen«. Der Tanzlehrer ist positiv überrascht von der Atmosphäre im Unterricht. Die Schüler seien sehr diszipliniert. Die Musik aus den Charts zu Disco-Fox und Rumba würden sie kennen. Zur Belohnung studiere er Hip-Hop mit ihnen ein.

b Sucht im Text alle Stellen, die Äußerungen der Gesprächspartner wiedergeben. Legt dar, woran ihr dies jeweils erkannt habt.

c Bestimmt, um welche Modusformen es sich bei den Verben im Text der Aufgabe a handelt. Orientiert euch am folgenden Merkkasten.

!

Verben bilden **Modusformen** (Formen der Aussageweise):

- Verbformen im **Indikativ** (Wirklichkeitsform) verwendet man, um Tatsachen oder direkte (wörtliche) Rede wiederzugeben, z. B.: *Nils liebt Baseball. »Tanzen gefällt mir aber auch«, sagt er.*
- Verbformen im **Konjunktiv I** (Möglichkeitsform) werden zur Wiedergabe von indirekter (nicht wörtlicher) Rede genutzt, z. B.: *Sein Bruder sagt, Nils liebe Baseball, Tanzen gefalle ihm aber auch.*
- Verbformen im **Konjunktiv II** (Möglichkeitsform) drücken irreale (unwirkliche) Wünsche, Bedingungen und Vergleiche aus, z. B.: *Ich wünschte, Tanzen wäre ein Schulfach. Wenn das so wäre, gäbe es weniger Bewegungsmuffel. Mancher tanzte wie ein Kreisel.*
- Verbformen im **Imperativ** (Befehlsform) verwendet man für Aufforderungen, z. B.: *Konzentriert euch jetzt! Fang schon mal an.*

2 Wiederhole mithilfe der Tabelle, wie man Konjunktivformen bildet. In welchen Personalformen starker und schwacher Verben sind die Formen des Konjunktivs I und II gut bzw. nicht erkennbar?

Indikativ	**Konjunktiv I**	**Indikativ**	**Konjunktiv I**
Präsens			
ich spiele du spielst er spielt wir spielen ihr spielt sie spielen	ich spiele du spielest er spiele wir spielen ihr spielet sie spielen	ich fahre du fährst er fährt wir fahren ihr fahrt sie fahren	ich fahre du fahrest er fahre wir fahren ihr fahret sie fahren
Perfekt			
sie hat gespielt	sie habe gespielt	sie ist gefahren	sie sei gefahren
Indikativ	**Konjunktiv II**	**Indikativ**	**Konjunktiv II**
Präteritum			
ich spielte sie spielten	ich spielte sie spielten	ich fuhr sie fuhren	ich führe sie führen
Plusquamperfekt			
er hatte gespielt	er hätte gespielt	er war gefahren	er wäre gefahren

3 Bilde zu folgenden Indikativformen den Konjunktiv und ergänze den Imperativ (Singular, Plural, Höflichkeitsform).

1 er ruft an – er rief an – er hat angerufen **2** sie liest vor – sie las vor – sie hatte vorgelesen **3** sie grüßt ihn – sie grüßte ihn – sie hat ihn gegrüßt

1. er rufe an – er riefe an – er habe angerufen; ruf an – …

!

Die **Modusformen der Verben** sind für die Kennzeichnung von Redewiedergabe besonders bedeutsam. Äußerungen von Personen müssen bei der Wiedergabe als solche erkennbar sein:

- **direkte (wörtliche) Rede** als Zitat mit Verbformen im **Indikativ**, z. B.: *»Ich bin Techno-Freak und gehe oft zu Konzerten«, sagte Nils.*
- **indirekte (nicht wörtliche) Rede** mit Verbformen im **Konjunktiv I**, z. B.: *Nils sagte, dass er Techno-Freak sei/ist und oft zu Konzerten gehe/geht.*
  Bei Formengleichheit von Indikativ und Konjunktiv I werden Verbformen im **Konjunktiv II** oder die ***würde*-Ersatzform** (v. a. im Mündlichen und bei ungebräuchlichen Formen des Konjunktivs II) verwendet, z. B.:
  Nils sagte, sie gehen zu Konzerten. (Indikativ = Konjunktiv I)
  Nils sagte, sie gingen zu Konzerten / wären … gegangen. (Konjunktiv II)
  Nils sagte, sie würden zu Konzerten gehen. (Ersatzform mit *würde*)

→ S. 202 Zitieren

4

a Ordne die folgenden Beispiele der Redewiedergabe den Varianten im Merkkasten zu und begründe deine Zuordnung.

1. Frau Professor Laube erklärte, dass das Tanzen bei unseren Vorfahren Ritualcharakter gehabt habe.
2. Die Tänzer hätten ein Ziel verfolgt.
3. »Mit ihren Tänzen wollten unsere Vorfahren Götter und Geister milde stimmen und sie um Regen, Kriegsglück oder reichliche Jagdbeute bitten«, erläuterte Prof. Laube.
4. Neuseeländische Rugby-Mannschaften würden noch heute diese uralten Traditionen fortführen.
5. Vor jedem Spiel zeige man einen Kriegstanz der Maori, um den Gegner mit bösen Blicken einzuschüchtern.

b Formuliere die Sätze aus indirekter Rede in direkte Rede (Zitate) um.

1. Frau Professor Laube erklärte: »Das Tanzen …

c Tauscht euch darüber aus, wie man Satz 3 in indirekter Rede wiedergeben könnte.

→ S. 202 Zitieren

5

a Formuliere die Antworten von Herrn T. in folgendem Interview in indirekte Rede um.

Redaktion Sie haben recherchiert, dass das Swingtanzen in Nazi-Deutschland verboten war.

Herr T. Ja, das stimmt. Ab 1935 durfte im deutschen Radio keine Swingmusik mehr gespielt werden. Und nach dem Ausbruch des Zweiten Weltkriegs 1939 hingen in den Tanzlokalen Schilder mit der Aufschrift »Swing tanzen verboten«.

Redaktion Wo hat man damals Swing getanzt?

Herr T. In den Großstädten wie Hamburg, Dresden, Frankfurt am Main.

Redaktion Sind die Swing-Kids Widerstandskämpfer gewesen?

Herr T. Ich denke, das waren eher unpolitische junge Leute, die einfach ihre Lebenslust ausleben wollten und ihre Individualität.

Redaktion Was hat die Jugendlichen denn am Swing so begeistert?

Herr T. Das war eindeutig die flotte amerikanisch-britische Musik. Aber auch die lässige Kleidung hat ihnen gefallen und der freie Lebensstil.

Redaktion Gab es damals schon so etwas wie einen Dresscode?

Herr T. Aber ja. Für die Mädchen hieß das kurze enge Kleider und offenes Haar statt Trachtenröcken und Zöpfen. Und sie waren geschminkt. Die Jungs trugen anstelle sauber gezogener Seitenscheitel und Braunhemden Mode im britischen Stil und lange Haare, die sie mit Zuckerwasser nach hinten kämmten.

Redaktion Das entsprach ja nicht dem Einheitsdrill der Hitlerjugend.

Herr T. Die Swing-Kids wollten sich auch genau davon abgrenzen.

b Verfasse für eure Schülerzeitung einen Artikel über die Swing-Kids. Zitiere dabei sowohl direkt als auch indirekt aus dem Interview.

6 Standardsprache oder Umgangssprache?

→ S. 212 Sprachvarianten

a Formuliert mithilfe der folgenden Tabelle Regeln für den Gebrauch von Zeit- und Modusformen.

Standardsprache	Umgangssprache
1 Er sagte, dass er gern tanze.	Er hat gesagt, dass er gern tanzt (tanzen würde).
2 Er fragte, ob wir ausgingen.	Er hat gefragt, ob wir ausgehen (ausgehen würden).
3 Er sagte, dass sie im Urlaub gewesen seien.	Er hat gesagt, dass sie im Urlaub waren (gewesen sind, gewesen wären).

b Ordnet die folgenden Beispiele richtig der Standard- oder Umgangssprache zu und begründet eure Entscheidung.

1. Maike hat uns gesagt, dass sie in den Ferien keine Zeit hat.
2. Maike sagte uns, sie habe (hätte) in den Ferien keine Zeit.
3. Daniel hat gesagt, dass er euch anruft.
4. Daniel hat gesagt, dass er euch anrufen würde.
5. Daniel hat gesagt, er rufe euch an.

7 Formuliere Toms Worte in indirekte Rede um. Verwende jeweils Standardsprache (A) und Umgangssprache (B).

1. »Meine Freunde lästerten anfangs über mich.«
2. »So nach dem Motto: Tanzen ist doch nichts für Männer.«
3. »Dann begleitete mich mein Freund Vitja zur Tanzprobe.«
4. »Diese Stunde hat ihn echt sprachlos gemacht.«
5. »Jetzt musste ich ihm sogar ein Tanzvideo ausleihen.«

1 A Tom sagte, seine Freunde hätten anfangs über ihn gelästert.

1 B Tom sagte, dass …

8

a Entscheide, ob die Person, die die fremde Rede wiedergibt, überzeugt davon ist, dass die wiedergegebenen Informationen der Wahrheit entsprechen.

1 Leon sagt, Nina hätte fleißig geübt.
2 Frida und Hakim treten möglicherweise beim Abschlussfest auf.
3 Mascha will auch davon gehört haben.
4 Dana soll zwei Paar Tanzschuhe verloren haben.
5 Danas Mutter bezweifelt, dass ihre Tochter sie wiederfindet.

b Finde für jeden Satz heraus, welche sprachlichen Mittel diesen Eindruck bei dir hervorgerufen haben.

→ S. 202 Zitieren

!

Eine **Bewertung** der wiedergegebenen Äußerung, ob als Distanzierung oder als Zustimmung, lässt sich ausdrücken durch:
- **Konjunktiv II**, z. B.:
  Sie sagte, sie hätte nichts davon gewusst.
- **redeeinleitende Verben**, z. B.:
  Sie bestätigte (versicherte, behauptete), nichts davon gewusst zu haben.
- **Adverbien**, **Adverbialbestimmungen**, z. B.:
  Ihrer Aussage nach hat sie offenbar (angeblich, vermutlich, zweifellos, mit großer Wahrscheinlichkeit) nichts davon gewusst.
- **Modalverben *wollen*, *sollen***, z. B.:
  Sie will davon nichts gewusst haben.
  Sie soll informiert worden sein.

9 Erprobt die Wirkung der verschiedenen Varianten und tauscht euch darüber aus.

1 Die Jugendlichen sagen / behaupten / versichern, dass sie noch nie ein Tanztheaterstück von Pina Bausch gesehen haben.
2 Die jungen Tänzer haben angeblich / offensichtlich / vermutlich noch keine Bühnenerfahrung gehabt.
3 Sie sollen / müssen / wollen sich aus Neugier auf die Tanztheater-Anzeige gemeldet haben. / Sie haben sich aus Neugier auf die Tanztheater-Anzeige gemeldet.
4 Bei den Proben habe / hätte es keine Konflikte gegeben.

10 Die Choreografin Pina Bausch hat ihr Tanztheaterstück »Kontakthof« mit Jugendlichen aus verschiedenen Wuppertaler Schulen inszeniert.

a Lies, welche Antworten eine Reporterin bekommen hat.

Pina Bausch Den »Kontakthof« haben wir dreimal inszeniert: zuerst mit meinen Profi-Tänzern, dann mit Laien im Rentenalter und jetzt mit den Jugendlichen.

Jenny Keiner von uns hat Pina Bausch gekannt. Wir wussten nur, dass sie hier ein Tanztheater hat.

Paulas Bruder Paula hat nur mitgemacht, weil auch ihre Freundinnen dabei waren. Eigentlich findet sie Tanzen blöd.

Paulas Mutter Am schwersten ist es meiner Tochter gefallen, sich von Fremden anfassen zu lassen.

Paula Eigentlich bewege ich mich sehr gern zu Musik, wenn ich allein bin.

Rashid Durch Pina habe ich Selbstvertrauen gewonnen. Sie hat erkannt, dass ich ein Gespür für Musik habe.

Rashids Freund Wir waren alle überzeugt, dass Rashid in diesem Tanzprojekt nur ein Mädchen finden wollte.

Ballettmeister Sicherlich hat es Vorurteile zwischen Gymnasiasten und Hauptschülern, Dicken und Dünnen gegeben.

● **b** Stellt redeeinleitende Verben zusammen.

bestätigen, versichern, erklären, ...

c Gib die Aussagen der Befragten aus Aufgabe a wieder. Entscheide, welche du neutral und welche du wertend wiedergeben willst.

d Überlege, ob du Standardsprache oder Umgangssprache verwendet hast.

●●● **11** Untersucht, ob und, wenn ja, in welcher Weise die wiedergegebenen Expertenäußerungen bewertet werden.

1 Tanzen halte fit und mache die Tänzer glücklich, sagt der Hirnforscher Steven Brown. **2** Dieser Aussage widerspricht Frau Wolff, Tanzlehrerin. Das würde nur auf diejenigen zutreffen, die gerne tanzen. **3** Unsere Lieblingsmusik setze Botenstoffe frei, die uns in Hochstimmung versetzten.

4 Man bekomme Gänsehaut, die Herzfrequenz steige, und dieses Glücksgefühl würde sich bei den Tanz-Freaks durch Tanzbewegungen noch verstärken. **5** Stefan Koelsch, Musikexperte an der Universität Sussex, fand heraus, dass sich die neuronalen[1] Vorgänge bei Profis und Hobbytänzern deutlich unterscheiden, vor allem was Rhythmus und Raumgefühl angehe. **6** Diese Unterschiede seien mit jahrelanger Übung allein nicht erklärbar, meint Emily Cross, Psychologin am Max-Planck-Institut in Leipzig. **7** Forscher sollen sich auf die Suche nach einem »Tanz-Gen« begeben haben.

[1] die Nervenzellen betreffend

TIPP
Lies noch einmal den Merkkasten auf S. 166.

12 Was wäre, wenn? Formuliere die folgenden Aussagen in Satzgefüge um, die irreale (unwirkliche) Bedingungen ausdrücken. Bilde Nebensätze mit *wenn* und Konjunktiv II.

1 Andy mag Tennis nicht. Deshalb kam er nicht zu eurem Turnier.
2 Leon hat den Bus verpasst. Deshalb ist er zu spät gekommen.
3 Oles Vater benutzt kein GPS. Er hat sich total verfahren.
4 Susi hatte ihr Handy vergessen. Sie hat die SMS nicht bekommen.

1. Wenn Andy Tennis mögen würde, wäre …

13 Erkläre, wodurch in den folgenden Sätzen die Wirkung eines irrealen (unwirklichen) Vergleichs entsteht.

1 Mir ist, als hätte ich meinen Ausweis eingesteckt, aber er ist nicht da.
2 Unser Lehrer brüllt uns an, als ob wir schwerhörig wären.
3 Wir grüßten, aber unser Nachbar tat so, als wären wir Fremde.
4 Arno sitzt kerzengerade, als ob er ein Messer verschluckt hätte.

14

a Formuliere die folgenden Vergleiche in Sätze mit *als ob* und Konjunktiv II um.

1 Sonja benimmt sich wie eine Verrückte.
2 Seine Mutter spricht mit ihm wie mit einem Kleinkind.
3 Mascha treibt ihren Bruder wie einen Dienstboten an.
4 Der Trainer hat Knut wie einen Kranken behandelt.

Sonja benimmt sich, als ob …

b Formuliere die Sätze in Wunschsätze mit Konjunktiv II um.

Ich wünschte, Sonja …

Aktiv und Passiv

→ S. 265 Merkwissen (Verb)

1 Wiederhole, was du über Aktiv- und Passivformen weißt. Begründe, um welche Formen es sich in den folgenden Sätzen handelt.

1 Die Band »Staff Benda Bilili« wurde im Jahr 2004 gegründet.
2 Die Straßenmusiker aus Kinshasa spielen auf Blechkanistern und Gitarren.
3 Die erste Platte der Band aus dem Kongo ist veröffentlicht.

! Von den meisten Verben kann man Aktiv- und Passivformen bilden. **Aktivformen** rücken die Handelnden in den Mittelpunkt, **Passivformen** die Handlungen, weil die Akteure unwichtig oder unbekannt sind.
Beim Passiv unterscheidet man zwei Formen:
- das **Vorgangspassiv**, das den Ablauf der Handlung betont,
- das **Zustandspassiv**, das den neuen Zustand als Ergebnis einer vorhergegangenen Handlung benennt.

Vorgangspassiv	**Zustandspassiv**
Die Mikros wurden ausgestellt.	*Die Mikros sind ausgestellt.*
werden **+ Partizip II**	***sein*** **+ Partizip II**

2 Suche die Passivformen heraus und entscheide, ob es sich jeweils um eine Form des Vorgangspassivs oder des Zustandspassivs handelt.

1 Auf den Straßen von Kinshasa machen sechs Männer auf Motorrädern Musik: eine Mischung aus Funk, Reggae, Rumba und kongolesischem Folksong.
2 Ihnen werden von Passanten Songtitel zugerufen, die sie dann auf Blechkanistern, Gitarren und der einsaitigen Elektro-Laute spielen.
3 Die jungen Männer haben sich zur wohl eigenwilligsten Band des Kongo zusammengefunden.

4 Ihre Motorräder sind zu Dreirädern umgebaut, denn nur mit ihrer Hilfe oder auf den Händen können sich die Musiker fortbewegen, weil sie alle Polio (Kinderlähmung) hatten.
5 In der Millionenstadt Kinshasa, wo auch die medizinische Versorgung kaum noch funktioniert, wird den Musikern nichts geschenkt.
6 Vom Weltmusik-Label »Crammed Discs« ist die Band »Staff Benda Bilili« jetzt unter Vertrag genommen worden.
7 Ihre erste Platte ist in Europa schon veröffentlicht.

3 Ergänze die passenden Formen des Zustandspassivs.

geklärt sein – beeinflusst sein – geöffnet sein – eingeladen sein – abgeschlossen sein – angestellt sein

1 Der Fall ___ ___.
2 Er ___ bei einer Plattenfirma ___.
3 Der Zuschauersaal ___ noch nicht ___.
4 Die Reisevorbereitungen ___ ___.
5 Ihre Musik ___ von Reggae, Rumba und Funk ___.
6 Die Musiker ___ zu einer Tournee durch Deutschland ___.

1. Der Fall ist geklärt. 2. …

4 Ist alles schon erledigt? Formuliere die Antworten im Zustandspassiv. Ergänze die folgenden Wörter und Wortgruppen.

(doch) schon – (doch) bereits – noch nicht

1 Ist der Computer schon angeschaltet worden? – Nein, er ___.
2 Hat jemand den Drucker angeschlossen? – Ja, er ___.
3 Du kannst jetzt eine CD einlegen. – Die CD ___.
4 Stell bitte den Internet-Zugang her. – Der Internet-Zugang ___.
5 Hast du die Mails schon verschickt? – Ja, die Mails ___.
6 Ist das neue Grafikprogramm schon installiert worden? – Nein, es ___.

5

a Entscheide, ob es sich bei den Passivformen um Zustandspassiv oder Vorgangspassiv handelt.

1 Der Bühnenaufbau ist abgeschlossen.
2 Die Scheinwerfer sind eingestellt worden.
3 Die Verstärkeranlage war schon aufgebaut worden.
4 Die Licht- und Tonproben wurden verschoben.
5 Der Strom war zeitweilig abgestellt.
6 Das Konzert ist abgesagt.

b In folgenden Sätzen sollen die Vorgänge betont werden. Ergänze die Verben im Vorgangspassiv.

aufbauen – liefern – einstellen – verschieben – herstellen – absagen – informieren

1 Das Bühnenbild ___ gerade ___.
2 Die Verstärkeranlage ___ schon gestern ___.
3 Die Scheinwerfer ___ morgen ___.
4 Auch die Tonprobe ___.
5 Zuerst muss aber die Stromversorgung wieder ___.
6 Wenn das Konzert doch ___, müssen die Zuschauer ___.

6 Stelle dir vor, an eurer Schule soll ein Poetry-Slam stattfinden und du bist für die Raumgestaltung verantwortlich. Berichte schriftlich, was bereits erledigt wurde und was noch zu tun ist. Formuliere kurz und knapp mithilfe von Vorgangs- und Zustandspassiv.

Grammatische Proben nutzen

! **Grammatische Proben** sind **Verfahren** zur Bestimmung von Wortarten und Satzgliedern sowie zur Ermittlung von Teilsätzen. Sie sind auch **Entscheidungshilfen** für die Rechtschreibung und Kommasetzung.

1 Nutze für die Lösung der folgenden Aufgaben geeignete Proben.

a Bestimme den Fall der unterstrichenen Wörter.

Speed-Badminton spielt man draußen ohne Netz und auch bei Wind.

b Ermittle alle Attribute und nenne ihre jeweiligen Bezugsnomen.

Speed-Badminton verbindet Elemente der etablierten Sportarten Badminton, Tennis und Squash zu einer völlig neuen Sportart, die mittlerweile rund um den Globus gespielt wird.

c Entscheide, welche Schreibung die richtige ist, und begründe.

1 Speed-Badminton ist ein dem Badminton ähnliches Spiel, das/dass man auch draußen ohne Netz und auch bei Wind spielen kann.
2 Die Fans fasziniert an dem schnellen Sport, das/dass man ihn auf jedem Untergrund spielen kann, auf Rasen, Tennisplätzen, Straßen, Sandflächen und in der Halle.

d Bestimme die unterstrichenen Satzglieder und ihren Fall.

Erfunden hat die Bälle und die Grundzüge der Spielidee im Jahre 2001 der Berliner Bill Brandes.

●●● **e** Schreibe den folgenden Satz in dein Heft. Unterstreiche alle Attribute, markiere deren Bezugswörter mit einem Pfeil und ergänze die beiden fehlenden Kommas.

Achtung, Fehler!

Windresistente Kunststofffederbälle die kleiner und schwerer als herkömmliche Federbälle sind und Speeder genannt werden sowie entsprechende Schläger ermöglichen Spiele bis Windstärke 4.

Probe	Beispiel
Artikelprobe • zur Ermittlung der Groß- und Kleinschreibung	*■pielen – das Spielen* *Mit ■anzen verdient Kim Geld. – mit dem Tanzen*
Ersatzprobe • zur Fallbestimmung • zur Ermittlung der Schreibung (Wortartenbestimmung)	*Speed-Badminton spielt man ohne Netz. – ohne einen Balken* (Akkusativ) *Das (dieses) Spiel, das (welches) gestern stattfand, war kurz.* (Artikel, Relativpronomen) *Ich bin froh, dass (–) das (dieses) Spiel kurz war.* (Konjunktion, Artikel)
Erweiterungsprobe • zur Ermittlung der Groß- und Kleinschreibung (Nominalgruppen)	*Peter liebt ■aufen. – Peter liebt schnelles Laufen.*
Frageprobe • zur Bestimmung von Satzgliedern (Satzgliedteilen) • zur Fallbestimmung	*Er entwickelte für Speed-Badminton windresistente Bälle.* Wen/Was entwickelte er? (Objekt, Akkusativ)
Umformungs-/Auflösungsprobe • zur Ermittlung der Bedeutung von mehrfach zusammengesetzten Wörtern und Sätzen	*Weltranglistenzweiter → Zweiter der Weltrangliste* *Der Sieger, der, nachdem er seine Verletzung überwunden hatte, erstmals wieder gewann, wurde bejubelt.* *→ Der Sieger wurde bejubelt. Seine Verletzung …*
Umstellprobe • zur Ermittlung der Satzglieder	*Die erste WM | wurde 2011 | in Berlin | ausgetragen.* *2011 | wurde | in Berlin | die erste WM | ausgetragen.*
Verlängerungsprobe • zur Ermittlung der Schreibung einsilbiger Wörter	*Bal■ – Bälle → Ball* *Gol■ – golden → Gold*
Verwandtschaftsprobe • zur Ermittlung der Schreibung des Wortstamms	*aufw■ndig – Aufwand → aufwändig*
Weglassprobe • zur Ermittlung der grammatisch notwendigen Satzglieder	*Speed-Badminton ist eine (relativ junge) Sportart (, die erst vor Kurzem entstand).*
Zerlegeprobe • zur Ermittlung der Schreibung (Silben, Wortbausteine)	*Ten-nis, Spiel-feld, viel-leicht, Sauerstoff-flasche*

Die Wortarten im Überblick

!

lateinische Bezeichnung	**deutsche Bezeichnung**	**Art der Veränderung**	**Beispiele**
Veränderbare (flektierbare) Wortarten			
Nomen/Substantiv	Hauptwort, Dingwort	deklinierbar	*Hund, Hütte, Kind*
Artikel	Geschlechtswort	deklinierbar	*der, die, das; ein, eine, ein*
Pronomen	Fürwort	deklinierbar	
• Personalpronomen	• persönliches Fürwort		*ich, du, er/sie/es; wir, ihr, sie*
• Possessivpronomen	• besitzanzeigendes Fürwort		*mein, dein, sein/ihr; unser, euer, ihr*
• Relativpronomen	• bezügliches Fürwort		*der, die, das; welche*
• Demonstrativpronomen	• hinweisendes Fürwort		*dieser, jener*
• Interrogativpronomen	• Fragefürwort		*Wer? Was? Was für ein? Welcher?*
• Indefinitpronomen	• unbestimmtes Fürwort		*jeder, man, etwas*
• Reflexivpronomen	• rückbezügliches Fürwort		*sich, mich, uns*
Adjektiv	Eigenschaftswort	deklinierbar/ komparierbar	*klug, freundlich, liebevoll, viel*
Verb	Tätigkeitswort, Zeitwort	konjugierbar	
• Vollverb			*sprechen, lachen*
• Hilfsverb			*haben, sein*
• Modalverb			*dürfen, können, wollen*
Unveränderbare (nicht flektierbare) Wortarten			
Präposition	Verhältniswort		*an, auf, ohne, für*
Adverb	Umstandswort		*gern, dort, immer*
Konjunktion	Bindewort		*und, oder, weil*
Interjektion	Empfindungs- oder Ausrufewort		*ah, ach, oh weh*

Satzbau und Zeichensetzung

Der einfache Satz

Die Satzglieder

1 Erarbeitet euch eine Übersicht über die Satzglieder in Form einer Tabelle. Nutzt das folgende Muster.

Satzglied	Frage	Beispiele
Subjekt …	Wer? Was? …	… …

2 Bestimme, was für Satzglieder bzw. Satzgliedteile die unterstrichenen sprachlichen Einheiten sind. Überlege dazu, auf welche Fragen sie antworten. Nutze deine Tabelle aus Aufgabe 1.

1 Der Journalist Christian Nürnberger hat ein Buch über mutige Menschen geschrieben.
2 Sie haben sich für Frieden, Freiheit und Menschenrechte eingesetzt.
3 Im Vorwort seines Buches schreibt er interessante Gedanken zu dem Begriff *Mut* auf: Von Natur aus sind die meisten Menschen feige.
4 Wer Mut beweist, riskiert etwas, gefährdet sich, setzt seine Karriere aufs Spiel, seine Gesundheit, seine Freiheit, sein Leben.
5 Manchmal fällt ein kleines Samenkörnchen Mut in den Boden, geht ausnahmsweise auf und verändert die Welt.
6 Am Anfang jeder Weltveränderung steht meist ein Mutiger oder der Mut einer kleinen Gruppe.
7 Alle im Buch Porträtierten haben die Wandlung vom normal natürlichen Feigling zum mutigen Menschen durchgemacht.
8 Christian Nürnberger erzählt die Geschichten nicht, um Heldenverehrung zu betreiben, sondern um zu zeigen, wie Menschen ihre Angst überwanden.
9 Der Mut, um den es hier geht, ist etwas anderes als Abenteuerlust.
10 Es geht um Menschen, die sich für andere eingesetzt und dabei ihre Angst überwunden haben.

3 Bestimme mithilfe der in Aufgabe 1 erarbeiteten Übersicht weitere Satzglieder bzw. Satzgliedteile der Sätze von Aufgabe 2 (S. 179).

4

→ S. 176 Grammatische Proben nutzen

a Ermittle in den folgenden Sätzen mithilfe der Umstellprobe die Satzglieder bzw. Satzgliedteile.

1. Das Buch »Mutige Menschen« erzählt von Menschen aus verschiedenen Ländern.
2. Die erste Geschichte berichtet von einer afrikanischen Frau.
3. Ayaan Hirsi Ali wurde 1969 in Somalia geboren.
4. Sie wuchs in einer muslimischen Familie auf.
5. Ayaan wurde zur Unterordnung unter die Familie und besonders unter die Männer erzogen.
6. Ihr Vater wurde 1972 wegen seines Widerstands gegen die Regierung inhaftiert.
7. 1979 musste sie ihre Heimat verlassen.
8. Einige Jahre lebte sie in Äthiopien und Kenia.
9. Später floh sie in die Niederlande.
10. Dort studierte sie von 1995 bis 2000 Politikwissenschaften.

b Untersuche, in welchen Sätzen das Subjekt und in welchen ein anderes Satzglied am Anfang steht.

c Setze in allen Sätzen das Subjekt an die erste Stelle. Welche Wirkung entsteht dadurch?

d Wie verändert sich die Wirkung des Satzes, wenn du ein anderes Satzglied an die erste Stelle setzt?

e Bestimme alle Satzglieder mithilfe deiner Tabelle aus Aufgabe 1.

Kommasetzung im einfachen Satz

→ S.191 Die Kommasetzung im Überblick

Achtung, Fehler!

1

a Wiederholt die Regeln der Kommasetzung im einfachen Satz. Schreibt die folgenden Sätze ab (evtl. mit dem PC) und setzt die fehlenden Kommas.

1 Nur wenige Menschen nehmen für den Kampf um die Freiheit Nachteile bei der Karriere der Versorgung mit Gütern und dem Zugang zur Bildung in Kauf.
2 Nelson Mandela kämpfte unter Einsatz seines Lebens gefährdete seine Gesundheit und widersprach gefürchteten Autoritäten.
3 Nelson Mandela aus dem Volk der Xhosa stammend setzte sein Leben dafür ein anderen Menschen die Freiheit zu bringen.
4 In Südafrika dem Land der Apartheid[1] wurde er geboren studierte Jura und arbeitete aktiv im ANC der südafrikanischen Befreiungsbewegung.
5 Der junge Mandela zunächst Rolihlahla[2] genannt hatte sechs Geschwister: drei Schwestern und drei Brüder.
6 Rolihlahla hatte eine überaus glückliche naturverbundene Kindheit in relativem Wohlstand.
7 Im Alter von neun Jahren verlor er seinen Vater den Königsberater Gadla Henry Mandela.
8 Seine Mutter gab ihn ins Haus des Regenten um ihn dort mit dessen Sohn Justice erziehen zu lassen.
9 Mandela stammte aus dem Königshaus der Thembu und riskierte um der Freiheit willen den Bruch mit der Tradition mit seiner Familie.

[1] Rassentrennung

[2] *ugs.*: Unruhestifter

→ S.191 Die Kommasetzung im Überblick

b Unterstreiche Aufzählungen mit einer einfachen Linie, nachgestellte Erläuterungen mit einer doppelten Linie und Infinitiv- und Partizipgruppen mit einer Wellenlinie.

c Bestimme mithilfe der Umstellprobe die Satzglieder.

→ S. 191 Die Kommasetzung im Überblick

Achtung, Fehler!

2 Im folgenden Text ist eine Reihe von Infinitivgruppen enthalten. Schreibe die Sätze mit Infinitivgruppen ab, unterstreiche diese und setze die notwendigen Kommas.

1 1910 wurde der Staat Südafrika gegründet. **2** Aber schon drei Jahre später wurde das Apartheid-Gesetz verabschiedet um die Rassentrennung zu zementieren: Schwarze hatten kein Wahlrecht, Mischehen waren verboten und das Land wurde in schwarze und weiße Wohngebiete aufgeteilt. **3** Aber mit dem Beginn der Entkolonialisierung wurde es fragwürdig solche Gesetze aufrechtzuerhalten. **4** Die weißen Herren begannen nun ihren Machtanspruch zu festigen. **5** Es war für Farbige verboten durch eine »Nur-für-Weiße-Tür« zu gehen. **6** Es war ein Verbrechen in einem »Nur-für-Weiße-Bus« zu fahren oder keinen Pass bei sich zu haben. **7** Mithilfe der Passgesetze versuchte der Staat die Schwarzen von den Städten fernzuhalten. **8** Die Rassentrennung zielte darauf die Privilegien für die Weißen zu sichern. **9** Das System der Apartheid bedeutete 15 Millionen Schwarze durch 4 Millionen Weiße zu unterdrücken. **10** Es bedeutete die Schwarzen dauerhaft von Bildung und sozialem Aufstieg auszuschließen.

Achtung, Fehler!

3 Folgende Sätze enthalten Partizipgruppen. Schreibe sie ab, setze die fehlenden Kommas und unterstreiche die Partizipgruppen.

1 Kaum gegründet führte der Staat Südafrika das Apartheid-Gesetz ein. **2** Schwarze hatten kein Wahlrecht, Mischehen waren verboten und das Land wurde die Rassentrennung zementierend in schwarze und weiße Wohngebiete aufgeteilt. **3** Den Machtanspruch der weißen Herren festigend sollten Privilegien gesichert werden.

TIPP
Manchmal gibt es zwei Möglichkeiten. Probiere beide aus.

4 Füge die in Klammern angegebenen nachgestellten Erläuterungen sinnvoll in die Sätze ein. Achte auf die Kommasetzung.

1 Der 1910 gegründete Staat Südafrika verabschiedete schon drei Jahre später das Apartheid-Gesetz. (im Jahr 1913) **2** Man führte zahlreiche Privilegien für Weiße ein. (zum Beispiel »Nur-für-Weiße-Türen«)
3 Mit der Zeit wurden diese Gesetze immer fragwürdiger. (spätestens mit dem Beginn der Entkolonialisierung)

Der zusammengesetzte Satz

Die Satzreihe (Parataxe)

1 Hauptsätze können Satzreihen (Satzverbindungen) bilden.

→ S.191 Die Kommasetzung im Überblick

Achtung, Fehler!

a Überlege, wo in den folgenden Satzreihen (Satzverbindungen) ein Komma stehen muss bzw. kann. Notiere die entsprechenden Stellen.

1 Nelson Mandela bekämpfte das menschenverachtende System in Südafrika und deshalb musste er 27 Jahre im Gefängnis verbringen.
2 In dieser Zeit konnte er auf der Gefängnisinsel Robben Island nur von der Befreiung der Schwarzen träumen aber dann ging sein Traum in Erfüllung.
3 Schon während seiner Haft war er für die unterdrückten Menschen ein Held doch nach der Befreiung wurde er von der ganzen Welt gefeiert.
4 1961 wurde er Anführer des bewaffneten Kampfes und 1964 verurteilte man ihn wegen Sabotage und Planung des bewaffneten Aufstands zu lebenslanger Haft.
5 Mandela lehnte im Februar 1985 das Angebot einer Freilassung ab denn die war an die Bedingung geknüpft, auf den bewaffneten Kampf zu verzichten.

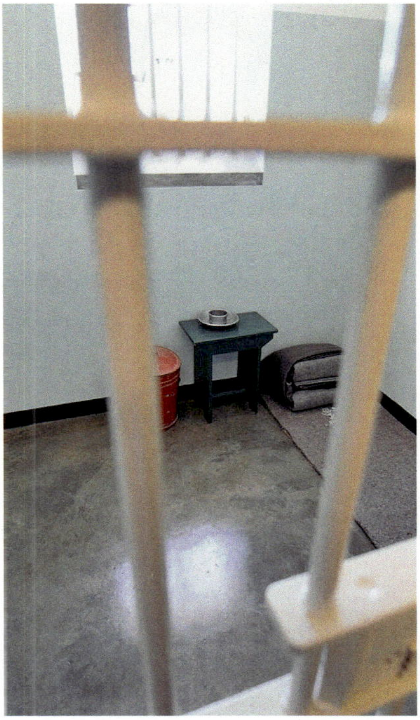

1. … in Südafrika(,) und deshalb musste er …
2. …

b Unterstreiche die Konjunktionen, durch welche die einzelnen Hauptsätze miteinander verbunden sind.

c Tausche die Konjunktionen aus. Erläutere, wie sich dadurch der Sinn des jeweiligen Satzes verändert.

2

a Verbinde die folgenden Hauptsätze mithilfe einer passenden Konjunktion zu einer Satzreihe (Satzverbindung).

1 Den größten Teil seiner Freiheitsstrafe verbrachte Nelson Mandela auf der Gefängnisinsel Robben Island. Einige Jahre war er auch im Gefängnis Pollsmoor und im Victor-Vester-Gefängnis in Paarl inhaftiert.

2 Die US-amerikanische Regierung unter Ronald Reagan setzte ihn 1988 auf eine Liste der unerwünschten Personen. Auch in Großbritannien wurde er als »Terrorist« bezeichnet.

3 Der ANC (Afrikanische Nationalkongress) verstärkte den Kampf um seine Freilassung. Durch den internationalen Druck wurde er 1990 freigekämpft.

4 Erst im Jahr 2008 strich man ihn in den USA von der Terroristenliste. Bereits 1993 hatte er gemeinsam mit dem Staatspräsidenten de Klerk den Friedensnobelpreis erhalten.

b Erläutere, in welchen Sätzen verschiedene Konjunktionen möglich sind. Wie verändert sich die Bedeutung des Satzes?

3 In einigen Satzpaaren in den Aufgaben 1a und 2a bezeichnen die Subjekte dieselbe Person, manchmal mit Nomen/Substantiv und Personalpronomen, manchmal mit demselben Personalpronomen.

TIPP
Beachte, dass dann kein Komma stehen darf.

a Überprüfe, welche Satzpaare das betrifft, und überlege, welche man in einfache Sätze mit einer Aufzählung umwandeln kann, indem man im zweiten Satz das Subjekt weglässt und entsprechend umformuliert. Schreibe diese Sätze auf.

Nelson Mandela bekämpfte … und deshalb musste er … (gleiches Subjekt)

Nelson Mandela bekämpfte das menschenverachtende System in Südafrika und musste deshalb 27 Jahre im Gefängnis verbringen.

b Untersuche, was für Sätze nun entstanden sind. Welche Wirkung haben die Veränderungen?

Das Satzgefüge (Hypotaxe)

1 Christian Nürnberger schreibt in seinem Buch »Mutige Menschen« auch über Bertha von Suttner.

a Schreibe die Sätze ab, unterstreiche die Nebensätze mit einer Wellenlinie und setze die notwendigen Kommas.

Achtung, Fehler!

1 Das Palais Kinsky in Prag in dem Bertha aufwuchs ist eines der schönsten Rokoko-Schlösser der böhmischen Hauptstadt.

2 Berthas Vorfahren gehörten zu den protestantischen Adligen die sich gegen den Kaiser auflehnten.

3 Indem sie die kaiserlichen Beamten aus dem Fenster der Prager Burg warfen zeigten sie ihre Unzufriedenheit.

4 Dieses Ereignis das als *Prager Fenstersturz* in die Geschichte einging lieferte den Anlass für den Dreißigjährigen Krieg.

5 Wie Bertha später selbst sagte verfügte sie durch ihre Komtessenerziehung[1] über alle Voraussetzungen dass sie »schön, dumm und keusch« werden würde.

6 Stattdessen wurde aus ihr eine Schriftstellerin und Friedensaktivistin die mit einem sieben Jahre jüngeren Mann in den Kaukasus durchbrannte die dort in ärmlichsten Verhältnissen lebte und die eigenhändig den Fußboden schrubbte.

7 Man möchte gern erfahren wodurch sich ihr Leben so veränderte.

[1] Komtess: *früher:* unverheiratete Tochter eines Grafen

1. Das Palais Kinsky in Prag, in dem Bertha aufwuchs, ist …

b Markiere in den Nebensätzen die Einleitewörter und unterstreiche die finiten Verbformen.

1. Das Palais Kinsky in Prag, in dem Bertha aufwuchs, ist …

c Lies den Merkkasten auf der folgenden Seite und überprüfe, welchen Abhängigkeitsgrad die Sätze in Aufgabe a haben.

1. Das Palais Kinsky in Prag, in dem Bertha aufwuchs, ist … (NS 1. Grades)

!

In den meisten Fällen ist der **Nebensatz vom Hauptsatz abhängig.** In diesem Fall spricht man von einer **Abhängigkeit 1. Grades**, z. B.:
Als junges Mädchen träumte Bertha davon, dass sie ein Leben in Reichtum und Sorglosigkeit führen würde. (NS 1. Grades)
Ist einem NS 1. Grades ein weiterer Nebensatz untergeordnet, so spricht man von einem **Nebensatz 2. Grades**, z. B.:
Bertha musste als Erzieherin in der Familie von Suttner arbeiten, weil ihre Mutter das Erbe ihres Vaters verspielt hatte (NS 1. Grades), *sodass Bertha mittellos dastand.* (NS 2. Grades)

HS, NS 1, NS 2.

Bertha musste als Erzieherin in der Familie von Suttner arbeiten, nachdem ihre Mutter das Erbe ihres Vaters, der bereits vor ihrer Geburt gestorben war (NS 2, 2. Grades), *verspielt hatte.* (NS 1, 1. Grades)

HS, NS 1/1, NS 2, NS 1/2.

In mehrfach zusammengesetzten Sätzen kann es auch **Nebensätze 3. oder 4. Grades** geben.

2

a Schreibe aus den folgenden Satzgefügen alle Nebensätze heraus. Markiere die Einleitewörter und unterstreiche die finiten Verbformen.

1. Manchmal besteht das Glück eines Menschen darin, dass ihm das Schicksal versagt bleibt, wonach er sich am heftigsten sehnt.
2. Manchmal braucht es ein paar Demütigungen, eine nicht ganz leichte Kindheit und ein notorisch überzogenes Bankkonto, damit aus einem Mädchen eine Persönlichkeit wird, die Geschichte macht, die den Nobelpreis bekommt und die unzähligen Schulen einen Namen gibt.
3. So eine Persönlichkeit, die jahrzehntelang nach einem ganz anderen Leben strebte, war die 1843 in Prag geborene Bertha von Suttner.
4. Das Leben, das ihr zunächst als junges Mädchen vorschwebte, war das des europäischen Hochadels.
5. Beinahe wäre Bertha da auch hineingeraten, weil sie mit ihrem berühmten Namen, der Bertha Sophia Felicita Gräfin Kinsky von Chinic und Tettau lautete, zu den vornehmsten Geschlechtern Böhmens gehörte.

1. …, dass ihm das Schicksal versagt bleibt, wonach er sich am heftigsten sehnt.

b Bestimme den Grad der Abhängigkeit der Nebensätze und zeichne die Satzbilder.

1. HS ___________,
NS 1 (1. Grades),
NS 2 (2. Grades).

!

Der **Nebensatz** erfüllt für den Satz, von dem er abhängig ist, die **Funktion eines Satzglieds oder Satzgliedteils** (Attribut). Man nennt ihn deshalb **Gliedsatz** oder **Gliedteilsatz** (Attributsatz).

Subjektsatz	*Wer sich für das Leben anderer einsetzt, ist kein Feigling.* *(Wer ist kein Feigling?)* *Dass Nelson Mandela endlich freigelassen wurde, freute besonders die Schwarzen.* *(Was freute besonders die Schwarzen?)*
Objektsatz	*Ayaan Hirsi Ali wurde dafür angegriffen, dass sie sich islamkritisch äußerte.* *(Wofür wurde sie angegriffen?)* *Sie wusste nicht, ob ihr Leben noch sicher ist.* *(Was wusste sie nicht?)*
Adverbialsatz	*Bertha von Suttner veröffentlichte 1889 den Roman »Die Waffen nieder!«, weil sie selbst die Schrecken des Krieges erlebt hatte.* *(Warum veröffentlichte sie den Roman?)* *Als sie 46 Jahre alt war, veröffentlichte sie den Roman »Die Waffen nieder!«.* *(Wann veröffentlichte sie den Roman?)*
Attributsatz	*Der Roman »Die Waffen nieder!«, der großes Aufsehen erregte, machte Bertha von Suttner zu einer der prominentesten Vertreterinnen der Friedensbewegung.* *(Was für ein Roman?)* *Dieses Buch gegen den Krieg, das in 12 Sprachen übersetzt wurde, war ihr größter Erfolg.* *(Was für ein Buch?)* *Das Buch schildert das Leben der Gräfin Martha Althaus, die vier Kriege miterlebte.* *(Was für eine Gräfin?)*

3

a Untersuche, welche inhaltliche Funktion die unterstrichenen Nebensätze in folgenden Sätzen haben. Nutze den Merkkasten auf S. 187.

1 Der Vater von Bertha von Suttner, der schon vor ihrer Geburt gestorben war, musste sich als dritter Sohn einer adligen Familie auf einen militärischen Beruf beschränken.
2 Ihre Mutter, die das Erbe des Vaters bald in Kasinos verspielt hatte, stammte aus der Familie von Körner.
3 Bertha, die sehr wissbegierig war, erhielt eine sehr gute Bildung.
4 1873 muss sie eine Stellung als Erzieherin der vier Töchter des Freiherrn von Suttner, der in Wien lebt, annehmen.
5 Dort verliebt sie sich in den Sohn Arthur, der sieben Jahre jünger als sie ist.
6 Gemeinsam mit ihm, den sie 1875 heimlich geheiratet hat, flieht sie zu einer befreundeten Fürstin in den Kaukasus.
7 Arthur, den seine Eltern wegen der Heirat mit Bertha enterbt haben, kann ihr kein sorgloses Leben bieten.
8 Neun Jahre, welche die beiden in schwierigen finanziellen Verhältnissen verbringen, halten sie sich mit dem Schreiben von Unterhaltungsromanen sowie durch Übersetzungen über Wasser.

b Die Sätze enthalten außer den Nebensätzen auch weitere Attribute. Schreibe fünf davon zusammen mit ihrem Beziehungswort heraus. Unterstreiche die Attribute.

!

Einteilung der Nebensätze nach

der Funktion, d. h. dem Satzgliedwert	**der Stellung zum übergeordneten (Teil-)Satz (HS, NS)**	**der Art des Einleitewortes**	**dem Grad der Abhängigkeit vom übergeordneten (Teil-)Satz (HS, NS)**
• Gliedsatz – Subjektsatz – Objektsatz – Adverbialsatz • Gliedteilsatz (Attributsatz)	• Vordersatz NS, HS. • Zwischensatz HS, NS, HS. • Nachsatz HS, NS.	• Konjunktionalsatz (z. B.: *da, weil, als*) • Relativsatz (z. B.: *der, die, das; welcher*) • Fragewortsatz (z. B.: *wo, wann, wie*)	• Nebensatz 1. Grades HS, NS. • Nebensatz 2. Grades HS, NS 1, NS 2.

4

a Schreibe die folgenden Sätze ab (evtl. mit dem PC) und setze die fehlenden Kommas.

Achtung, Fehler!

1 Zu den Personen die in Christian Nürnbergers Buch über mutige Menschen vorgestellt werden gehört auch Martin Luther.
2 Als er 1483 geboren wurde schrieb man seinen Namen noch unterschiedlich.
3 So wusste er nicht ob er Luder, Lutter, Lüder oder gar Lauther geschrieben werden sollte.
4 Erst 1512 legte er fest dass er Luther genannt werden wollte.
5 1498 schickten ihn die Eltern auf das Franziskanerstift Eisenach wo er eine musikalisch-poetische Ausbildung erhielt die ihn prägte.
6 Als er 18 Jahre alt war begann er sein Studium an der Universität Erfurt.
7 Wer in dieser Zeit studieren wollte musste recht wohlhabende Eltern haben.
8 Sein Vater der als Hüttenmeister im Kupferschieferbergbau in Mansfeld arbeitete hatte sich einen bescheidenen Wohlstand erworben.
9 Auf dem Weg von Mansfeld nach Erfurt nachdem er seine Eltern besucht hatte wurde Martin Luther von einem schweren Gewitter überrascht das ihm Angst machte.
10 Dieses Erlebnis bewegte ihn dazu dass er sein Leben Gott weihen und Mönch werden wollte.

Lutherhaus in Eisenach

b Unterstreicht die Nebensätze mit einer Wellenlinie. Bestimmt sie nach:
- ihrer Funktion (dem Satzgliedwert),
- ihrer Stellung zum übergeordneten Satz/Teilsatz (HS, NS),
- der Art des Einleitewortes,
- dem Grad ihrer Abhängigkeit vom Hauptsatz.

1. Zu den Personen, die in Christian Nürnbergers Buch über mutige Menschen vorgestellt werden, gehört auch Martin Luther. (Attributsatz, Zwischensatz, Relativsatz, NS 1. Grades)

2. …

TIPP
Fakten dazu findest du auf S. 179–189.

Achtung, Fehler!

5

a Schreibe die folgenden Sätze ab. Füge anstelle des Balkens einen Nebensatz ein, der den Satz sinnvoll ergänzt. Setze die nötigen Kommas.

1 Ein mutiger Mensch ist jemand der _____ .
2 Die erste Geschichte des Buches das _____ erzählt von der jungen Frau Ayaan Hirsi Ali die _____ .
3 Über Nelson Mandela habe ich erfahren dass _____ .
4 Er wurde zu lebenslänglicher Haft verurteilt weil _____ .
5 Bertha von Suttner wuchs in Prag auf wo _____ .
6 Weil _____ wurde ihr Jugendtraum von einem Leben in Reichtum nicht wahr.
7 Später heiratete sie Arthur von Suttner der _____ .
8 Bertha von Suttner die _____ erhielt 1905 den Friedensnobelpreis.
9 Martin Luther wollte Mönch werden nachdem _____ .
10 Die Schreibweise seines Familiennamens Luther war noch nicht festgelegt als _____ .

1. Ein mutiger Mensch ist jemand, der sich …

b Unterstreiche die Nebensätze mit einer Wellenlinie und bestimme sie nach den Kriterien des Merkkastens zur Einteilung der Nebensätze (S. 188).

1. Ein mutiger Mensch ist jemand, der sich für andere einsetzt. (Attributsatz, Nachsatz, Relativsatz, NS 1. Grades)

c Ergänze die folgenden Sätze und bestimme die Nebensätze nach den Kriterien des Merkkastens zur Einteilung der Nebensätze (S. 188).

1 Höchste Anerkennung verdienen Menschen, die …, weil …
2 Es ist wichtig, dass …, wenn …

TIPP
Erfinde eine geeignete Schlagzeile als Überschrift.

6 Erläutere die vier Möglichkeiten, Nebensätze einzuteilen, einer Lernpartnerin / einem Lernpartner. Du kannst die Tabelle auf S. 188 zu Hilfe nehmen.

7 Stelle selbst einen Menschen oder eine Gruppe von Menschen vor, die deiner Meinung nach Anerkennung verdienen. Schreibe einen kurzen Text, der in der Schülerzeitung, auf der Schulhomepage oder an einer Wandzeitung veröffentlicht werden könnte.

Die Kommasetzung im Überblick

Regel	Beispiel
Die Kommasetzung im einfachen Satz	
Ein Komma **muss** gesetzt werden bei: • **Aufzählungen** von Wörtern und Wortgruppen, wenn diese nicht durch *und, oder, sowie, sowohl … als auch, weder … noch* verbunden sind.	*Ayaan Hirsi Ali lebte in Somalia, Äthiopien, Kenia und in den Niederlanden.*
• **nachgestellten Erläuterungen** (auch in Form von Appositionen und Datumsangaben).	*Am Montag, dem 9. Mai 1994(,) wurde Nelson Mandela zum ersten schwarzen Präsidenten Südafrikas gewählt.*
• **Infinitivgruppen** (erweiterte Infinitive mit *zu*), wenn die Infinitivgruppe • durch Wörter wie *um, ohne, (an)statt, außer* oder *als* eingeleitet ist, • sich auf ein Nomen/Substantiv bezieht, • sich auf Wörter wie *daran, darauf* oder *es* bezieht.	*Er setzte sich, ohne sein Leben zu schonen, für die Entrechteten ein.* *Er kämpfte für das Ziel, aus Südafrika ein Land mit gleichen Rechten für alle zu machen.* *Sein Leben lang hat er darum gerungen, die Apartheid zu besiegen.* *Nelson Mandela entschied sich früh(,) für die schwarze Mehrheit zu kämpfen.*
• **Partizipgruppen**, wenn sie als nachgestellte Erläuterung auftreten.	*Ein Gewitter, von Gott geschickt, überrascht ihn.* *Müde dahinstolpernd(,) ist Luther unterwegs.*
Die Kommasetzung im zusammengesetzten Satz	
Durch Komma abgetrennt werden: • **Nebensätze** vom Hauptsatz bzw. einem weiteren Nebensatz.	*Weil sich Bertha von Suttner für den Frieden, der ihr wichtig war, mutig einsetzte, erhielt sie 1905 den Friedensnobelpreis.*
• **gleichrangige Hauptsätze** einer Satzreihe, wenn diese nicht durch *und, oder, sowie* verbunden sind.	*Sie wurde 1843 als Gräfin Kinsky in Prag geboren, aber ihre Kindheit war nicht sehr glücklich(,) und sie strebte bald nach einem anderen Leben.*
Komma bei Anreden, Ausrufen, Ausdrücken einer Stellungnahme	
Durch Komma abgetrennt werden: • **Anreden**.	*Hallo, Max, ich empfehle dir dieses Buch.*
• besonders hervorgehobene **Ausrufe** und **Ausdrücke einer Stellungnahme**.	*Ach, du kennst es? Ja, ich habe es schon.* *Tatsächlich, das ist das Buch!*

Satz- und Textgestaltung

Mittel der Verknüpfung von Sätzen und Teilsätzen

1

a Lies den Text und untersuche, mit welchen Mitteln die Verknüpfung zwischen den Sätzen und Teilsätzen erfolgt. Informiere dich dazu im nachfolgenden Merkkasten.

Manchmal passiert etwas Neues, Überraschendes. Da wird dann etwa im Jahr 1940 ein Mädchen im Hochland von Kenia geboren. Seine Eltern nennen es Wangari. Nichts deutet darauf hin, dass dieses Mädchen einmal ein wesentlich anderes Leben führen wird als seine Eltern und Geschwister. [...] Aufgewachsen in einer Hütte ohne Strom, ohne Wasseranschluss und überhaupt fast ohne jegliche Technik, entwickelt sie sich zu einer weltweit bekannten Umwelt-Aktivistin, der im Alter von 64 Jahren als erster Afrikanerin der Friedensnobelpreis verliehen wird.

Ihre Eltern gehören zum Stamm der Kibuyu, sind Bauern, züchten Ziegen, Schafe und Rinder auf wenig Land, denn das meiste Land gehört den weißen Siedlern aus England. Kenia ist zu der Zeit Teil des britischen Empire und wird von London aus regiert. [...]

Ganz gewiss war es für Wangari ein glücklicher Umstand, dass ihre Eltern Christen waren. Weiße Missionare gab es zwar schon lange im Land, aber nicht alle haben sich taufen lassen. Die aber, die Christen wurden, haben zumindest ihre Jungen zur Schule geschickt. Solche Familien zählten in Kenia zu den Athomi, »Menschen, die lesen«. Bei Wangari hielt es eigentlich niemand für nötig, sie auf die Schule zu schicken. Sie war ja nur ein Mädchen. Aber als ihr etwas älterer Bruder beiläufig fragte, warum eigentlich Wangari nicht in die Schule geht, fragte sich ihre Mutter: Ja, warum eigentlich nicht?

Sie fand keinen richtigen Grund, und so wurde Wangari auf eine von Presbyterianern[1] betriebene Schule geschickt, in die schon einige ihrer Brüder und Cousins gingen. Sie musste dafür ihr Dorf und ihre Mutter verlassen, denn diese Schule befand sich an einem Ort, der zu weit weg war, um ihn täglich zu Fuß erreichen zu können. [...] Bis heute ist sich Wangari Maathai ihres außerordentlichen Glücks bewusst. »Meine Mutter hätte auch sagen können: Wir haben nicht das Geld, außerdem brauche ich sie zu Hause. Wozu sollte ein Mädchen in die Schule gehen?« Sie habe sich oft gefragt, was wohl aus ihr geworden wäre, wenn ihre Familie anders entschieden hätte.

[1] presbyterianische Kirchen: ein Zweig der reformierten Kirchen

!

Die Wirkung und Verständlichkeit von Texten hängt wesentlich von der **Satzverknüpfung** ab. Inhaltliche Zusammenhänge und verschiedene Wirkungen entstehen durch:

- die **Satzgliedstellung**
  Man kann das **Vorfeld** des Satzes (die Stelle vor der finiten Verbform) mit dem Subjekt oder einem anderen Satzglied besetzen, z.B.:
  Seine Eltern (Subjekt) *nennen es Wangari.*
  Manchmal (Temporalbestimmung) *passiert etwas Neues, Überraschendes.*
  Aufgewachsen in einer Hütte ohne Strom, ohne Wasseranschluss und überhaupt fast ohne jegliche Technik, (Attribut) *entwickelt sie sich zu einer weltweit bekannten Umwelt-Aktivistin.*
  Im Vorfeld kann etwas Bekanntes stehen, man kann aber auch etwas ins Vorfeld setzen, was besonders hervorgehoben werden soll, z.B.:
  Nichts deutet darauf hin, dass dieses Mädchen einmal ein wesentlich anderes Leben führen wird als seine Eltern und Geschwister.
  Kenia ist zu der Zeit Teil des britischen Empire und wird von London aus regiert.
- **spezielle sprachliche Mittel**, wie:
  - Pronomen, z.B.: *es* (ein Mädchen), *sie* (Wangari),
  - Adverbien, z.B.: *Gewiss war es für Wangari ein glücklicher Umstand, dass ihre Eltern Christen waren. Weiße Missionare gab es zwar schon lange im Land, aber nicht alle haben sich taufen lassen.*
  - Konjunktionen, Relativpronomen, Fragewörter, z.B.: *und, aber, dass, weil; der/die/das/welcher; wie, wer, warum,*
  - bedeutungsähnliche Wörter (Synonyme, Ober-/Unterbegriffe), z.B.: *Wangari Maathai – die weltweit bekannte Umwelt-Aktivistin.*

b Schreibe Beispiele für die sprachlichen Mittel der Verknüpfung aus dem Text der Aufgabe a heraus.

2 Lest euch den Text der Aufgabe 1 a gegenseitig so vor, dass in jedem Satz das Subjekt im Vorfeld, d. h. vor der finiten Verbform, steht. Sprecht darüber, wie sich die Wirkung des Textes verändert.

3

a Lies den Text über Bertha von Suttner (S.188, Aufgabe 3 a). Untersuche, welche Satzglieder jeweils im Vorfeld der Sätze stehen.

b Überprüfe die Wirkung des Textes, wenn du das Subjekt immer ins Vorfeld setzt.

→ S. 183 Die Satzreihe (Parataxe)

→ S. 185 Das Satzgefüge (Hypotaxe)

!

Ein weiteres **Mittel der Satz- und Textgestaltung** ist die Verknüpfung von inhaltlich miteinander verbundenen Sätzen und Teilsätzen, z. B.:

- **Parataxe (Nebenordnung)**: Zwei oder mehrere Hauptsätze können in einer Satzreihe (Satzverbindung) unverbunden nebeneinanderstehen oder durch **nebenordnende Konjunktionen**, wie *und, oder, aber, denn, (je)doch,* oder **Adverbien**, wie *deshalb, dann, trotzdem,* verbunden werden, z. B.:
  Als nichteheliches Kind wuchs Alice Schwarzer bei ihren Großeltern auf(,) und ihren Großvater bezeichnete sie später als »mütterlich«.
- **Hypotaxe (Unterordnung)**: Dem Hauptsatz werden ein oder mehrere Nebensätze untergeordnet (Satzgefüge). Die unterschiedliche inhaltliche Verknüpfung des Nebensatzes mit dem Hauptsatz wird mithilfe verschiedener **Einleitewörter** erreicht:
  – unterordnende Konjunktionen, z. B.: *weil, (so)dass, wenn,*
  – Relativpronomen, z. B.: *der, die, das; welche(-r, -s),*
  – Fragewörter, z. B.: *wie, wo, warum.*
  Alice Schwarzer entwickelte einen großen Gerechtigkeitssinn, weil ihre Familie vom Kampf gegen die Nazis und der Solidarität mit den Opfern geprägt war.

4 Verbinde jeweils beide Sätze miteinander. Überlege, ob der inhaltliche Zusammenhang eher eine Parataxe (Nebenordnung) oder eine Hypotaxe (Unterordnung) verlangt. In welchen Sätzen ist beides möglich?

1 1971 initiierte Alice Schwarzer die Aktion »Frauen gegen den § 218«. Sie wollte die selbstbestimmte Entscheidung der Frauen über eine Schwangerschaft.
2 Alice Schwarzer ist wohl die umstrittenste Vertreterin der deutschen Frauenbewegung. Durch ihre Veröffentlichungen wird sie weit über Westdeutschland hinaus bekannt.
3 Im Januar 1977 erschien die erste Ausgabe der von ihr gegründeten Zeitschrift »Emma«. Seitdem ist sie deren Verlegerin und Chefredakteurin.
4 Ein Ziel ihres Kampfes ist die finanzielle Unabhängigkeit der Frauen. Sie hat großen Anteil an der Reform des Ehe- und Familienrechts.

5 Untersucht die Sätze in den Aufgaben 3 a und 4 a (S. 188 – 189) daraufhin, ob es sich dabei um Hypo- oder Parataxen handelt. Prüft gemeinsam, welche Sätze man umwandeln kann.

Stilistische Mittel

1 Untersucht folgende Beispiele und tragt zusammen, welche bildhaften Ausdrucksweisen ihr bisher kennen gelernt habt.

1 am Fuß des Berges **2** das Flussbett **3** eine faule Ausrede **4** eine warme Farbe **5** der Sturm heult **6** der Vulkan spuckt Feuer **7** jemanden beim Wort nehmen **8** die Beine in die Hand nehmen **9** Wer andern eine Grube gräbt, fällt selbst hinein. **10** Viele Köche verderben den Brei.

!

Um Texte wirkungsvoller zu gestalten, kann man z. B. folgende **stilistische Mittel** verwenden:

- **Metapher**: Übertragung eines Wortes oder Ausdrucks mit seiner ursprünglichen Bedeutung auf einen anderen Sachbereich; Grundlage ist ein gemeinsames Merkmal der Ähnlichkeit in beiden Bedeutungen, z. B.:
  Wüstenschiff (Kamel), *Nussschale* (kleines Boot), *Mutter Natur.*
- **Personifizierung**: Übertragung typisch menschlicher Verhaltensweisen und Eigenschaften auf unbelebte Gegenstände und Erscheinungen, z. B.: *Der Tag verabschiedet sich. Die Sonne lacht.*
- **Anapher**: Wiederholung eines Satzanfangs, z. B.:
  »Ich war nicht physisch müde. […] Ich war auch nicht alt. […] Ich war 42.« (Rosa Parks in ihrer Autobiografie, Nürnberger, 2008, S. 121.)
- **Parallelismus**: Wiederholung einer Satzkonstruktion, z. B.:
  »Warum kuschen die meisten Menschen vor ihrem Chef? Warum schweigen so viele in der U-Bahn oder sehen weg, wenn ein paar Skinheads einen dunkelhäutigen Menschen anpöbeln oder junge Türken einen Deutschen?« (Nürnberger, 2008, S. 10.)
- **Ellipse**: Satz, in dem Wörter oder Satzteile weggelassen wurden, den man aber trotzdem verstehen kann, z. B.:
  Was nun? (statt: *Was machen wir nun?*) *Guten Morgen.* (statt: *Ich wünsche einen guten Morgen.*) *Hilfe!* (statt: *Ich brauche Hilfe!*)

2

a Klärt gemeinsam die Bedeutung der folgenden Metaphern.

1 Mauer des Schweigens **2** Warteschlange **3** Baumkrone **4** rosarote Brille **5** Schnee von gestern

b Auch in Redewendungen trifft man auf Metaphern. Klärt die Bedeutung folgender Redewendungen.

1 auf einer Erfolgswelle reiten **2** jemandem nicht das Wasser reichen können **3** das Recht mit Füßen treten **4** die Nadel im Heuhaufen suchen **5** den Nagel auf den Kopf treffen

c Wähle fünf Metaphern aus den Aufgaben a und b aus und verwende sie in sinnvollen Sätzen.

3 Im folgenden Zitat aus dem Buch »Mutige Menschen« ist der Parallelismus unterstrichen. Untersuche, welche Wirkung damit erzielt wird.

»Noch bevor wir also beginnen können, unser Schicksal selbst in die Hand zu nehmen, sind schon wesentliche, schicksalsbestimmende Entscheidungen gefallen. Allein dadurch, dass der eine sein Glück in einem Land suchen darf, das von Demokraten regiert wird, während der andere es unter den Bedingungen einer Diktatur suchen muss. Und es macht noch einmal einen Unterschied, ob man gestern, vor zwanzig oder vierzig Jahren mit dieser Suche begann, ob man es im Krieg tut oder im Frieden, mit weißer Hautfarbe und männlichem Geschlecht oder als Frau mit schwarzer Haut, und schließlich: ob man als Kind geliebt wurde oder gehasst oder einfach nicht beachtet, ob man eine robuste körperliche Konstitution mitbekommen hat oder eine schwache.« (Nürnberger, 2008, S. 161.)

4 Christian Nürnberger schreibt über eine Rede Martin Luther Kings. Tauscht euch über die Wirkung der Wiederholung aus.

»Und er sprach. Er sprach so, dass er jedem aus dem Herzen sprach. Plötzlich hatten die fünftausend, und nicht nur sie, sondern alle Schwarzen der ganzen Stadt, eine Stimme, die endlich aussprach und auf den Punkt brachte, was bisher nur wortlos gefühlt und erlitten wurde. Schon bald sprach diese Stimme für alle Schwarzen der USA. Die Stimme gehörte dem 26 Jahre jungen Reverend Martin Luther King. So wie damals sollte er in seiner unverwechselbaren Art noch oft reden.« (Nürnberger, 2008, S. 122 f.)

5 Für die Darstellung folgender Situationen kann man das Mittel der Wiederholung nutzen. Wählt eine aus und schreibt einen kurzen Text, in dem mit Wiederholungen eine bestimmte Wirkung erzielt wird.

1 unaufhörliches Regnen
2 ständiges langweiliges Reden eines Freundes
3 Ermahnungen durch die Eltern
4 Werbespots im Fernsehen

6 Lest die folgenden Zitate aus dem Buch »Mutige Menschen«. Benennt die unterstrichenen stilistischen Mittel. Sprecht darüber, welche Wirkung Christian Nürnberger mit ihrer Verwendung erzielt.

1 Nelson Mandela »hämmert seinen Zuhörern ein: Weg mit den Minderwertigkeitskomplexen der Schwarzen, ›die Farbe meiner Haut ist schön, wie die schwarze Erde von Mutter Afrika‹«. (Nürnberger, 2008, S. 107.)
2 »Die Überlegenheit der weißen Kultur [...] ist ihnen seit Beginn der Schulzeit eingeimpft worden.« (Nürnberger, 2008, S. 106.)
3 Mandela »hat nichts mehr dagegen, dass es Kommunisten im ANC gibt. Die Kommunisten behandeln die Schwarzen als Menschen mit gleichen Rechten und nehmen sie ernst. Sie verschanzen sich nicht hinter ihren Privilegien als Weiße und haben den Kampf gegen die Unterdrückung der Rassen zu ihrem eigenen gemacht«. (Nürnberger, 2008, S. 108.)
4 Über Nelson Mandelas Gefangenschaft heißt es: »Das Leben im Gefängnis ist hart, darauf ausgerichtet, den Willen der Gefangenen zu brechen, sie zu demoralisieren und zu demütigen. An Nelson Mandela zerschellt diese Strategie.« (Nürnberger, 2008, S. 114.)
5 »Unter dieser Stimmung bildete und vollendete sich unsichtbar jene Konstellation, die dann nur noch eines Zündfunkens bedurfte, um sich zum Flächenbrand auszuweiten.« (Nürnberger, 2008, S. 121.)
6 »Abends feierte man in den Kirchen, hörte sich Reden von Martin Luther King an, man musizierte und tanzte bis in die Nacht und tankte Kraft und Mut für die nächsten Widerstandsaktionen.« (Nürnberger, 2008, S. 127.)

7

a Ordne folgenden Situationen die passenden Metaphern oder bildhaften Redewendungen zu.

1 sehr müde sein **2** sehr traurig sein **3** sehr froh und erleichtert sein **4** sehr enttäuscht sein **5** sehr abgespannt sein

kaputt – am Boden zerstört – geknickt – über allen Wolken schweben – erledigt – zerschlagen – entzaubert – ernüchtert – niedergedrückt – freudestrahlend – abheben

b Formuliere einen sinnvollen Text, in dem Metaphern oder Redewendungen aus Aufgabe a vorkommen. Ergänze eigene Ideen.

8 Ergänze die unterstrichenen Ellipsen jeweils zu einem vollständigen Satz. Erkläre, warum der Autor die Ellipse vorgezogen hat.

1. »Am Anfang jeder Weltveränderung steht meistens ein Mutiger. Oder der Mut einer kleinen Gruppe.« (Nürnberger, 2008, S. 12.)
2. Bertha Kinsky (spätere von Suttner) beginnt ein Verhältnis mit Arthur, dem jüngsten Sohn der Familie von Suttner: »Die vier Töchter kriegen es mit, aber schweigen solidarisch. Zweieinhalb Jahre lang! Dann merkt die Baronin Suttner, was los ist. Und feuert Bertha noch am selben Tag.« (Nürnberger, 2008, S. 188.)
3. »Nach neun Jahren Kaukasus bekommt Arthur Heimweh, und Bertha macht sich Sorgen um ihre Mutter, mit deren Gesundheitszustand es bergab geht. Als von Arthurs Familie zunehmend versöhnliche Botschaften kommen, kehren sie 1885 nach Wien zurück. Zu spät, um Berthas Mutter noch zu sehen. Sie ist im Winter 1884 gestorben.« (Nürnberger, 2008, S. 191.)
4. »Und er [Mahatma Gandhi] blieb ›rein‹, jedenfalls im Sinne seiner Kaste. Kein Sex, kein Wein, kein Fleisch.« (Nürnberger, 2008, S. 137.)

9 Drücke deine Reaktion auf folgende Situationen mithilfe einer Ellipse aus.

1. Der Bus fährt dir vor der Nase weg.
2. Du erhältst ein unerwartetes Geburtstagsgeschenk.
3. Das Ergebnis deiner Klassenarbeit ist besser ausgefallen als gedacht.
4. Dein Lieblingsschauspieler will seinen Beruf aufgeben.

Mittel der Verdichtung und Auflockerung

1 Vergleicht folgende Formulierungen und tauscht euch über die Unterschiede aus. In welcher Situation bzw. in welcher Art von Texten würdet ihr die Formulierungen der linken und in welcher die der rechten Spalte verwenden?

1 Die Gäste kamen um 15 Uhr an.	Die Ankunft der Gäste war um 15 Uhr.
2 Drei interessierte Bürger gründeten einen Verein.	Es erfolgte die Gründung eines Vereins durch drei interessierte Bürger.
3 Wir interessierten uns sehr für …	Wir hatten großes Interesse an …
4 Am Montag wurde die neue Anlage in Betrieb genommen.	Am Montag erfolgte die Inbetriebnahme der neuen Anlage.
5 Mein Freund freute sich nicht darüber.	Mein Freund zeigte keine Freude darüber.

→ S.212 Sprachvarianten

!

Um einen Text zu **verdichten** und schwierige Sachverhalte kurz darzustellen, kann man den **Nominalstil** nutzen. Er wird häufig in schriftlichen Texten sowie in der Wissenschafts- und Fachsprache verwendet, z. B. in Facharbeiten. Dabei werden oft Verben nominalisiert/substantiviert oder Ableitungen auf *-ung* verwendet, z. B.:

Verbalstil	**Nominalstil**
Das Problem ist, dass in dieser Branche oft Leiharbeiter beschäftigt werden, die nicht genügend ausgebildet sind.	*Die Beschäftigung nicht genügend ausgebildeter Leiharbeiter in dieser Branche ist ein Problem.*

Den Nominalstil verwendet man auch, wenn man zur Vorbereitung eines Vortrags Sätze in Stichpunkte umwandelt, z. B.:

Mahatma Gandhi wurde 1869 in Indien geboren.	*1869 Geburt Mahatma Gandhis in Indien*
1888 begann er sein Jurastudium in London.	*1888 Beginn des Jurastudiums in London*

2 Verwende den Nominalstil in den folgenden Sätzen. Ergänze den neu entstandenen Satzanfang durch weitere Aussagen.

1 Der neue Chef besichtigte den Betrieb.
2 Er traf die neuen Geschäftspartner.
3 Bei der Besprechung wurden die strittigen Probleme diskutiert.
4 Der neue Mitarbeiter wurde genau beobachtet.
5 Die Firma passte sich an die veränderte Marktsituation an.
6 Man kann die Produktion um 20 % steigern.

1. An der Besichtigung des Betriebes durch den neuen Chef nahmen auch die Abteilungsleiter teil. ...

3

a Christian Nürnberger schreibt in seinem Buch auch über Rosa Parks. Lies den ersten Teil ihrer Biografie.

Am 4. Februar 1913 wurde Rosa in Tuskegee/Alabama geboren. Der Vater, ein Zimmermann, verließ 1915 die Familie und Rosa Parks wuchs zusammen mit ihrem Bruder bei ihrer Mutter auf der Farm ihrer Großeltern in Alabama auf.
Schon vor dem ersten Schulbesuch brachte die Mutter Rosa das Lesen bei und förderte ihr Interesse für Bücher. Im Alter von elf Jahren besuchte Rosa Parks eine private Schule für Mädchen, die von liberalen Nordstaatlern gegründet worden war.
1932 heiratete sie den Friseur Raymond Parks, der in der Wahlrechtsbewegung für Schwarze aktiv mitwirkte. Auch Rosa Parks engagierte sich in verschiedenen Bürgerrechtsorganisationen in Montgomery. Ihren Lebensunterhalt verdiente sie in dieser Zeit als Haushälterin, Näherin oder Versicherungsverkäuferin.
Ihren Ruf als »Mutter der Bürgerrechtsbewegung« erwarb sich Rosa Parks 1955 im Zusammenhang mit dem Montgomery-Bus-Boykott. In Montgomery waren die ersten vier Reihen in den Bussen für weiße Passagiere reserviert, die Sitze dahinter durften von Farbigen benutzt werden, waren aber für Weiße wieder zu räumen. Am 1. Dezember 1955 fuhr Rosa Parks nach der Arbeit mit dem Bus nach Hause und nahm im mittleren Teil des Busses Platz. Als der weiße Busfahrer sie aufforderte, ihren Platz für einen Weißen frei zu machen, weigerte sich Rosa Parks und blieb einfach sitzen, worauf sie verhaftet und ins Gefängnis gebracht wurde.

(vgl. Nürnberger, 2008, S. 118 ff.)

b Der Text besteht aus vier Abschnitten. Finde in jedem Abschnitt einen Beispielsatz für den Verbalstil. Notiere die Sätze.

c Notiere das Wesentliche des in Aufgabe a dargestellten Lebensabschnitts von Rosa Parks in Stichpunkten. Verwende den Nominalstil.

d Informiere dich im Internet über das weitere Leben von Rosa Parks. Notiere dir das Wesentliche in Stichpunkten, verwende dabei den Nominalstil. Gib die Quelle(n) exakt an.

→ S. 202 Zitieren

e Halte mithilfe der Stichpunkte einen kurzen Vortrag über das Leben von Rosa Parks. Lockere dabei deine kurzen Stichpunkte wieder auf, indem du sie zu Sätzen umformst und finite Verbformen verwendest.

4 Christian Nürnberger gibt jeweils am Anfang seiner Kapitel eine kurze, verdichtete Übersicht über das Leben eines mutigen Menschen.

a Lies die verdichtete Form der Kurzbiografie der Journalistin Anna Politkowskaja.

- 1958 Geburt in New York als Kind ukrainischer Eltern
- Journalistikstudium an der Universität Moskau
- ab 1982 Mitarbeit in diversen Verlagen und Zeitungen
- 1994–1999 leitende Redakteurin für Notfall- und Krisensituationen, Kommentatorin und stellvertretende Chefredakteurin bei Wochenzeitung *Obschtschaja Gazeta*, später bei oppositioneller Zeitung *Novaja Gazeta*
- 2001 nach Morddrohungen Flucht nach Österreich
- 2002 Verhaftung durch russisches Militär in Tschetschenien
- 2004 Mordversuch während Berichterstattung über Geiselnahme von Beslan
- 2006 Ermordung in Moskau (vgl. Nürnberger, 2008, S. 213.)

! Die der Verdichtung entgegengesetzte Darstellungsweise nennt man **Auflockerung.** Sie ist vorwiegend ein Mittel der mündlichen Sprache. Dabei werden viele Verben verwendet, vor allem finite Verbformen (**Verbalstil**).

b Lockere die verdichtete Form auf, indem du Sätze formulierst.

c Sammle weitere Informationen über Anna Politkowskaja, schreibe sie als verdichtete Stichpunkte auf und halte mit ihrer Hilfe einen Vortrag.

Zitieren

1 Ein Sprichwort lautet: Man schmückt sich nicht mit fremden Federn.

a Tauscht euch darüber aus, was das Sprichwort mit dem Verfassen von Facharbeiten oder Vorträgen zu tun haben könnte.

→ S. 244 Merkwissen

b Wiederholt, was ihr bereits über die Zeichensetzung beim Zitieren gelernt habt.

→ S. 165 Die Modusformen des Verbs (Merkkasten)

! Ein **Zitat** ist die wörtliche Wiedergabe einer Textstelle in einem anderen Text, z. B. in einer Facharbeit oder einem Vortrag.
Ein **direktes (wörtliches) Zitat** muss buchstabengetreu übernommen und in **Anführungszeichen** gesetzt werden. Auslassungen werden durch drei Punkte in einer eckigen Klammer [...] gekennzeichnet.
Das Zitat sollte mit einem **einleitenden Satz** in den eigenen Text eingebunden werden, z. B.:
Christian Nürnberger beginnt das Vorwort zu seinem Buch mit den Worten: »Mut ist etwas Sonderbares. Man hält die Sache für klar und denkt nicht weiter darüber nach [...].« (Nürnberger, 2008, S. 9.)
Nürnberger bezeichnet Mut in seinem Vorwort als »etwas Sonderbares«. (Nürnberger, 2008, S. 9.)
Ein **indirektes (nicht wörtliches, sinngemäßes) Zitat** ist die sinngemäße Wiedergabe von Gedanken eines Autors. Beim indirekten Zitieren wird meist der Konjunktiv I verwendet, z. B.:
Christian Nürnberger schreibt in seinem Buch darüber, dass er mit seinen Geschichten keine Heldenverehrung betreiben, sondern darstellen wolle, dass der Mut der kleinen Leute nicht vergeblich sei. (Vgl. Nürnberger, 2008, S. 13.)
Bei beiden Zitierformen ist eine **Quellenangabe** erforderlich.

2 Lies Nürnbergers Aussagen in Aufgabe 6 (S. 197) noch einmal und beantworte folgende Fragen. Nutze dazu mindestens ein direktes und ein indirektes Zitat. Gib die Quellen exakt an.

1 Was hämmerte Mandela seinen Zuhörern ein?
2 Was erfährt man über das Leben im Gefängnis?
3 Wie tankte man Kraft und Mut für die Widerstandsaktionen?

Zitate verwenden

3 Du sollst das Buch »Mutige Menschen« von Christian Nürnberger kurz vorstellen und dabei Zitate verwenden.

a Ordne die passenden einleitenden Sätze A bis C den jeweiligen Zitaten 1 bis 3 zu.

A Der Autor beschreibt das Leben Martin Luthers so:
B Über die Friedensaktivistin Bertha von Suttner berichtet der Autor:
C Der Autor stellt dar, wie Nelson Mandela, der aus wohlhabenden Verhältnissen stammt, den Weg in den Widerstand findet:

Luthers Zelle im Augustinerkloster Erfurt

1 »Obwohl die Augustiner ein Bettelorden sind, ist das Kloster vermögend. [...] Dennoch wird der Novize Martin Luder zum Betteln über die Dörfer geschickt, damit er die Lebensweise Jesu und seiner Jünger am eigenen Leib erfahre.« (Nürnberger, 2008, S.74.)

2 »Nelsons Bewusstsein beginnt sich zu ändern, als es 1946 zu einem der größten Streiks in der südafrikanischen Geschichte kommt. [...] Jetzt greift der Staat ein. Polizisten drängen die Arbeiter mit Bajonetten in die Schächte zurück und töten dabei neun von ihnen. [...] Jetzt ist Nelson empört, bestürzt und tief bewegt. Er besucht die Streikenden in den Minen und führt Gespräche mit Gewerkschaftern.« (Nürnberger, 2008, S.101 f.)

3 »Auch die Kirche greift sie an, weil sie die Waffen segnet. Und den Glauben, Gott würde im Krieg der eigenen Armee zu Schlachtenglück verhelfen, entlarvt sie als Dummheit, ruft doch der Gegner denselben Gott an.« (Nürnberger, 2008, S.194.)

b Stelle das Buch in einem kurzen Text vor. Nutze beim Schreiben die Ergebnisse der Aufgabe a.

Christian Nürnberger stellt in seinem Buch »Mutige Menschen«...

●●● **4** Stelle in einem Vortrag einen Menschen vor, den du besonders schätzt, z.B. einen Schriftsteller, Musiker oder Politiker. Verwende dazu Bücher, Zeitungen, Zeitschriften und Informationen aus dem Internet. Nutze direkte Zitate und gib sie korrekt an. Binde die Zitate mit einleitenden Sätzen sinnvoll in deinen Text ein.

→ S.120 Präsentieren

!

Um Herkunft und Wortlaut eines **direkten Zitats** überprüfbar zu machen, muss man die **Quelle** präzise angeben, z. B.:

- **in Klammern** hinter dem Zitat, z. B.:
  »Mut ist etwas Sonderbares.« (Nürnberger, Christian: Mutige Menschen für Frieden, Freiheit und Menschenrechte. Stuttgart: Gabriel Verlag, 2008, S. 9.)
- als **Fußnote** am Ende der Seite, z. B.:
  »Mut ist etwas Sonderbares.« [1]
  [1] *Nürnberger, Christian: Mutige Menschen für Frieden, Freiheit und Menschenrechte. Stuttgart: Gabriel Verlag, 2008, S. 9.*
- als **Verweis** ins Quellenverzeichnis, wo eine ausführliche Quellenangabe zu finden ist, z. B.:
  »Mut ist etwas Sonderbares.« (Nürnberger, 2008, S. 9.)

Auch bei **indirekten (sinngemäßen) Zitaten** muss eine Quelle angegeben werden. Um deutlich zu machen, dass nur sinngemäß übernommen wurde, steht vor der Quellenangabe *vgl.* (vergleiche), z. B.:
Christian Nürnberger schreibt in seinem Buch darüber, dass er mit seinen Geschichten keine Heldenverehrung betreiben wolle. (Vgl. Nürnberger, 2008, S. 13)

Am Ende eines Textes, für den man Quellen genutzt hat, muss ein **Quellenverzeichnis** (Literaturverzeichnis) stehen, in dem alle verwendeten Quellen vollständig aufgeführt sind. Dabei unterscheidet man:

Buch: Name, Vorname: Titel. Ort: Verlag, Jahr.	*Nürnberger, Christian: Mutige Menschen für Frieden, Freiheit und Menschenrechte. Stuttgart: Gabriel Verlag, 2008.*
Zeitung oder **Zeitschrift**: Name, Vorname: Titel. Aus: Zeitung/Zeitschrift, Nr. bzw. Datum der Ausgabe, Seite/Seiten des Artikels.	*Hirsi Ali, Ayaan: Sie wissen nichts vom Holocaust. Aus: Die Welt, 16. 12. 2006, S. 9.*
Internet: (Verfasser, wenn vorhanden): Titel. Online im Internet: Internetadresse [Datum des Abrufs].	*Stiftung Luthergedenkstätten in Sachsen-Anhalt: Von daher bin ich – Martin Luther und Eisleben. Online im Internet: http://www.martinluther.de/de/martin-luthers-geburtshaus/ausstellung.html [11. 01. 2012].*

Ein Quellenverzeichnis erstellen

5 Stelle dir vor, du hast bei der Vorstellung des Buches von Christian Nürnberger (S. 203, Aufgabe 3) Zitate aus folgenden Quellen genutzt.

TIPP
Nutze den PC, da du die Quellenangaben anschließend leichter sortieren und ergänzen kannst.

a Leider hast du die Angaben nicht korrekt aufgeschrieben. Sortiere sie in der richtigen Reihenfolge und schreibe sie mit der korrekten Zeichensetzung auf. Nutze dazu den Merkkasten auf S. 204.

1 Bertha von Suttner – Ein Leben für den Frieden – Hamann, Brigitte – 2006 – Piper Verlag – S. 13 – München

2 Russisches Tagebuch – S. 27 – Politkowskaja, Anna – Dumont – Köln – 2007

3 Gauck, Joachim – Die Liebe zur Wahrheit – Aus: Chrismon – 05/2008 – S. 24

4 Aus: Die Zeit – 10/2007 – Luther braucht keinen Hammer – Auch der neueste Fund klärt nicht auf, ob der Reformator seine Thesen wirklich angeschlagen hat – Leicht, Robert – S. 34

5 Mandela, Nelson – Fischer Taschenbuch – Frankfurt am Main – 2002 – Der lange Weg zur Freiheit – S. 51

6 Der eitle Asket – [12. 01. 2012] – Gandhis Weg der Gewaltlosigkeit erwies sich als Sackgasse – Franz, Angelika – Online im Internet – http://www.zeit.de/2005/09/P-Gandhi

Schlosskirche in Lutherstadt Wittenberg, Thesentür

1. Hamann, Brigitte: Bertha von Suttner. Ein Leben für den Frieden. ...

b Stelle nun aus den korrigierten Quellenangaben ein Quellenverzeichnis zusammen. Ordne sie dazu alphabetisch.

6 Überprüfe, ob deine Quellenverzeichnisse zu Vorträgen oder schriftlichen Arbeiten im Fachunterricht vollständig und korrekt sind.

Teste dich selbst!

1 Lies den folgenden Text.

Rosa Parks: Als sie sitzen blieb, standen Tausende auf

1 In den USA herrschten in den 50er-Jahren des 20. Jahrhunderts ähnliche Verhältnisse wie in Südafrika. Auf allen Gebieten des Lebens galt die Rassentrennung, sogar auf den Bürgersteigen. Schwarze mussten den Weißen Platz machen. Ehen zwischen Schwarzen und Weißen waren verboten. Das Recht wurde mit Füßen getreten, der weiße Rassismus war überall lebendig, z. B. auch in dem Bus, mit dem Rosa Parks immer von der Arbeit heimfuhr.

2 In jedem Bus waren die ersten vier Reihen für die Weißen reserviert und keinem Schwarzen war es erlaubt, dort Platz zu nehmen. Wenn der hintere Teil so voll war, dass keine Stecknadel mehr fallen konnte, durften sie bis zur Mitte vorrücken. Diese mittleren Plätze mussten aber sofort wieder geräumt werden, wenn ein Weißer den Bus betrat und Anspruch auf einen Mittelplatz erhob.

Achtung, Fehler!

3 Rosa Parks saß an jenem Tag dem 1. Dezember 1955 zunächst im mittleren Teil des Busses. Als mehrere Weiße einstiegen verkleinerte der Busfahrer das Schwarzenabteil mit einem Blechschild. Er forderte die dort sitzenden Schwarzen dadurch auf ihre Plätze zu räumen. Drei Männer gehorchten und rückten nach hinten. Rosa Parks nicht. Der Busfahrer fuhr das schwerste Geschütz auf: Er rief die Polizei die Rosa Parks verhaftete. Dieser kleine Widerstandsakt war der Beginn einer großen Bewegung die schließlich zur Abschaffung der Rassentrennung in den USA führte.

2

a Schreibe den Text ab (am besten am PC). Setze im 3. Abschnitt die Kommas.

b Unterstreiche im Text zwei nachgestellte Erläuterungen.

c Unterstreiche eine Infinitivgruppe doppelt.

3

a Schreibe drei Nebensätze heraus, rahme die Einleitewörter ein und unterstreiche die finiten Verbformen.

b Bestimme die Nebensätze nach der Art des Einleiteworts.

c Bestimme die Funktion (den Satzgliedwert) der Nebensätze.

d Bestimme die Nebensätze nach ihrer Stellung zum übergeordneten (Teil-)Satz und dem Grad ihrer Abhängigkeit von ihm.

4 Schreibe eine Satzreihe (Satzverbindung) aus dem Text heraus.

5 Fasse den Inhalt des Textes in Stichpunkten zusammen. Verdichte ihn dabei mithilfe des Nominalstils.

6 Markiere im 1. und 2. Abschnitt je eine Form des Zustandspassivs und des Vorgangspassivs.

7 Entscheide, ob die folgenden Formen im Zustandspassiv oder Vorgangspassiv stehen. Forme die Sätze in die jeweils andere Passivform um.

1 Die Rassentrennung in den USA ist seit dem »Civil Rights Act« von 1964 offiziell aufgehoben.
2 Mit dem »Voting Rights Act« von 1965 wurde der schwarzen Bevölkerung in den USA das Wahlrecht garantiert.

8 Die Mitfahrer von Rosa Parks wurden zu den Vorgängen im Bus befragt, die zu ihrer Verhaftung führten.

a Lies den 3. Abschnitt noch einmal. Verwende diese Informationen in einer Zeugenaussage. Gib dabei Äußerungen des Fahrers, von Rosa Parks und anderen in indirekter Rede wieder. Nutze dazu Verbformen im Konjunktiv I und, wenn erforderlich, auch im Konjunktiv II.

b Unterstreiche in deiner Redewiedergabe alle Formen im Konjunktiv I.

9 Suche für die Wortarten *Adjektiv, Präposition* und *Pronomen* je zwei Beispiele im Text und schreibe sie mit ihrem jeweiligen Bezugswort heraus.

Wortbedeutung

1 In unserer Sprache sind viele Wörter mehrdeutig, d. h., sie haben zwei oder mehr Bedeutungen und bezeichnen so verschiedene Tätigkeiten, Gegenstände oder Eigenschaften.

a Verwende die Wörter in ihren verschiedenen Bedeutungen. Bilde Wortgruppen oder kurze Sätze mit den in Klammern gegebenen Wörtern. Erläutere anschließend die jeweilige Bedeutung durch ein Synonym, einen Oberbegriff oder eine Umschreibung.

1 abschneiden: 1. (Brot), 2. (Prüfung)
2 Kopf: 1. (Haare), 2. (Gruppe)
3 Pferd: 1. (reiten), 2. (Sprungübung)
4 Linse: 1. (Suppe), 2. (Mikroskop)
5 verschieben: 1. (Tisch), 2. (Arbeit)
6 sinken: 1. (Schiff), 2. (Stimmung)
7 einsteigen: 1. (Straßenbahn), 2. (Training)
8 leicht: 1. (Koffer), 2. (Aufgabe)
9 kalt: 1. (Luft), 2. (reagieren)
10 bunt: 1. (Blumen), 2. (durcheinanderliegen)

1. abschneiden: 1. eine Scheibe Brot abschneiden = eine Scheibe vom Brot abtrennen
2. …

TIPP
Wiederhole dazu, was du über die Metapher weißt.

b Erläutere an ausgewählten Beispielen der Aufgabe a, welche gemeinsamen Merkmale die unterschiedlichen Bedeutungen eines Wortes haben.

●●● c Überlege anhand der Beispiele in Aufgabe a, wodurch ein mehrdeutiges Wort bei seiner Verwendung eindeutig wird. Formuliere dazu eine Regel.

Ein mehrdeutiges Wort wird bei seiner Verwendung im Text dadurch eindeutig, dass …

→ S. 244 Merkwissen

2 Erkläre folgende Begriffe in Form von zwei Wortgleichungen. Verknüpfe dazu je zwei der bereitgestellten Ausdrücke miteinander.

mit einer Bedeutung – mit mehreren Bedeutungen – mehrere Wörter – ein Wort

Mehrdeutigkeit = ... + ...

Synonym(e) = ... + ...

3 Seit Längerem wird in jedem Jahr in Deutschland von einer Fachjury der Gesellschaft für deutsche Sprache das Wort des Jahres gewählt. Die Ergebnisse der letzten Jahre waren: *Lichtgrenze* (2014), *GroKo* (2013), *Rettungsroutine* (2012).

TIPP
Recherchiere dazu im Internet.

a Ermittle, wie die Wahl zum Wort des Jahres vor sich geht.

b Untersuche bei jedem Wort, welche Bedeutung die zwei Bestandteile haben und welche Gesamtbedeutung damit in der Zusammensetzung entsteht.

Licht: ... Grenze: ... → Lichtgrenze: ...

TIPP
Recherchiere dazu im Internet.

c Finde heraus, auf welches Ereignis sich das jeweilige Wort im Jahr seines Entstehens bezog und welche konkrete Bedeutung es dadurch in jenem Jahr hatte.

d Überlegt, welchen anderen Sachverhalt das jeweilige Wort auch bezeichnen könnte. Verwendet es dazu in einem kurzen Text.

Bis zum Waldrand war es hell, der Mond erleuchtete die Wiese. Hinter der Lichtgrenze jedoch schien es stockdunkel zu sein.

! **Mehrdeutige Wörter** werden bei der Verwendung in einem Text durch den dabei entstehenden Zusammenhang mit anderen Wörtern, d. h. durch den **Kontext**, eindeutig.

4

a Schreibe aus dem folgenden Textausschnitt alle Wörter heraus, die in einer übertragenen, bildhaften Bedeutung gebraucht sind. Erkläre ihre Bedeutung in dem Text durch ein Synonym oder eine Umschreibung.

Gefrierschrank-Wetter in Sachsen

Bis minus 25 Grad – größter Kälteeinbruch seit 1986

Leipzig. Der Winter kommt in dieser Woche so richtig in Fahrt und verwandelt auch Sachsen in einen Gefrierschrank. Grund dafür ist das Kältehoch Cooper. […] »So eine starke Kälte gibt es in Deutschland nur sehr selten zu beobachten […]«, erklärt Wetterexperte Dominik Jung von Wetter.net. Besonders kalt wird es ab morgen. Dann bleiben die Höchstwerte teils unter minus zehn Grad stecken. Nachts ist mit sehr strengem Frost zwischen minus zehn und minus 20 Grad zu rechnen. »Über Schnee rutschen die Temperaturen noch einen Tick tiefer. Dort kann es auf minus 25, am Erdboden sogar nahe minus 30 Grad gehen«, so Jung. […] Sachsens Landwirte hoffen auf ein kurzes Intermezzo des Winters; schützend eingreifen könnten sie nicht. […] Die schnell sinkenden Temperaturen könnten ohne eine schützende Schneedecke direkt auf den Boden einwirken. […] »Bauchschmerzen« bekäme Udo Jentzsch, Geschäftsführer des Landesverbandes Sächsisches Obst, wenn das Hoch Cooper für mehrere Wochen Temperaturen von minus zehn Grad bescheren würde. […]

Gefrierschrank-Wetter: sehr kaltes Wetter mit Temperaturen …

b Verwende die in Aufgabe a gefundenen bildhaften Ausdrücke in ihrer ursprünglichen Bedeutung.

Das Eis liegt im Gefrierschrank. …

c Tauscht eure Meinungen darüber aus, welche Wirkung durch die verwendeten bildhaften Mittel im Text der Aufgabe a erzielt wird.

→ S. 46 Kreatives Schreiben

d Verwende mindestens vier der bildhaften Ausdrücke aus Aufgabe a in einem »Unsinns«-Text zum Thema Wetter.

e Diskutiert, ob die bildhafte Ausdrucksweise in dieser Textsorte (Zeitungsbericht) angemessen ist.

5 Sachtexte enthalten manchmal mehrdeutige Wörter. Zeige das an Beispielen aus dem Text von Aufgabe 6 (S. 57) und begründe, warum der Autor diese Wörter verwendet hat.

6

a Lies den folgenden Text von Hans Fallada (1893–1947).

Penne

In der Schule oder, wie wir sie nannten, in der Penne spielte ich zu jener Zeit eine höchst unselige Rolle. Ich ging auf das Prinz-Heinrich-Gymnasium in der Grunewaldstraße, und das war damals ein sehr feines Gymnasium, womit gesagt werden soll, dass dort in der Hauptsache die Söhne vom Offiziers- und Beamtenadel, auch von reichen Leuten die Schulbank drückten. Meine Eltern aber waren für äußerste Sparsamkeit, so kam es, dass ich, war eine Hose durchgerutscht, keine neue bekam, sondern dass meine Mutter ein paar handfeste Flicken in die arg verwundete setzte. Da sie nun aber oft keinen genau passenden Stoff hatte, so wurden ohne erhebliche Hemmung auch andere Stoffe dafür gewählt. [...] Es war eine dunkelblaue Bleyle-Hose, und mit grauen Flicken wurde sie geziert. [...]

Es waren natürlich nicht die wirklich »Feinen« in der Klasse, die mich damit aufzogen. [...] Aber die andern, die Coyoten der Wölfe gewissermaßen, wie offen und schamlos verhöhnten sie mich! Da war einer, ein langer Laban[1], über einen Kopf war er größer als ich, Friedemann hieß die Canaille[2], im Unterricht durch äußerste Unwissenheit ausgezeichnet, schon dreimal bei der Versetzung »kleben« geblieben – aber etwas verstand dieser Bursche ausgezeichnet: mich zu zwiebeln! [...]

[1] *allg.:* hochgewachsener Mann

[2] gemeiner Kerl, Schurke

b Schreibt aus dem Text möglichst viele mehrdeutige Wörter in übertragener Bedeutung heraus und verwendet sie jeweils in mindestens zwei verschiedenen Bedeutungen in Wortgruppen.

feines (Gymnasium): Gymnasium für Söhne von Reichen
fein: 1. feiner Sand, 2. ...

c Tauscht euch darüber aus, welche Wirkung Hans Fallada in dieser literarischen Textsorte (Erzählung) durch die Verwendung mehrdeutiger Wörter in übertragener Bedeutung erzielt.

Sprache im Wandel

Sprachvarianten

!

Mündliche und **schriftliche Kommunikation** unterscheiden sich voneinander durch das verwendete Medium (gesprochene oder geschriebene Sprache als Laute/Schallwellen oder Schrift-/Druckzeichen), durch die damit verbundenen Sprachtätigkeiten (Sprechen/Hören, Schreiben/Lesen) und durch die Verwendung bestimmter sprachlicher Mittel (mündliche bzw. schriftliche Sprache/Schriftsprache). **Mündliche** und **schriftliche Sprache** kommen in verschiedenen Kommunikationssituationen und Textsorten unterschiedlich häufig vor.

Mündliche und schriftliche Sprache untersuchen

1

a Lies diese mündliche Äußerung von Kai. Ermittle, welche Besonderheiten es im Satzbau gibt.

»Lies mal diesen Text. Den hab ich heute gefunden. In der Tageszeitung von gestern. Also ganz aktuell.«

b Tauscht euch darüber aus, warum Sätze in mündlicher Sprache oft auf diese Weise gebildet werden.

c Formuliert die Äußerung als mündliche Aufgabenstellung einer Lehrerin / eines Lehrers. Beschreibt jeweils die Unterschiede im Satzbau im Vergleich zu Kais Äußerung.

2 Thea und Annika gehen in der Pause zu ihrer Mathematiklehrerin.

a Lies die Äußerung von Thea. Sprich sie anschließend leise vor dich hin.

»Äh, wir haben da gestern zusammen geübt, Annika und ich. Ja, und da ging das bei Annika, ne, schon ganz gut. So, und nun wollen wir das noch paarmal so machen. Hm, und deshalb wollten wir Sie bitten, ähm, dass Sie uns noch weitere Aufgaben geben. Okay?«

b Sucht typische Wörter für mündliche Sprache heraus. Tauscht euch darüber aus, ob sie etwas bedeuten, und begründet ihre Verwendung.

c Untersucht, wo die typischen Wörter in den Sätzen jeweils stehen. Erklärt, warum sie als Gesprächswörter bezeichnet werden.

d Bewertet, ob Theas Äußerung ihrer Lehrerin gegenüber in mündlicher Kommunikation angemessen und höflich ist.

e Thea findet ihre Lehrerin an diesem Tag nicht und schreibt ihr Anliegen auf. Formuliere ihre Äußerung in einen schriftlichen Text um. Erprobe mehrere Varianten. Kennzeichne deine Änderungen.

3

a Lest die folgenden Gesprächsausschnitte zuerst leise und dann laut.

b Erläutere, was die Reaktionsformeln *Na und?* und *Ach wo!* hier ausdrücken. Formuliere, wie die Antworten fortgesetzt werden könnten.

c Sucht weitere Reaktionsformeln, die für Gespräche typisch sind. Formuliert mit ihnen kurze Dialoge und tragt sie vor. Erklärt, was die Reaktionsformeln im Textzusammenhang jeweils ausdrücken.

!

In der **mündlichen Sprache** treten oft folgende Unterschiede zur schriftlichen Sprache auf, z. B.:
- aufgelockerter Satzbau: kurze oder unvollständige Sätze,
- Gesprächswörter, z. B.: *äh, ne,*
- Reaktionsformeln, z. B.: *Na und? Ach wo!*

4

a Lest die beiden Sätze und tauscht euch darüber aus, ob beide grammatisch richtig sind.

1 Sie haben das gleich erledigt, weil das so am besten war.
2 Sie haben das gleich erledigt, weil das war so am besten.

→ S. 188 Einteilung der Nebensätze

b Ermittle, wie sich die beiden mit *weil* eingeleiteten Nebensätze in ihrem Bau unterscheiden. Bestimme ihre Funktion.

c Überprüft mithilfe eurer Spracherfahrung, ob beide *weil*-Satz-Strukturen in mündlicher und schriftlicher Kommunikation vorkommen.

d Überlegt, wo ihr sie verwenden würdet. Welche Variante würdet ihr zur Umgangssprache, welche zur Standardsprache rechnen?

5 Bilde aus den folgenden einfachen Sätzen Satzgefüge mit *weil.* Schreibe die Variante für schriftliche Sprache auf und formuliere die Varianten für mündliche Sprache. Nenne Beispiele für ihre jeweilige Verwendung.

1 Diese Aufgabe habe ich nicht gelöst. Ich habe sie nicht verstanden.
2 Das Projekt war ein Erfolg. Fast alle haben ihre Ideen eingebracht.
3 Hanna rief ihre Oma noch spätabends an. Sie brauchte dringend ihre Hilfe.

! In kausalen (begründenden) **Nebensätzen mit der Konjunktion *weil*** steht in schriftlicher Sprache die finite Verbform an der letzten Satzgliedstelle. In mündlicher Sprache dagegen kann als umgangssprachliche Variante die finite Verbform an der zweiten Satzgliedstelle stehen.

Fachsprache untersuchen

6 Im Zusammenhang mit Sportarten hat sich ein umfangreicher Fachwortschatz entwickelt.

a Erklärt die folgenden Fachwörter des Fußballs durch genaue Umschreibung. Verwendet dazu, wenn nötig, bildliche Darstellungen.

Eckstoß – dribbeln – Abseits – Libero – Foul – Steilpass – Flanke – Querschläger

TIPP
Nutzt ggf. ein Lexikon oder das Internet.

b Stellt den Ergebnissen aus Aufgabe a gegenüber, wie ihr diese Fachwörter einem Fußball-Laien erklären würdet.

c Wähle eine andere Sportart. Stelle ein kleines Wörterbuch mit Grundbegriffen zusammen und erkläre ihre Bedeutung. Erläutere mithilfe dieser Fachwörter Regeln und Besonderheiten der Sportart.

7 Auch im Sprachunterricht benutzt du Fachwörter.

a Wie sind die folgenden Beispiele gebildet worden? Nenne die Fachwörter für die beiden Arten der Wortbildung. Wiederhole, welche Merkmale dabei zu unterscheiden sind.

Wörter|buch – be|sprechen, Sprech|er

b Setze die Fachwörter für die vier Kasus (Fälle) der Deklination ein.

1 der Computer (1. Fall / Wer-Fall) **2** des Computers (2. Fall / Wessen-Fall) **3** dem Computer (3. Fall / Wem-Fall) **4** den Computer (4. Fall / Wen-Fall)

8 Diskutiert an Beispielen der Aufgaben 6 und 7 folgende Fragen.

1. Wann könnt ihr Fachwörter benutzen?
2. Wann solltet ihr sie vermeiden?
3. Wie könnt ihr diese Wörter dann ersetzen?

9 Viele Fachwörter sind auch bei Jägern gebräuchlich.

TIPP
Nutze ggf. ein Lexikon oder das Internet.

a Ordne den Fachwörtern 1–10 die richtigen Bedeutungen A–J zu.

1 äsen **2** Bache **3** Falkner **4** Kanzel **5** Witterung **6** Blume **7** Vorstehhund **8** Schweiß **9** Lichter **10** Halali

A austretendes Blut bei angeschossenem Tier **B** Jäger, der mit Greifvögeln (z. B. Falke, Habicht) jagt **C** Jagdhund, der Wild durch »Davor-Stehenbleiben« anzeigt **D** Geruchssinn bzw. Geruch des Wildes **E** Augen des Schalenwilds (Reh, Hirsch, Wildschwein) **F** Nahrung aufnehmen **G** Jagdhornsignal: Gruß bzw. Anfang oder Ende der Jagd **H** Hochsitz **I** weibliches Wildschwein **J** Schwanz des Hasen

b Überprüft, welche dieser Wörter auch in der Alltagssprache, aber mit einer anderen Bedeutung gebraucht werden. Verwendet sie in einem entsprechenden Satz.

10 Viele Fachwörter für Motortechnik wurden, bedingt durch die Rolle der Fahrzeuge im täglichen Leben, in die Alltagssprache übernommen.

a Erkläre die Bedeutung der folgenden Fachwörter möglichst genau.

1 Zweizylinder **2** Hinterradantrieb **3** Gang **4** Xenon-Licht **5** Super **6** ABS

b Stellt weitere Fachwörter aus diesem Bereich zusammen, mit denen technische Neuerungen bezeichnet werden. Erläutert sie anschließend in der Klasse. Verwendet dazu ggf. bildliche Darstellungen.

! Bezeichnungen für bestimmte Gegenstände, Tätigkeiten usw. in Berufen, Wissenschaften, Unterrichtsfächern und speziellen Lebensbereichen (Interessen/Hobbys) werden als **Fachsprache** oder **Fachwortschatz** zusammengefasst. **Fachwörter** bezeichnen einen Sachverhalt kurz, genau und eindeutig. Sie sind Ausdruck für das Spezialwissen bestimmter Gruppen von Menschen.

11 Suche aus dem Duden fünf Fachwörter aus beliebigen Fachbereichen mit Bedeutung heraus und notiere sie.

12 Stelle Fachwörter für dein Hobby als »Wörterbuch« zusammen. Erläutere ihre Bedeutung durch Synonyme, Ober- und Unterbegriffe und Umschreibungen. Stelle das Ergebnis in der Klasse vor.

TIPP
Nutzt diese Übersichten für die Vorbereitung auf Tests.

13 Sammelt für ein Unterrichtsfach eurer Wahl zu einem Thema wichtige Fachwörter. Notiert zu jedem Fachwort, welches Spezialwissen damit bezeichnet wird. Tauscht eure Ergebnisse aus.

Jugendsprache untersuchen

14 Sammelt Wörter, die ihr in eurer Gruppe als Ausdruck für höchste Zustimmung verwendet. Kennzeichnet, welche älter und welche neu sind.

15

a Ordne den folgenden standardsprachlichen Wendungen 1–8 die jugendsprachlichen Wendungen A–H zu.

1 entspannen, sich ausruhen **2** sehr schlecht **3** lustig **4** Diskothek **5** schön, modern **6** auf jmdn. einreden **7** kein Geld haben **8** niedergeschlagen sein

A auf Nass sein **B** Zappelbude **C** zutexten **D** chillen **E** grottenschlecht **F** stylish **G** down sein **H** jokig

b Prüft, ob ihr die Wendungen A–H auch in eurer Gruppe benutzt oder ob ihr für die genannten Beispiele 1–8 andere jugendsprachliche Wörter bzw. Ausdrücke verwendet. Schreibt sie auf. Versucht zu erklären, warum sie gerade so gebildet worden sind.

!

Jugendsprache ist eine spezielle Ausdrucksweise von Jugendlichen zur Kommunikation in ihrer Gruppe. Jugendliche wollen sich damit von den Erwachsenen, manchmal auch von anderen Gruppen abgrenzen, sich untereinander aber als eine Gruppe verstehen. Jugendsprache ist somit eine Zusammenfassung verschiedener **Gruppensprachen**.
Das entscheidende Merkmal sind bewusst erfundene, originelle und auffällige Wörter. Viele davon sind kurzlebig. Manche verschwinden völlig, andere werden in die Umgangssprache übernommen und dann auch von Erwachsenen gebraucht.

16 Lege deinen Eltern eine Liste mit jugendsprachlichen Wörtern bzw. Ausdrücken vor und lass dir erklären, welche sie kennen bzw. verstehen. Frage sie, welche speziellen Wörter sie in ihrer Jugend verwendet haben.

17 Sucht besonders originelle jugendsprachliche Wörter bzw. Ausdrücke. Verwendet sie in einem Satz. Erläutert, was sie bedeuten und warum sie eurer Meinung nach originell sind.

18 Suche Beispiele für Jugendsprache aus einem Jugendbuch heraus. Beschreibe, welche Wirkung die Mittel in dem literarischen Text haben.

!

Eine **Sprachvariante (Sprachvarietät)** ist ein spezieller Teil, eine Verwendungsvariante einer Sprache. Sprachvarianten entstehen z. B. durch die Verwendung von Sprache in bestimmten Situationen (**mündliche/schriftliche Sprache**) oder durch speziellen Sprachgebrauch in sozialen Gruppen aufgrund von Spezialwissen (**Fachsprache/ Fachwortschatz**) bzw. aufgrund des Alters (**Jugendsprache**). Auch **Standardsprache, Umgangssprache** und **Dialekt** sind Sprachvarianten.

Zur Geschichte der deutschen Sprache

!

Die **deutsche Sprache** ist einerseits stabil – das zeigen z. B. Regeln zur Schreibung von Wörtern, zur Bildung von Wortformen und zum Satzbau. Andererseits **verändert** sie **sich zu jeder Zeit** in bestimmten Bereichen – z. B. sehr auffällig im Wortschatz, zum Teil auch in der Schreibung. Solche Entwicklungen zeigen sich bei Vergleichen zwischen älteren Sprachformen und dem heutigen Deutsch, sie vollziehen sich aber auch – oft unbemerkt, in kleinen Schritten – in unserer Gegenwartssprache.

TIPP
Nutze ein Wörterbuch.

1 Das Nibelungenlied wurde in mittelhochdeutscher Sprache (um 1200) aufgeschrieben. Erläutere, wie sich die folgenden Wörter in ihrer Form (Schreibung) und ihrer Bedeutung verändert haben.

mæren (Geschichten) – arebeit (Kämpfe und Mühen) – hochgezîten (Festzeiten)

mæren (Geschichten) – heute: …

TIPP
Nutze ein Wörterbuch.

2 Im Volksbuch von Till Eulenspiegel (1519) wird eine Geschichte über Till und einen Bäcker in Braunschweig erzählt. Erkläre, was die unterstrichenen frühneuhochdeutschen Wörter bedeuten, und untersuche, ob sie in der deutschen Gegenwartssprache noch in derselben Form (Schreibung) und mit derselben Bedeutung existieren.

1 Till hat sich beim Bäcker verdingt. **2** Der Bäcker fragt ihn, was für ein handwerckß man er sei. **3** Till behauptet, der Bäcker habe ihn geheissen, Eulen und Meerkatzen zu backen.

1. sich verdingen (…) – heute: …

→ **S. 113** Literarische Epoche *Weimarer Klassik*

3 In den Briefen der Mutter des Dichters J. W. von Goethe wird sichtbar, wie die deutsche Sprache um 1800 gebraucht wurde.

a Lies den folgenden Ausschnitt aus dem Brief an Goethes Ehefrau.

> Liebe Tochter! den 21ten November 1807
> Da die Christfeyertage heran nahen; so mögte gerne wißen mit was ich Euch meine Lieben eine kleine Freude machen könte – Augst[1] soll dißmahl beßer bedint werden als vorm Jahr – mit Schrecken und Verdruß habe vernommen, daß das Tuch so Miserabel aus gefallen war, dem soll vorgebeugt werden [...] bitte was der Liebe Augst aus wählt – Ehlen maß[2] und Farbe genau zu bestimmen. Vor Ihnen Liebe Tochter habe ich im Sinn ein Kleid das Sie zum Staate tragen könnten – nun ersuche Ihnen mir Ihre Lieblings Farbe anzugeben – wenn mann keine große Gaderobe hat; so bin ich sehr vor ein Kleid portirt[3] das mann Winter und Sommer tragen kan [...].

[1] August: Sohn Goethes

[2] Ellenmaß

[3] *veraltet:* ich rate sehr zu

b »Übersetze« den Brief mündlich in heutiges Deutsch. Überlege, wie die unterstrichenen Wörter und Formen übertragen werden können. Prüfe, wo das Personalpronomen *ich* eingefügt werden muss.

TIPP
Konzentriere dich auf kurze/lange Stammvokale und die Getrennt- bzw. Zusammenschreibung.

c Übertrage die folgende Tabelle in dein Heft. Suche aus dem Brief alle Besonderheiten der Schreibung heraus und stelle sie dem heutigen Deutsch gegenüber.

Deutsch um 1800	heutiges Deutsch
Feyertage ...	...

d Ermittelt Besonderheiten in der Verwendung von Komma, Semikolon und Gedankenstrich im Vergleich zum heutigen Deutsch.

e Schreibe den Briefausschnitt in heutigem Deutsch auf und beachte dabei alle notwendigen Regeln.

f Informiert euch, wann die verbindliche Rechtschreibung in Deutschland eingeführt wurde. Bewertet auf dieser Grundlage, wie die sprachlichen Besonderheiten in dem Brief von 1807 zu erklären sind.

→ S. 266 Merkwissen (Wortbildung)

! Die **Entwicklung in unserer Gegenwartssprache** ist vor allem im **Wortschatz** sichtbar. Es entstehen ständig neue Wörter, viele davon durch Wortbildung, d. h., sie werden auf der Grundlage schon vorhandener Wörter bzw. Bauteile gebildet.

4

a Suche für jede der drei Gruppen ein Wort / einen Ausdruck als Überschrift.

1 Energiewende – Strommix – erneuerbare Energien – Miniheizkraftwerk – dezentrale Energieerzeugung – Pumpspeicherwerkrenaissance – Atommüllendlager – Offshorewindpark
2 Elektroauto – Batteriezelle – E-Mobilität – Brennstoffzelle – Brennstoffzellenhersteller – Brennstoffzellenserienauto – Wasserstofftankstelle
3 Massentierhaltung – Legehennenhaltungsverordnung – Antibiotikaanwendungsbestimmung – Überwachungsbehörden – Verbraucherschutzministerium – Verbraucherzentrale

b Erläutert, welche Veränderungen in der Gesellschaft durch diese neuen Wörter und Ausdrücke widergespiegelt werden.

TIPP
Nutze ein Nachschlagewerk, z. B. ein Wörterbuch, oder das Internet.

c Erkläre die Bedeutung der einzelnen Wörter und Ausdrücke genau. Zerlege sie dazu in ihre Bauteile.

d Wörter aus vier oder mehr Bauteilen können unübersichtlich und dadurch schwer verständlich werden. Begründe, welche der folgenden Schreibungen sinnvoll ist.

1 Mini-Heizkraftwerk **2** Miniheiz-Kraftwerk **3** Miniheizkraft-Werk

e Schreibe weitere solcher Wörter mit Bindestrich auf (Aufg. 4 a).

f Sucht in verschiedenen Medien nach weiteren Wörtern und Ausdrücken für neue Erscheinungen in der heutigen Gesellschaft. Bearbeitet sie wie in den Aufgaben a bis e. Stellt eure Ergebnisse in der Klasse vor.

! Veränderung in der Sprache von heute zeigt sich auch bei neuen **Berufsbezeichnungen**, z. B.:

traditionelle Berufe	neue Berufe
Sekretärin, Schuhmacher/-in, Tischler/-in, Maurer/-in	*Kaufmann/-frau für Büromanagement, Mechatroniker/-in*

→ S.144 Sich bewerben

5 Kläre mithilfe von Informationsmaterialien, welche Tätigkeitsmerkmale zu den im Merkkasten (S. 220) genannten Berufen gehören.

6

a Tauscht euch darüber aus, welche sprachlichen Besonderheiten in folgenden Berufsbezeichnungen auffallen.

1 Fachkraft für Möbel-, Küchen- und Umzugsservice **2** Kraftfahrzeugmechatroniker/-in **3** Tourismuskaufmann/-frau **4** IT-System-Elektroniker/-in **5** Fachkraft für Wasserversorgungstechnik

b Werden solche Berufsbezeichnungen auch im Alltag verwendet? Findet Varianten dazu.

! Nicht nur bei Berufsbezeichnungen, sondern auch in anderen Lebensbereichen hat sich in den letzten Jahren die **Doppelschreibung männlicher und weiblicher Formen** verbreitet, z. B.:
Zuschauerinnen und Zuschauer – Zuschauerinnen/Zuschauer – ZuschauerInnen – Zuschauer/-innen – Zuschauer(innen).

7

a Überlegt, warum diese Doppelformen gebraucht werden. Überlegt, wo euch diese Formen besonders oft begegnet sind.

TIPP
Denkt z. B. an mündliche und schriftliche sowie Alltags- und offizielle Texte.

b Untersuche, ob die folgenden Doppelformen (im Plural) in allen fünf Schreibvarianten möglich sind.

1 Schülerinnen und Schüler **2** Mitarbeiterinnen und Mitarbeiter **3** Kolleginnen und Kollegen

c Überprüft, welche der Varianten laut Wörterbuch der orthografischen Regelung entsprechen. Begründet eure Meinungen.

Was habe ich gelernt?

8 Überprüfe, was du über die Varianten bzw. die Geschichte der deutschen Sprache gelernt hast. Wähle eines der beiden Themenfelder aus und fasse dein Wissen auf einem Merkblatt zusammen.

Groß- und Kleinschreibung

Nominalisierungen/Substantivierungen

Rechtschreibhilfe: Regeln anwenden

1 Prüfe, welche wichtigen Regeln der Groß- und Kleinschreibung du kennst. Vervollständige die Sätze und schreibe die Regeln in dein Heft.

1 Satzanfänge schreibt man ______ .
2 Eigennamen (z. B. *die Sächsische Schweiz*) schreibt man ______ .
3 Nomen/Substantive (z. B. *Baum, Haus, Garten*) werden im Deutschen ______ geschrieben.
4 Alle anderen Wortarten, z. B. Verben *(schreiben)*, Adjektive *(warm)*, werden ______ geschrieben.
5 Allerdings muss man diese Wortarten ______ schreiben, wenn sie nominalisiert/substantiviert wurden (z. B. *beim Schreiben, etwas Warmes*).

2

a Erkläre die unterschiedliche Groß- und Kleinschreibung in den Sätzen.

1 Der Gefangene floh aus dem Gefängnis.
2 Mit einem Satz sprang der gefangene Floh aus der Schachtel.
3 Die alten Sagen sind manchmal ziemlich spannend.
4 Die Alten sagen, dass wir einen schönen Sommer bekommen.

b Ändere die Aussage mithilfe von Groß- und Kleinschreibung in folgenden Wortgruppen und erkläre die unterschiedliche Bedeutung.

1 den kleinen Schätzen **2** den deutschen Boden verkaufen **3** kaltes Essen **4** der starke Trank **5** das liebe Ich **6** viele kluge Reden hören **7** die arme Haut **8** wo die wilden Menschen fressen

1. den kleinen Schätzen – den Kleinen schätzen,
2. …

●●● **c** Bilde mit mindestens fünf Wortgruppen kurze Sätze.

Er wandte sich den kleinen Schätzen in der Truhe zu.
Man sollte auch den Kleinen schätzen. …

!

Etwa 15–20 % aller Rechtschreibfehler im Deutschen entfallen auf die Groß- und Kleinschreibung. Es ist daher sehr wichtig, nicht nur die **Regeln für die Groß- und Kleinschreibung** zu kennen, sondern auch charakteristische Merkmale von Nomen/Substantiven und nominalisierten/substantivierten Wörtern.

Typische **Großschreibungssignale** sind z. B.:

- **Suffixe**, wie *-ung, -heit, -keit, -nis, -schaft*, z. B.: *Heizung, Freiheit, Heiterkeit, Erlebnis, Bereitschaft,*
- **Begleitwörter**, wie Artikel, Adjektive, Pronomen, Präpositionen,
- die **Stellung** in der nominalen Wortgruppe (ganz rechts), z. B.: *die beliebte Eins (auf dem Zeugnis), mit seinem lauten Schreien.*

Rechtschreibhilfe: Begleitwörter suchen

3 Suche alle Nomen und nominalisierten Wörter in diesem Text heraus und schreibe sie mit ihren Begleitwörtern auf. Unterstreiche die Begleitwörter.

Das liebe Brot

Das Brot gibt es seit drei Jahrtausenden in jeder Zivilisation. Die Herstellung ist aus verschiedenem Getreide möglich. Mit dem systematischen Anbau von Getreide begann der Mensch vor ca. 10 000 Jahren. Ursprünglich wurde das gemahlene Getreide mit klarem Wasser vermengt und als dünner Brei gegessen. Später wurde dieser Brei auf heißen Steinen oder in der glühenden Asche als schmackhaftes Fladenbrot gebacken. Das Interessante daran ist, dass gesäuertes Brot schon vor 5000 Jahren bekannt war, so zum Beispiel im alten Ägypten. Von dort aus gelangten die Kenntnisse über das Backen von Brot über das alte Griechenland nach Europa.

das liebe Brot, ...

!

Am häufigsten werden **Fehler** bei der **Groß- und Kleinschreibung** in folgenden Bereichen gemacht:

- bei nominalisierten/substantivierten Adjektiven, Verben, z. B.: *das Gute, beim Schreiben,*
- bei der Schreibung von Superlativen, z. B.: *am schnellsten,*
- bei festen Wendungen, z. B.: *im Allgemeinen, in Bezug auf,*
- bei der Angabe von Tageszeiten, z. B.: *heute Abend, abends,*
- bei geografischen Eigennamen auf *-er* und *-isch*, z. B.: *das Berliner Stadtzentrum, Sächsische Schweiz.*

Rechtschreibhilfe: Regeln und Proben anwenden

→ S.176 Grammatische Proben nutzen

4 Schreibe die im Merkkasten auf S.223 genannten Fehlerbereiche ab und ordne ihnen folgende Beispiele in richtiger Groß- und Kleinschreibung zu. Lege dazu eine Tabelle an.

1. Das SCHÖNE beim JOGGEN in den Bergen ist die frische Luft.
2. Am SCHÖNSTEN aber ist die herrliche Umgebung.
3. IM GROSSEN UND GANZEN gefällt das auch meiner Freundin.
4. Sie findet jedoch das SCHWIMMEN und das TAUCHEN am BESTEN.
5. IN BEZUG auf den Musikgeschmack stimmen wir IM ALLGEMEINEN überein.
6. Bei JUNG UND ALT unterscheiden sich allerdings die Vorlieben.
7. Die JUNGEN wollen ABENDS meist noch in die Disko gehen oder Partys feiern.
8. Die ALTEN sagen, dass sie das LAUTE nicht so mögen, und bei den JUNGEN kann es oft nicht laut genug sein.
9. IM WESENTLICHEN ist das auch bei uns zu Hause so.
10. Niemand will AUF BIEGEN UND BRECHEN seine Meinung durchsetzen.

5

a Schreibe diesen Text ab und entscheide, welche Wörter du großschreiben und welche du kleinschreiben musst.

TIPP
Du kannst dir den Text auch diktieren lassen.

WARMES ODER KALTES WASSER?

NACH DEM BENUTZEN DER TOILETTE SOLLTE MAN DAS WASCHEN DER HÄNDE NICHT VERGESSEN. ABER BEIM AUFDREHEN DES HAHNS KOMMT HÄUFIG NUR KALTES WASSER AUS DER LEITUNG. IST ABER KALTES WASSER BEIM REINIGEN DER HÄNDE GENAUSO GUT WIE WARMES? EIGENTLICH MERKT MAN SCHON BEIM SPÜLEN VON GESCHIRR, DASS WARMES WASSER BESSER DEN SCHMUTZ LÖST. SO IST ES AUCH BEIM HÄNDEWASCHEN. AUF UNSERER HAUT BEFINDET SICH EIN DÜNNER FETTFILM. DARAN KLEBEN AUCH DIE KRANKHEITSKEIME, DIE WIR BEIM FAHREN MIT DEM BUS ODER DER BAHN ODER AUF DER TOILETTE EINSAMMELN. IST DAS WASSER WARM, DANN LÖST SICH DER FETTFILM AM BESTEN. DIESE ERKENNTNIS IST JA EIGENTLICH NICHTS NEUES UND NICHTS BESONDERES. MIT SEIFE UND WARMEM WASSER IST DAS WEGSPÜLEN DER MEISTEN KEIME KEIN PROBLEM MEHR.

b Unterstreiche in deinem Text alle nominalisierten Verben und Adjektive.

●●● **c** Formuliere die Sätze mit nominalisierten Verben in Sätze mit finiten Verbformen um.

→ S.199 Mittel der Verdichtung und Auflockerung

Wenn man die Toilette benutzt hat, sollte …

6

a Sieh dir noch einmal Regel K 72 aus dem Duden an.

K 72

1. Als Substantive gebrauchte Adjektive und Partizipien werden in der Regel großgeschrieben.	**1.** das Gute, die Angesprochene, Altes und Neues; und Ähnliches (Abk. u. Ä.), wir haben Folgendes/das Folgende geplant; der zuletzt Genannte (*oder* Zuletztgenannte), die zu spät Gekommenen (*oder* Zuspätgekommenen); die Rat Suchenden (*oder* Ratsuchenden); das der Schülerin Bekannte, das zu Beachtende, das dort zu Findende; etwas auf Englisch sagen; im Allgemeinen; der Einzelne; in Blau und Gelb; die Russisch-Orthodoxen
2. Häufig zeigen vorangehende Wörter wie „alles", „etwas", „nichts", „viel", „wenig" den substantivischen Gebrauch an.	**2.** alles Gewollte, etwas [besonders] Gutes, nichts Wichtiges, viel Unnötiges, wenig Durchdachtes
3. Die Großschreibung gilt auch in festen Wortgruppen und in [nicht deklinierten] Paarformeln zur Bezeichnung von Personen ‹§57 (1)›.	**3.** im Dunkeln tappen, im Trüben fischen, auf dem Laufenden sein, zum Besten geben ▪ ein Programm für Jung und Alt
4. Kleinschreibung gilt dagegen in festen adverbialen Wendungen aus Präposition und artikellosem, nicht dekliniertem Adjektiv ‹§ 58 (3)›. Ist das Adjektiv dekliniert, kann es sowohl groß- als auch kleingeschrieben werden.	**4.** durch dick und dünn, über kurz oder lang ▪ von Nahem *oder* nahem, bis auf Weiteres *oder* weiteres

Rechtschreibhilfe: Regeln anwenden

b In den folgenden Sätzen sind alle Adjektive kleingeschrieben, auch die nominalisierten. Schreibe die markierten Wortgruppen richtig heraus.

Achtung, Fehler!

Gestern war eigentlich nichts besonderes. Ich verließ wie immer um 7 in der frühe das Haus. Meine Mutter wünschte mir alles gute für den Tag, weil in englisch eine LK anstand. So eine Kontrolle ist im großen und ganzen für mich nichts schlimmes. Meine Leistungen sind nicht schlecht. Ich bin im allgemeinen ganz auf dem laufenden. Nach dem Schulabschluss will ich für ein Jahr ins Ausland. Das gute daran ist, dass man viel neues, viel interessantes erleben kann.

nichts Besonderes, …

7 Hier sind noch einmal häufige Fehlerquellen der Groß- und Kleinschreibung zusammengestellt.

a Schreibe die Wendungen, geordnet nach Groß- und Kleinschreibung, in dein Heft. Benutze unbedingt ein Wörterbuch.

1 sich über etwas im k/Klaren sein
2 seit l/Längerem
3 von n/Nah und f/Fern
4 im w/Wesentlichen
5 der e/Erste b/Beste
6 nach h/Hause gehen
7 etwas a/Außergewöhnliches
8 das f/Folgende aufschreiben
9 bis ins e/Einzelne
10 ein b/Bisschen warten
11 über k/Kurz oder l/Lang
12 im ü/Übrigen
13 nach langem h/Hin und h/Her
14 aufs h/Herzlichste grüßen
15 ein p/Paar Worte sagen (einige)
16 durch d/Dick und d/Dünn gehen
17 von k/Klein auf
18 etwas zu e/Ende bringen
19 bis zum l/Letzten kämpfen

b Bilde mit den Wortgruppen kurze Sätze und unterstreiche sie.

1. Wir waren uns über die Schreibung im ...

TIPP
Bei Großbuchstaben steht *ss* für ß.

c Schreibe den Text in der richtigen Groß- und Kleinschreibung ab.

1 NUR IM DEUTSCHEN WERDEN NOMEN GROSSGESCHRIEBEN.
2 IM ALLGEMEINEN SIND DIE REGELN VERSTÄNDLICH.
3 SCHWIERIGKEITEN GIBT ES MIT DER NOMINALISIERUNG.
4 ES IST JA IM WESENTLICHEN BEKANNT, DASS JEDE WORTART NOMINALISIERT WERDEN KANN.
5 FÜR DIE DEUTSCHEN IST ES ALSO NICHTS BESONDERES, ADJEKTIVE ODER VERBEN MANCHMAL GROSSZUSCHREIBEN.
6 DAS NACHSCHLAGEN IM WÖRTERBUCH IST BEI UNSICHERHEITEN ABER ZU EMPFEHLEN.

d Eräutere die Groß- und Kleinschreibung in Aufgabe c anhand der Regel K72 (Kasten S. 225).

Getrennt- und Zusammenschreibung

1 Lies den Text laut. Überlege, weshalb das Lesen schwerfällt. Schreibe ihn dann in der richtigen Rechtschreibung auf.

Winfried Ulrich **Augendreher**

Wörterhabeneinenanfangundeinende.
ManCHE wörteR SCHreibT maN AM anFanGG roß.
Z wische nd enwör ter ng ib te sabst än de.
»Auch!« Satzz-eichen; hel ... (fen) – beim? Lesen.
Gibn ich tauf!
Üb ungm acht denmei ster.
Esi stnochk ein meis terv omhim melgef all en.
Oh Nefl eißk Ei nenp Reis!
dU HA StS Gesch Aff T?!!

TIPP
Nur ein Wort wird zusammengeschrieben.

2 Entscheide, welche Schreibweise der Wörter in Großbuchstaben richtig ist. Erläutere die Varianten der Getrennt- und Zusammenschreibung.

1 Wir wollen HANDBALLWELTMEISTER werden.
2 Wir wollen mit dem HANDBALLWELTMEISTER werden.
3 Wir wollen im HANDBALLWELTMEISTER werden.
4 Wir wollen in der HANDBALLWELTMEISTER werden.

Achtung, Fehler!

!

In der Regel werden die Wörter zum besseren Lesen getrennt geschrieben. Häufig entscheiden **Betonung** und **Bedeutung** von Wortgruppen über die Getrennt- oder Zusammenschreibung.

- Liegt die **Betonung auf dem ersten Bestandteil**, dann wird zusammengeschrieben, z. B.: *hinauslehnen, gutschreiben* (Betrag).
- Werden **beide Bestandteile betont**, wird getrennt geschrieben, z. B.: *miteinander reden, schnell laufen, gut schreiben* (Aufsatz).
- Wird die Wortverbindung **in übertragener Bedeutung** verwendet, dann wird sie zusammengeschrieben, z. B.: *freisprechen* (von Schuld).
- Bei Verbindungen von Verben mit *bleiben* und *lassen* in übertragener Bedeutung ist sowohl Getrennt- als auch Zusammenschreibung möglich, z. B.: *sitzenbleiben* und *sitzen bleiben* (nicht versetzt werden).
- Bei Verbindungen mit *sein* wird immer getrennt geschrieben.

Verbindungen mit undeklinierbaren Wörtern

TIPP
Nutze die Betonungsprobe und achte auf die Bedeutung.

3 Wende die Regeln aus dem Merkkasten (S. 227) an.

a Suche zu den Wörtern passende Verben und schreibe die entsprechenden Zusammensetzungen auf.

ab auf drauflos empor entzwei fort herab heraus hinzu voran zusammen hinüber hinterher voraus überein vorbei weiter zurück

ablaufen, auftreten, …

b Verwende zehn Zusammensetzungen in Wortgruppen und markiere die Betonung.

die Strecke ablaufen, im Theater auftreten, …

c Erkläre den Bedeutungsunterschied der unterstrichenen Wörter.

1 Ben war schneller, sodass ich ständig hinterherlaufen musste.
2 Meine Freunde wollten hinterher laufen (nach dem Unterricht).

d Getrennt oder zusammen? Achte auf die Bedeutung und wende auch die Betonungsprobe an. Schreibe die Sätze in dein Heft.

1 Sie wollte bei dem Gespräch dabei/bleiben (nicht weggehen).
2 Er kann dabei/bleiben und muss seine Meinung nicht ändern.
3 Die Schüler mussten noch da/bleiben (durften noch nicht gehen).
4 Aber sie sollten da/bleiben, wo sie sicher sind.
5 Wir hoffen, dass alle ohne eine Verletzung davon/kommen.
6 Die Gefahr soll davon/kommen, dass der Reifen abgefahren ist.

Verbindungen aus Adjektiv + Adjektiv

4 Bilde aus den folgenden Wortbestandteilen Zusammensetzungen und schreibe sie auf. Kontrolliere mit einem Wörterbuch und formuliere eine Regel mit entsprechenden Beispielen.

bitter – brand – dunkel – erz – extra – feucht –
lau – blau – nass – super – ultra

böse – alt – eilig – rot – gültig – weiß – scharf – modern – warm –
ernst – sauer – geil – faul – gefährlich – kalt – leicht

bitterböse, …
Regel: Verbindungen aus Adjektiv + Adjektiv …

Verbindungen aus Adjektiv + Verb

5 Getrennt oder zusammen? Übertragene oder ursprüngliche Bedeutung? Schreibe die Sätze in der richtigen Schreibung ab.

1 Wir lassen uns von der Bank den Betrag gutschreiben / gut schreiben.
2 Du musst deinen Lebenslauf aber gutschreiben / gut schreiben.
3 Die kleinen Taschen lassen sich leichtnehmen / leicht nehmen.
4 Die Prüfungsaufgaben werden ihm sicher schwerfallen / schwer fallen.
5 Wer im Bus schwarzfährt / schwarz fährt, kann bestraft werden.
6 Bei Glatteis kann man ziemlich schwerfallen / schwer fallen.
7 Man sollte die Aufgaben nicht zu leichtnehmen / leicht nehmen.
8 Du musst nicht immer alles schwarzmalen / schwarz malen und ständig schwarzsehen / schwarz sehen.
9 Nomen/Substantive muss man im Deutschen großschreiben / groß schreiben, alle anderen Wortarten dagegen kleinschreiben / klein schreiben.
10 Diesen Buchstaben kannst du auf dem Plakat ruhig ganz großschreiben / groß schreiben.

Verbindungen mit *irgend-*

6

a Schlage im Wörterbuch nach, wie die folgenden Verbindungen mit *irgend-* geschrieben werden. Schreibe sie richtig auf. Leite daraus eine Regel ab.

etwas – jemand – ein – einmal – wann –
wer – welche – wie – wo – woher

irgendetwas, ...
Regel: Verbindungen mit »irgend-« werden stets ...

b Bilde mit drei dieser Verbindungen jeweils einen kurzen Satz.

Verbindungen mit *sein*

7 Schreibe die markierten Verbindungen heraus und formuliere die Regel zur Schreibung von Verbindungen mit *sein*.

1 Er wollte pünktlich/sein. **2** Wir sollten deshalb alle um 10 Uhr da/sein. **3** Gegen 12 Uhr wird die Schule aus/sein. **4** Zu meinem Kätzchen muss man einfach lieb/sein. **5** Wir wollten besonders leise/sein.

1. pünktlich sein, ...
Regel: Verbindungen mit »sein« werden ...

8 Lass dir zunächst den ganzen Text vorlesen. Danach diktiert dir deine Lernpartnerin / dein Lernpartner die unterstrichenen Wörter (Auslesediktat).

Schon seit Längerem gibt es in den USA so genannte Schülerjäger, weil immer wieder Schülerinnen und Schüler dem Unterricht fernbleiben. Sie sagen, dass der Unterricht superlangweilig sei. Manche Schulen setzen extragroße Fangprämien aus. Um die wenig lernbegeisterten Schulschwänzer einzufangen, beschäftigen die Schulleitungen großgewachsene Kopfgeldjäger. Diese unauffällig gekleideten Schülerfänger in blaugrauer Jacke und dunkelblauen Jeans erhalten pro Fang immerhin 300 Dollar (ca. 250 Euro). Die schwer verständliche Maßnahme der Schulen basiert auf einem vollgültigen Abkommen mit den Jugendlichen, in dem geregelt ist, dass die Schüler unter peinlich genauer Beobachtung stehen. Einige großspurige Schulschwänzer wurden, nachdem man sie geschnappt hatte, recht kleinmütig. Dass diese erzkonservative Methode Erfolg hat, zeigt die ständig abnehmende Zahl der fernbleibenden Schüler.

Häufig vorkommende Schreibungen einprägen

9 Die folgenden Verbindungen werden alle getrennt geschrieben. Präge sie dir ein und bilde mit ihnen kurze Sätze.

ein bisschen – auf einmal – noch einmal – vor allem – zu Ende – erst einmal – gar kein – gar nicht – wie viel – auf Wiedersehen

Vor der Prüfung habe ich ein bisschen Angst. …

!

Verbindungen aus **Verb + Verb** werden getrennt geschrieben, z. B.: *einkaufen gehen, singen lernen.*
Nur **in übertragener Bedeutung** können Verbindungen mit *bleiben* und *lassen* auch zusammengeschrieben werden, z. B.: *sitzenbleiben* (nicht versetzt werden), *links liegenlassen* (nicht beachten).
Verbindungen aus **Nomen/Substantiv + Verb** werden meist getrennt geschrieben, z. B.:
Auto fahren, Fußball spielen, Koffer packen, Rad fahren, Ski laufen.
Folgende Ausnahmen muss man sich einprägen:
bergsteigen, eislaufen, heimfahren, irreführen, kopfrechnen, kopfstehen, leidtun, nottun, preisgeben, standhalten, stattfinden, stattgeben, teilhaben, teilnehmen.

Verbindungen aus Verb + Verb und Nomen + Verb

10 Bilde mit den Beispielwörtern der Regeln aus dem Merkkasten (S. 230) mindestens zehn sinnvolle Wortgruppen.

nach der Schule einkaufen gehen, mit Freunden Ski laufen, …

Häufig vorkommende Ausnahmen einprägen

11 Vervollständige die folgenden Sätze, schreibe die markierten Wortgruppen in dein Heft und präge dir die Schreibung dieser Ausnahmen ein.

1 Gestern war ich mit meiner Freundin in der Halle (eislaufen).
2 Als sie stürzte, hat es mir sehr (leidtun).
3 Aber tapfer hat sie den Schmerzen (standhalten).
4 Dabei hatte sie an einem Trainingskurs (teilnehmen).
5 Dieser Kurs hat aber schon vor vier Wochen (stattfinden).
6 Als sie auf den Beinen stand, sagte sie mit einem Lächeln im Gesicht: »Auch wenn du (kopfstehen): Morgen gehe ich wieder (eislaufen).«

1. in der Halle eislaufen, …

TIPP
Bilde weitere Wortgruppen mit den Ausnahmewörtern und schreibe sie auf.

12 Schreibe die Verben aus Aufgabe 11 (Klammer) auf. Präge dir die Schreibung ein.

Die wichtigsten Regeln zusammenfassen

13 Lies alle Merkkästen zur Getrennt- und Zusammenschreibung noch einmal. Gestalte selbst einen Merkkasten, in dem du die Regeln zur Getrennt- und Zusammenschreibung mit je zwei Beispielen übersichtlich zusammenfasst.

14 Wie sehr wir uns an die Regeln der Getrennt- und Zusammenschreibung gewöhnt haben, zeigt das folgende Gedicht.

a Versuche, den Text flüssig zu lesen.

Eugen Roth **Dassch nit zel**
E inmen schders iche insch nitz elb riet
bem erk ted assi hmd asmiss riet
jed ochda eressel bstgeb raten
tu terals wär'e sihmger aten
un dums ich nichtzus tra fen lü gen
isster's mitherz lich emvergnü gen

b Schreibe das Gedicht in richtiger Getrennt- und Zusammenschreibung auf. Achte auf die Zeichensetzung und die Groß- und Kleinschreibung.

Fremdwörter

TIPP
Kontrolliere mit einem Wörterbuch oder einem Fremdwörterbuch.

1

a Lies die folgenden Zeilen und erkläre das Missverständnis.

Anna zu ihrer Freundin Lena: »Benni hat sich bei mir beklagt. Du würdest ihn seit Längerem völlig ignorieren.«
Lena ganz erstaunt: »Da kannst du mal sehen, wie der lügt. Ich habe mich seit einem Jahr überhaupt nicht mehr um ihn gekümmert.«

b Suche aus dem Wörterbuch die Herkunft und Bedeutung des Wortes *ignorieren* heraus und schreibe das entsprechende Nomen dazu.

!

Fremdwörter sind Wörter, die aus einer fremden Sprache übernommen wurden und die sich in Lautung, Schreibung und Flexion unserer Sprache **noch nicht angepasst** haben. Viele Wörter kommen aus dem Griechischen, dem Lateinischen und dem Französischen. Sie sind an typischen Wortbauteilen (Präfixen, Suffixen) und ungewohnten Buchstabenkombinationen zu erkennen, z.B.: *rhythmisch* (griech.), *Diskussion* (lat.), *Blamage* (franz.).

Fremdwörter aus dem Griechischen und Lateinischen

TIPP
Präge dir diese Präfixe ein.

2

a Ordne diese Fremdwörter aus dem Griechischen und dem Lateinischen den typischen Präfixen (Vorsilben) zu.

ab- ad- ana- anti- auto- dia- ex- inter- kata-
para- prä- pro- sym- tele- trans- ultra-

1 Abitur **2** absolut **3** abstrakt **4** Adjektiv **5** Adoption
6 Analyse **7** Analogie **8** Antibiotikum **9** Antiblockiersystem
10 automatisch **11** Autogramm **12** Dialekt **13** Dialog
14 Diamant **15** Examen **16** Exemplar **17** Expedition
18 Interpunktion **19** Intervall **20** Katastrophe **21** Katarrh
22 Katalog **23** parallel **24** Parasit **25** Parataxe **26** Präposition
27 Produktion **28** Programm **29** Prozent **30** Sympathie
31 Symphonie **32** Telefon **33** Transport **34** ultraviolett

ab-: Abitur, absolut, ...

b Bilde zu den Wörtern 5, 6, 10, 27 und 33 die dazugehörigen Verben.

5. Adoption – adoptieren,
6. …

TIPP
Merke dir diese Suffixe (Nachsilben).

3 Suche zu den folgenden griechischen und lateinischen Suffixen möglichst viele passende Wörter und schreibe sie auf. Markiere die Suffixe.

1 -ik **2** -ine **3** -ion **4** -ismus **5** -ist/-istisch **6** -iv **7** -or **8** -ität

1. Musik, Physik, …

! In den letzten 300 Jahren wurden sehr viele Fremdwörter **aus dem Französischen** übernommen, z. B. Begriffe aus dem militärischen Bereich (*Artillerie*), aus der Kunst und dem Theater (*Souffleuse*), aus dem Bereich der Küche (*Sauce*), der Mode (*Blouson*), der Kosmetik (*Parfüm*), der Musik (*Chanson*), des Verkehrswesens (*Karosserie*) und der Post (*Couvert*).
Diese Fremdwörter unterscheiden sich vom Deutschen meist erheblich in **Schreibung** und **Aussprache**. Typische **Buchstabenkombinationen** sind z. B.: *age, aill, é, eau, oi, ou.*
Der Einfluss des Französischen ist gegenwärtig zugunsten des Englischen stark zurückgegangen.

Fremdwörter aus dem Französischen

Achtung, Fehler!

4

a Schreibe die richtige Variante dieser Fremdwörter zusammen mit dem Artikel und der Pluralform auf. Kontrolliere mit einem Wörterbuch.

1	Niveo	Niveau	Niwo	Nieveau
2	Ingenieur	Ingeneur	Inschenieur	Ingenjör
3	Medalle	Medaile	Medallje	Medaille
4	Passagier	Pasagier	Passagir	Passaschier
5	Cuosin	Cousin	Kuseng	Cosin
6	Changse	Chance	Chanse	Schance
7	Genie	Schenie	Geni	Jenie
8	Engagment	Angagement	Engaschement	Engagement

1. das Niveau, die …

b Markiere in deinem Heft die schwierigen Stellen der Schreibung.

c Tauscht euch über die richtige Aussprache der Fremdwörter aus.

TIPP
Schlagt ggf. in einem Wörterbuch nach.

d Bilde mit jedem Fremdwort eine sinnvolle Wortgruppe.

1. das Niveau, die Niveaus – ein hohes Niveau haben

5 Lies den Text und schreibe die 29 Fremdwörter aus dem Französischen heraus (die unterstrichenen Wörter zählen jeweils als ein Wort). Füge jeweils den Artikel hinzu. Arbeite mit einem Wörterbuch. Achte neben der Bedeutung auch auf die Aussprache.

Essen wie Gott in Frankreich

Die französische Küche ist weltberühmt und vor allem von Gourmets heiß begehrt. Die französischen Restaurants sind daher immer gut besucht. Als Vorspeisen werden gern Bouillon oder ein Ragout fin serviert. Auf dem Tisch steht ein Teller mit frischen Orangen, dazu noch warme Croissants, aber auch Nougat-Pralinen und Bonbons fehlen nicht. Neben dem Besteck liegen elegant gefaltete Servietten.

Als Hauptgericht kann man ein delikates Filet vom Rind, Roulade oder Kotelett wählen. Als Beilagen sind Pommes frites, Kroketten oder Püree möglich. Die Saucen sind häufig mit Champignons und raffinierten Gewürzen verfeinert. Beim Dessert stehen Vanilleeis mit flambierten Früchten, Mousse oder zahlreiche süße Cremes zur Auswahl.

Wer möchte, trinkt noch einen Café oder ein Glas Champagner. Na dann guten Appetit.

der Gourmet, …

Fremdwörter aus dem Englischen

6

a Lies die Programmvorschau und erkläre jemandem, der nicht so gut Englisch kann, die folgenden Sendungen.

8:00	Weck up	21:15	The Mentalist (Krimi)
10:25	Clever (Show)	22:15	Criminal Minds (Krimi)
14:00	The Voice of Germany (Castingshow)	0:25	News & Stories
17:00	Messie-Alarm (Magazin)	1:10	Navy CIS (Krimi)
17:30	Race of Champions	2:30	Days of Thunder (Film)

b Versuche zu begründen, weshalb so viele Sendungen englische Titel haben.

!

Gegenwärtig werden viele Fremdwörter aus dem **Englischen übernommen (Anglizismen)**, insbesondere aus den Bereichen der Informationstechnik (*iPad, Bluetooth, W-LAN*), der Mode und des Sports (*Shorts, Mountainbike, Bungeejumping*), der Film- und der Musikbranche (*Boygroup, Rapper*).

Gründe für die Übernahme von Anglizismen sind v. a.:

- Einige englische Wörter lassen sich nur sehr umständlich ins Deutsche übertragen, z. B.: *Boygroup, Scanner.*
- Englische Wörter sind manchmal kürzer und präziser, z. B.: *Stress, Pool.*
- Die Sprache klingt vermeintlich moderner und gebildeter, z. B.: *Snowboard, Airbag, Aircondition, Beautycase, Event, Outdoor.*
- Unattraktive Berufe sollen schmackhaft gemacht werden, z. B.: *Area Manager, Facility-Manager, Call-Center-Agent.*

Manche Wörter gibt es im Englischen gar nicht, z. B.: *Handy, Service Point, Oldtimer, Evergreen, Basecap, Showmaster.*

Andere Wörter haben im Englischen eine ganz andere Bedeutung, z. B.:

Public Viewing (*amerik.*, eigentlich: Aufbahrung eines Leichnams),
Bodybag (eigentlich: Leichensack),
City (eigentlich: Großstadt).

7 Weit verbreitet sind englische Wörter in der Werbung, um international und modern zu wirken, obwohl, einer Umfrage nach, die meisten Deutschen die Slogans nicht richtig übersetzen können.

a Lies folgende Beispiele für nicht gelungene Übertragungen ins Deutsche.

1 Colour your life (SAT.1): Färbe dein Leben.
2 Sense and simplicity (Philips): Denke simpel. Einfach wie eine Sense.
3 Broadcast yourself (YouTube): Mache deinen Brotkasten selbst. Füttere dich selbst.
4 Come in and find out (Douglas): Komm rein und finde wieder raus.

[1] Bring Farbe in dein Leben.
[2] Sinnvoll und einfach zu bedienen.
[3] Sende (dich) selbst.
[4] Komm rein und find es heraus.

b Wie lauten deine Übersetzungen? Schreibe sie auf und vergleiche mit den Lösungen in der Randspalte.

> **!** Auch Fremdwörter aus dem Englischen sind an **typischen Buchstabenkombinationen**, wie *ea, eau, igh, ity, oo, ou, y,* zu erkennen. Wie im Französischen unterscheidet sich die Aussprache oft erheblich von der Schreibung. Deshalb ist auch die Rechtschreibung englischer Wörter viel schwieriger als die deutscher, z. B.: *beauty, live, light*.

8

a Setze in die folgenden Anglizismen die erforderlichen Buchstabenkombinationen ein und schreibe die Wörter auf.

ea – eau – igh – ike – oo – oa – ou – ey – y – ow

1 T■m **2** P■l **3** l■t **4** Cit■ **5** Jock■ **6** Part■ **7** Hobb■ **8** B■m **9** c■l **10** M■ntainb■ **11** K■b■rd **12** B■tyfarm **13** D■nl■d **14** Backgr■nd **15** C■ntd■n **16** Rec■cling **17** Autol■sing

1. Team, 2. …

b Füge für jede Buchstabenkombination mindestens zwei weitere Beispiele hinzu.

TIPP
Verwende ein Wörterbuch zur Kontrolle der Schreibung.

Achtung, Fehler!

9

a Diese englischen Fremdwörter sind fast so geschrieben, wie man sie spricht. Berichtige die Schreibung, unterstreiche die schwierigen Stellen.

1	Interwju	**11**	Träner
2	Paplik Wjuing	**12**	Hailait
3	Kauboij	**13**	kläver
4	Biefstejk	**14**	fär
5	Mätsch	**15**	Mänätscher
6	Dschiens	**16**	Boijgruhp
7	Speiks	**17**	Inlainskejts
8	Softwär	**18**	Kätschap
9	Säntwitsch	**19**	Schattl
10	Tiehm	**20**	Fann

1. Interview, …

●●● **b** Verfasse einen Unsinns-Text, in dem du möglichst viele Fremdwörter aus Aufgabe a unterbringst. Prüfe anschließend, ob du sie richtig geschrieben hast.

Fehlerschwerpunkte in Bewerbungen erkennen – Fehler vermeiden

→ S.144 Sich bewerben

1 Lies den folgenden Text und fasse zusammen, welche Konsequenzen du daraus ziehen solltest.

Das Bewerbungsschreiben und der Lebenslauf stellen die erste Begegnung der Bewerberin / des Bewerbers mit dem möglichen künftigen Arbeitgeber dar. Daher sollten diese Schreiben nicht nur inhaltlich und formal einen positiven Eindruck hinterlassen, sondern auch in der Rechtschreibung möglichst fehlerfrei sein. Die Hälfte von über 250 befragten Personalchefs sondert Bewerbungen mit zwei Rechtschreibfehlern und mehr gnadenlos aus. So ist es in der Bewerbungsstudie 2010 zu lesen.

2 In den folgenden Aufgaben werden die häufigsten Fehler dargestellt, die in Bewerbungsschreiben zu finden sind.

Höflichkeitsanrede

> **TIPP**
> Kontrolliere deine Lösungen mit den Dudenregeln K 83–84.

a Schreibe den folgenden Text mit den korrekten Anreden in dein Heft.

1 Sehr geehrte Damen und Herren, von einem ihrer/Ihrer Mitarbeiter erfuhr ich, dass in ihrem/Ihrem Betrieb Auszubildende eingestellt werden.
2 Ich möchte mich deshalb bei ihnen/Ihnen um einen Ausbildungsplatz als Elektroniker bewerben.
3 Ich wäre ihnen/Ihnen sehr dankbar, wenn sie/Sie mich zu einem Vorstellungsgespräch einladen würden.
4 Falls sie/Sie noch Fragen haben, so können sie/Sie mich über meine E-Mail-Adresse erreichen.
5 Sie finden sie/Sie auf diesem Bewerbungsschreiben.
6 Ich bedanke mich im Voraus für ihre/Ihre Mühe.

Unterscheidung von *seid* – *seit*

b Schreibe den Text ab und setze *seid* bzw. *seit* ein.

1 Schon ______ meiner Kindheit interessiere ich mich … **2** ______ dieser Zeit … **3** ______ einem Jahr bin ich in einer AG … **4** ______ September letzten Jahres bin ich in der 9. Klasse. **5** Ein guter Rat: ______ sorgfältig bei der Gestaltung eurer Bewerbung. **6** ______ auch beim Bewerbungsgespräch aufmerksam und höflich.

TIPP
Schreibtipps findest du im Internet unter dem Stichwort *seit – seid.*

c Schreibe die folgende Regel ab und setze *seid* oder *seit* richtig ein. Ergänze je zwei Beispiele.

______ wird stets bei Zeitangaben verwendet. Man kann es meistens durch das Wort *ab* ersetzen. ______ ist eine Präsensform des Verbs *sein*, und zwar die zweite Person Plural: *ihr* ______ bzw. eine Imperativform (Befehlsform) Plural.

Unterscheidung von *ss – ß*

TIPP
Schlage unter K 159 im Duden nach.

Achtung, Fehler!

d Immer wieder finden sich in den Bewerbungen Fehler bei der Schreibung von Wörtern mit *ss* oder *ß*. Berichtige die Fehlerwörter und schreibe sie auf.

1 Ich will einen guten Mittelschulabschluß erreichen. **2** Ausserdem übermittle ich Ihnen noch Belege über Praktika. **3** Auserhalb des Unterrichts besuche ich noch eine AG. **4** In den letzten Monaten habe ich mich intensiv mit den Berufsbildern im Bürobereich befast. **5** Ich bin absolut verläßlich. **7** Anläslich eines Wohnungswechsels meiner Eltern hat sich unsere Adresse verändert. **8** Mein Abschlußzeugnis muß ich nachreichen. **9** Abschliessend bedanke ich mich für Ihre Mühe. **10** Mit freundlichen Grüssen

3 Überprüft, was ihr über Rechtschreibfehler in Bewerbungen gelernt habt. Entscheidet, ob die Aussagen richtig oder falsch sind, und begründet.

1. Ein Fehler in der Adresse, z. B. im Namen des Betriebs, der Straße oder des Personalchefs, ist nicht so schlimm – die Post findet heutzutage jeden.
2. Bei der Anrede im Bewerbungsschreiben werden die Personalpronomen *Sie* und *Ihr* immer großgeschrieben.
3. Bewerbungsschreiben und Lebenslauf überprüfe ich mit dem Rechtschreibprogramm meines Computers. Das findet alle Fehler.
4. Bei schwierigen Wörtern sollte man im Wörterbuch nachschlagen oder jemanden fragen, der sich mit der Rechtschreibung auskennt.
5. Rechtschreibfehler sind ja nicht so schlimm. Hauptsache, Inhalt und Form stimmen im Bewerbungsschreiben.
6. Bei drei Fehlern und mehr landet die Bewerbung bei den meisten Personalabteilungen im Papierkorb.
7. Mehrere Tippfehler und Flüchtigkeitsfehler sind aber erlaubt. Das kann schließlich jedem einmal passieren.

Mit Rechtschreibprogrammen arbeiten – Regeln nachschlagen

1

a Lies den Hilferuf aus einem Schülerforum und berichtige die Fehler.

Achtung, Fehler!

Rechtschreibprogram #1

Hi Leute ich such ein Rechtschreibprogram dass alle Fehler und Kommas findet. Meine Deutschlehrerin meint das ich dass driengent brauche. 🙂

Antwort

b Tauscht eure Erfahrungen mit Rechtschreibprüfprogrammen aus.

2

a Lies den Text und überlege, weshalb das Prüfprogramm den richtig geschriebenen Namen *Pemberton* als Fehler markiert hat.

Achtung, Fehler!

Vor 125 Jahren wanderte in einer Apotheke in Atlanta die erste Coca-Cola über den Ladentisch. Mit dem Produckt, das Heute verkauft wird, hatte sie nicht viel zutun. Das Getränk des Apotekers John Pemberton galt als Medizin, und zwar gegen Kopf schmerzen und gegen Erschöpfung. So konnte man es auch auf den Flaschen Lesen. An der Rezeptur wurde mehrfach gefeilt. Das Getränk endhielt Anfangs Kokain und Alkohol. Diese Suchtgifte sind Heute verschwunden. Dafür ist nach wie vor eine kräftige Dosis Koffein und Phosphorsäure Enthalten. Dem menschlichen Knochenbau kann zu viel Phosphor allerdings Schaden, vor allem, wenn er im wachsen ist. Das Rezept liegt heute noch in einem versiegelten Tressor, zu dem nur zwei Menschen einen Shclüssel haben sollen. Coca-Cola hat auch Werbegeschichte geschrieben. Schon die beiden großen C und die volle Schrift sind unverweckselbar. Ebenso die 1916 entworfene, angeblich sogar im Dunkeln erkenbare Flasche. 2010 erzielte ein von dem amerikanischen Künstler Andy Warhol gemaltes Porträt einer Cola-Flasche 35 Millionen Dollar. Die Marke scheint ihr Geld wert zu sein.

b Berichtige die vom Rechtschreibprogramm markierten Fehlerwörter.

c Überprüfe die Fehlerwörter:
- Schreibe die Wörter mit dem PC.
- Klicke im Menü »Extras« bzw. »Überprüfen« auf »Rechtschreibung und Grammatik«.
- Klicke dann auf »Ändern«.

d Suche neun weitere Fehler, die nicht markiert wurden, und korrigiere sie.

heute, …

* kennzeichnet fehlerhafte Schreibungen

! **Rechtschreibprogramme** sind eine nützliche Hilfe, um Rechtschreib- oder Flüchtigkeitsfehler (Buchstabenvertauschungen, -auslassungen, z. B.: **shcwimmen, *Sraßenbahn*) in Computertexten zu markieren und zu korrigieren. Obwohl mit zunehmender Rechnerleistung die Rechtschreibprüfungen immer besser werden, weisen sie nach wie vor **Schwächen** auf. Dies betrifft vor allem die Bereiche der Groß- und Kleinschreibung (z. B.: **lautes lesen*) und der Getrennt- und Zusammenschreibung (z. B.: **Rad Weg*).

3 Auch beim folgenden Text wurde ein Rechtschreibprogramm eingesetzt, aber es hat keine Fehler gefunden.

a Lies den Text und notiere, welche Rechtschreibprobleme du trotzdem erkennst.

Achtung, Fehler!

1 Das dass Rechtschreibprogramm eine große Hilfe bei der Korrektur von Texten sein kann, dass ist inzwischen allgemein bekannt. **2** Viele glauben, dass so ein Programm fast alle Fehler erkennt. **3** Dass ist aber leider nicht so. **4** Dass heißt, das der Computer häufig keine nominalisierten/substantivierten Wortarten erkennt: *laufen – beim Laufen; schöner Herbst – das Schöne am Herbst; drei, eins – die Drei ist die Eins des kleinen Mannes.* **5** Das heißt auch, das der Computer nicht immer die Bedeutung eines Wortes erkennt: *einen Text frei sprechen – einen Angeklagten freisprechen.* **6** Und wie das mit der Unterscheidung von *das* und *dass* ist, dass erkennst du an diesem Text. **7** Das mit der Weiterentwicklung der Rechtschreibprüfungen das Problem gelöst werden kann, dass ist sicher nur eine Frage der Zeit.

b Wiederhole die Regeln zur Schreibung von *das/dass*. Schlage in einem Wörterbuch nach.

c Schreibe den Text aus Aufgabe 3a ab und berichtige die Schreibung von *das/dass*.

TIPP
Die Regeln zur Schreibung von *das/dass* findest du nicht im Regelverzeichnis, sondern im Wörterverzeichnis.

! Auch die Unterscheidung von ***das*** und ***dass*** gelingt den Rechtschreibprogrammen noch nicht zuverlässig.
Eine weitere Schwachstelle stellt die **Kommasetzung** dar. Der Computer erkennt Sinnzusammenhänge und Satzgrenzen oft nur unzureichend. Daher sollte man nach Möglichkeit die entsprechenden **Regeln** im Regelteil der Wörterbücher **nachschlagen**. Mit der Kenntnis einer einzigen Regel kann man meist viele Wörter richtig schreiben bzw. Kommafehler vermeiden, z. B.:
Nomen/Substantive schreibt man groß. Komma zwischen HS und NS.
Die Regeln findet man in Wörterbüchern, z. B. im Duden, im Regelteil vor dem Wörterverzeichnis.

4

→ S. 191 Die Kommasetzung im Überblick

a Schreibe den Text mit dem Computer ab und setze die notwendigen Kommas.

Achtung, Fehler!

Toller Sportunterricht. Es gibt Nachrichten die machen richtig neidisch. In Hawaii das ist ein amerikanischer Bundesstaat mitten im Pazifik sollen die Kinder künftig im Sportunterricht Surfen lernen. Das Wellenreiten wie das Surfen auf Deutsch genannt wird gehört somit ebenso zum Stundenplan wie Football Basketball Volleyball oder Schwimmen. Im Gegensatz zu Deutschland ist es in Hawaii immer warm die Wellen sind meterhoch und es gibt eine lange Surf-Tradition. Für die hawaiianischen Schülerinnen und Schüler ist es also nichts Besonderes wenn sie Unterricht am und im Meer haben.

b Überprüfe, ob du alle Wörter richtig abgeschrieben hast oder ob dir Tippfehler unterlaufen sind. Kontrolliere vor allem die Wörter, die das Rechtschreibprogramm markiert hat.

c Das Wort *hawaiianisch* markieren manche Rechtschreibprogramme als fehlerhaft, obwohl es laut Duden richtig geschrieben ist.
Stelle Vermutungen an, warum das so ist.

Teste dich selbst!

1

a Schreibe den Text ab und füge *s* oder *ss* ein.

1. Es ist kaum zu glauben, da■ neugeborene Babys unter Wasser keinerlei Probleme haben.
2. Seit geraumer Zeit ist bekannt, da■ die Kinder einen Tauchreflex besitzen.
3. Dieser Reflex verhindert, da■ da■ Wasser in die Lunge gelangt.
4. Beim Untertauchen registrieren feine Nervenenden in der Haut da■ Wasser, mit der Folge, da■ die Luftröhre verschlossen wird.
5. Leider verliert da■ Kind nach vier Monaten diesen angeborenen Reflex.
6. Danach muss es da■ Tauchen, da■ es ja schon konnte, wieder neu erlernen.
7. Da■ macht aber den meisten Kindern immer noch viel Spaß.

b Begründe deine Entscheidung, indem du die jeweilige Wortart (Artikel, Pronomen, Konjunktion) ergänzt.

2 Schreibe diesen Text in der richtigen Schreibung mit dem Computer ab. Kontrolliere mit einem Rechtschreibprogramm. Beachte, dass Rechtschreibprogramme nicht alle Fehler erkennen.

WENN MAN ALS RAUCHER FÜR SEINE LUNGEN ETWAS GUTES TUN WILL, SO IST ES DAS BESTE, MIT DEM RAUCHEN AUFZUHÖREN. DASS DAS AUFHÖREN VIELEN SO SCHWERFÄLLT, LIEGT DARAN, DASS SIE SÜCHTIG SIND. DER KÖRPER VERLANGT NACH SEINER TÄGLICHEN PORTION. BEKOMMT ER DIESE NICHT, DANN MELDET SICH SEIN UNBEHAGEN. NACH DEM ANSTECKEN EINER ZIGARETTE HAT DAS GIEREN FÜR KURZE ZEIT EIN ENDE. ABER BALD GEHT DAS GANZE VON VORNE LOS. VIELE WOLLEN DESHALB VOM RAUCHEN LOSKOMMEN. IHNEN UND IHREM UMFELD MISSFÄLLT DAS RÖCHELN DER BRONCHIEN, DIE BLÄSSE DER HAUT, DER SCHLECHT RIECHENDE ATEM, DIE LEERE IN DER GELDBÖRSE. UNTERSTÜTZEND BEIM ABGEWÖHNEN WIRKEN NIKOTINKAUGUMMIS ODER BONBONS.

3 Bringe Ordnung in dieses Durcheinander und verwende die Verbindungen mit Verben in Wortgruppen. Achte auf die Getrennt- und Zusammenschreibung sowie auf die Groß- und Kleinschreibung.

bergrechnen – kopfbaden – standsteigen – skiklagen – preissaugen – staubhalten – wehgeben – brustrennen – maschineschwimmen – wettlanden – notlaufen – sonnenschreiben

4 Diese Fremdwörter werden häufig falsch geschrieben. Lass sie dir diktieren und schreibe jeweils ein verwandtes Wort dazu.

1	Blamage	**12**	funktionieren	**23**	Massage
2	Bibliothek	**13**	Ingenieur	**24**	Medaille
3	Batterie	**14**	Initiative	**25**	Milliarde
4	Chanson	**15**	Interview	**26**	Passagier
5	Chance	**16**	Journalist	**27**	Publikum
6	Chaos	**17**	Komitee	**28**	Qualität
7	charakterisieren	**18**	Kommission	**29**	Redakteur
8	chatten	**19**	korrigieren	**30**	Reparatur
9	engagieren	**20**	Labyrinth	**31**	Risiko
10	experimentieren	**21**	Lawine	**32**	Fußballstadion
11	Expedition	**22**	Manager	**33**	Theorie

Merkwissen

Ableitung	Form der **Wortbildung**: Ableitungen entstehen durch: ▪ das Anfügen von **Präfixen** (Vorsilben) und **Suffixen** (Nachsilben) an einen Wortstamm, z. B.: *beachten, achtsam, Achtung, Verachtung,* ▪ **Änderung des Stammvokals**, z. B.: *fliegen – Flug, wählen – Wahl.*
Adjektiv (Eigenschaftswort)	**Deklinierbare und komparierbare Wortart**, die **Eigenschaften** und **Merkmale** bezeichnet, z. B.: *ein schönes Buch, mit schönen Bildern; schön, schöner, am schönsten.*
Adverb (Umstandswort)	**Nicht veränderbare Wortart**: Man unterscheidet **Adverbien** ▪ **der Zeit** (Fragen: *Wann? Wie oft?*), z. B.: *morgens, heute,* ▪ **des Ortes** (Fragen: *Wo? Wohin?*), z. B.: *oben, dort,* ▪ **der Art und Weise** (Frage: *Wie?*), z. B.: *seltsamerweise,* ▪ **des Grundes** (Frage: *Warum?*), z. B.: *darum, deswegen.*
Adverbialbestimmung (Umstandsbestimmung)	**Satzglied**, das Prädikate näher bestimmt. Man unterscheidet u. a.: ▪ **Temporalbestimmung** (Adverbialbestimmung der Zeit, Fragen: *Wann? Wie lange? Bis wann? Seit wann?*), z. B.: *Morgen wird von morgens bis mittags gelernt, ab 12 Uhr gibt es Mittagessen.* ▪ **Lokalbestimmung** (Adverbialbestimmung des Ortes, Fragen: *Wo? Woher? Wohin?*), z. B.: *Wir kommen aus Plauen, verbringen die Ferien in Binz und gehen jeden Tag zum Strand.* ▪ **Modalbestimmung** (Adverbialbestimmung der Art und Weise, Fragen: *Wie? Auf welche Art und Weise?*), z. B.: *Sie arbeiteten schnell. Mit viel Vergnügen planschten sie im Wasser.* ▪ **Kausalbestimmung** (Adverbialbestimmung des Grundes, Fragen: *Warum? Weshalb? Weswegen? Aus welchem Grund?*), z. B.: *Wegen des Wetters bleiben wir hier. Wir kamen zu spät, weil wir verschlafen hatten.*
Anekdote	(*griech.* anékdota – das nicht Herausgegebene) Eine ursprünglich mündlich überlieferte Geschichte, in der typische Eigenheiten einer bekannten Persönlichkeit, einer gesellschaftlichen Gruppe oder das Charakteristische eines bestimmten Ereignisses wiedergegeben werden. Anekdoten sind meist **kurz** und **witzig** und enden oft mit einer **Pointe**.
Anredepronomen	Gruppe von **Pronomen**. Die **persönlichen Anredepronomen** *du/dein, ihr/euer* können in Briefen und E-Mails **klein- oder großgeschrieben** werden. Die **höflichen Anredepronomen** *Sie* und *Ihr* und alle ihre Formen muss man **immer großschreiben.**
Antonyme	**Wörter mit gegensätzlicher Bedeutung**, die teils gemeinsame, vor allem aber gegensätzliche Bedeutungsmerkmale haben, z. B.: *hell* (Lichtmenge, viel Licht) – *dunkel* (Lichtmenge, wenig Licht).
Apposition	siehe **nachgestellte Erläuterung**

Argument	**Begründung + Beispiel**, um eine Behauptung zu stützen (**Pro-Argument**) bzw. zu widerlegen (**Kontra-Argument**), z. B.: *Schulessen ist gesund und schmackhaft (Behauptung),* *denn es ist abwechslungsreich und fettarm. (Begründung)* *Es gibt z. B. viel Gemüse und regelmäßig Fisch. (Beispiel)* Es gibt verschiedene **Arten von Argumenten**: ▪ **Faktenargumente**, z. B. Erfahrungen, wissenschaftliche Erkenntnisse, ▪ **Wertargumente**, z. B. anerkannte Normen und Werte, ▪ **Autoritätsargumente**, z. B. Berufung auf Experten.
Artikel	**Deklinierbare Wortart**: **Begleiter** von Nomen/Substantiven, die Fall (Kasus), Zahl (Numerus) und Geschlecht (Genus) verdeutlichen. Man unterscheidet **bestimmte Artikel** *(der, die, das)* und **unbestimmte Artikel** *(ein, eine, einer).*
Artikelprobe	Probe zur Ermittlung der Groß- bzw. Kleinschreibung: Steht bei dem Wort ein Artikel oder lässt es sich mit einem Artikel verwenden? Ja → Nomen/Substantiv → Großschreibung Nein → kein Nomen/Substantiv → Kleinschreibung
Attribut (Beifügung)	**Satzgliedteil**, das Nomen/Substantive näher bestimmt (Fragen: *Welche(-r, -s)? Was für ein(e)?*). Attribute können nicht allein umgestellt werden. Sie bleiben immer bei dem Nomen, zu dem sie gehören, und sind ein Teil dieses Satzgliedes, z. B.: *Wir sahen | im Zimmer seines Bruders | einen lustigen Film.*
Aufzählung	Wörter, Wortgruppen oder Teilsätze können aufgezählt werden. Zwischen den Gliedern einer Aufzählung **muss** man ein **Komma** setzen, wenn diese nicht durch eine **aufzählende Konjunktion** (*und, oder, sowie* oder *sowohl … als auch …*) verbunden sind, z. B.: *Wir sahen dichte Wälder, grüne Wiesen und hohe Berge.* Steht zwischen den Gliedern einer Aufzählung eine **entgegenstellende Konjunktion** (*aber, doch, jedoch* oder *nicht nur …, sondern (auch) …*), **muss** auch vor der Konjunktion ein **Komma** gesetzt werden, z. B.: *Sie kamen, sahen, aber blieben nicht. Wir sahen nicht nur Wälder, Wiesen und Berge, sondern auch Pflanzen.*
Autor, Autorin	(*lat.* auctor – Urheber, Verfasser) **Verfasser von** literarischen (erzählenden, lyrischen, dramatischen) **Texten**, aber auch von Drehbüchern, Fernsehspielen oder Sachtexten (Fachbuch-, Lehrbuch-, Sachbuchautor).
Ballade	**Textsorte**: mehrstrophiges, meist gereimtes Gedicht, das die Merkmale von Geschichten, Gedichten und Dramen in sich vereint (Erzählgedicht).
Berichten, Bericht	▪ **Darstellungsweise**, **Textsorte**, bei der i. d. R. **knapp**, **sachlich** und **in der richtigen Reihenfolge** über Sachverhalte oder Ereignisse **informiert** wird, indem man die wichtigsten W-Fragen beantwortet (*Was? Wann? Wo? Warum? Wer? Welche Folgen?*). Die Auswahl der Informationen und die Gestaltung eines **Berichts** hängen vom Anlass, Zweck und Empfänger ab. Besondere Berichtsformen sind der **Praktikumsbericht** und das **Protokoll**. ▪ **Journalistische Textsorte**: ausführlichere Sachdarstellung

Beschreiben, Beschreibung	**Darstellungsweise**, **Textsorte**, in der über **Gegenstände**, **Personen/Figuren**, **Tiere**, **Pflanzen**, **Bilder**, **Handlungen**, **Vorgänge**, **Experimente** informiert wird. Der Inhalt und die Gestaltung einer **Beschreibung** hängen vom zu Beschreibenden, vom Anlass, Zweck und Empfänger ab.
Bewerbung, sich bewerben	Zu den Bewerbungsunterlagen gehören ein **Bewerbungsschreiben** (Bewerbungssatz, Gründe für die Bewerbung, kurze Vorstellung der eigenen Person, Bitte um persönliches Gespräch) und ein **tabellarischer Lebenslauf** (wichtige persönliche Angaben in übersichtlicher Form, z. B. Name, Adresse, Geburtsort und -datum, Sprachkenntnisse, Hobbys; Angaben zu Eltern, Geschwistern und Passfoto sind freiwillig). Ob weitere Unterlagen (z. B. Zeugniskopien) einzureichen sind, muss erfragt werden. Wird man zu einem **Vorstellungsgespräch** eingeladen, will der Arbeitgeber Eindrücke von der Persönlichkeit gewinnen und die Eignung der Bewerber/-innen feststellen. Darauf sollte man sich inhaltlich und organisatorisch **vorbereiten**. Man sollte: ▪ Auskunft zu sich selbst (Interessen, Berufswunsch) geben können, ▪ einiges über den Betrieb und den Ausbildungsberuf wissen, ▪ eigene Fragen stellen können (zu Anforderungen, zur Berufsschule, zum Ablauf des Ausbildungsjahrs u. Ä.), ▪ den Gesprächsort und den Weg dorthin kennen und pünktlich sein, ▪ angemessene Kleidung auswählen, für ein gepflegtes Erscheinungsbild sorgen.
Brainstorming (engl. *brain* – Gehirn, *storm* – Sturm)	**Methode zur Ideenfindung**: Schnell und ohne nachzudenken werden mit einem Bild, einem Begriff, einer Frage oder einem Problem verbundene Gedanken, Gefühle oder Erlebnisse geäußert und notiert.
Buchvorstellung	**Präsentation**, in der man Zuhörer mit einem Buch bekanntmacht, um sie dafür zu interessieren und zum Lesen anzuregen. Eine Buchvorstellung kann so aufgebaut sein: ▪ Autorin / Autor und Titel des Buches, ▪ handelnde Personen, ▪ kurze Zusammenfassung der Handlung, ▪ Vortrag einer besonders witzigen oder spannenden Stelle, ▪ Zusammenfassung, warum das Buch besonders gefallen hat.
Charakterisierung, Charakteristik	**Darstellungsweise**, **Textsorte**, bei der neben den **äußeren Merkmalen** (Gesamterscheinung, Einzelheiten, Besonderheiten) einer Person oder Figur v. a. deren **innere Merkmale** (Lebensumstände, Gedanken, Gefühle, Verhaltensweisen, ihr Verhältnis zu anderen u. Ä.) dargestellt werden, die den Charakter der Person/Figur deutlich machen (z. B. Fließtext, Grafik, Rollenkarte).
Cluster, Clustering (engl. *cluster* – Haufen, Schwarm, Anhäufung)	**Methode zum Sammeln von Ideen**. Man schreibt einen zentralen Begriff in die Mitte und ordnet ringsherum weitere Begriffe an. Dann verdeutlicht man die Beziehungen zwischen den Begriffen durch Verbindungslinien, sodass ein Netz (**Ideennetz**) entsteht.

Datumsangabe	siehe **nachgestellte Erläuterungen**
Deklination, deklinieren	**Beugung** (Formveränderung) von Nomen/Substantiven, Artikeln, Adjektiven und Pronomen, d.h., diese Wortarten verändern sich in **Fall** (Kasus), **Zahl** (Numerus) und **Geschlecht** (Genus), z. B.: ▪ Nominativ: *das neue Haus, die neuen Häuser* ▪ Genitiv: *des neuen Hauses, der neuen Häuser* ▪ Dativ: *dem neuen Haus, den neuen Häusern* ▪ Akkusativ: *das neue Haus, die neuen Häuser*
Dialog	(*griech.* dialogos – Wechselrede, Zwiegespräch) **Unterredung** zwischen zwei oder mehreren Personen im Unterschied zum **Monolog** (Selbstgespräch). Szenische Texte bestehen fast ausschließlich aus Dialogen.
direkte (wörtliche) Rede	Wörtliche Wiedergabe von Gesagtem oder Gedachtem, durch **Anführungszeichen** gekennzeichnet, oft mit **Begleitsatz**, der durch Doppelpunkt oder Komma(s) abgegrenzt wird, z. B.: *Nils flüstert mir zu: »Bestimmt ist alles bald wieder in Ordnung.« »Das hoffe ich«, ruft Randi, »schließlich müssen wir heim!« »Dann lasst uns doch einfach gehen«, denke ich.*
Diskutieren, Diskussion	Austausch über **Sach-** oder **Problemfragen**, in dem **Diskussionsteilnehmer** in **Diskussionsbeiträgen** ihre **Standpunkte**, **Argumente** und/oder Kenntnisse darlegen und auf andere eingehen (zustimmen, ablehnen, Kompromisse vorschlagen, Informationen austauschen). Diskussionen zu einer **Problemfrage** dienen v. a. dem Meinungsaustausch und der Meinungsbildung. Diskussionen zu einer **Sachfrage** dienen v. a. dem Austausch von Informationen zur Beantwortung der Sachfrage. Größere Diskussionen haben eine/-n **Diskussionsleiter/-in**, die/der die Diskussion eröffnet, die Redner aufruft, auf die Gesprächsregeln achtet und die Ergebnisse zusammenfasst. Auch ein/-e **Moderator/-in** kann eine Diskussion leiten. Sie/Er stellt die Beteiligten vor, führt in das Thema ein und bringt Fragen, Aussagen, Ereignisse, Erfahrungen, Zitate, Fakten, Definitionen in das Gespräch ein. Vor einer Moderation muss man sich gründlich mit dem Thema beschäftigt haben. Es empfiehlt sich, ein **Protokoll** anfertigen zu lassen und abschließend die **Diskussion auszuwerten** (ggf. auf Grundlage des Protokolls).
Dramatik	Literarische Gattung neben **Epik** und **Lyrik**. Sie umfasst nicht nur das Drama, sondern auch andere szenische Texte wie Hörspiel und Fernsehspiel.
Eigennamen	Wörter und Wortgruppen, die z.B. Personen, Orte, Veranstaltungen, Organisationen und Institutionen als einmalig bezeichnen. Eigennamen werden **immer großgeschrieben**, z.B.: *Emilia, Dirk Neumann, Bahnhofstraße, Potsdam, Sachsen-Anhalt, Europa, Deutsches Rotes Kreuz, Freie Universität, die Olympischen Spiele, die Vereinigten Staaten, Friedrich der Zweite.* Von geografischen Eigennamen abgeleitete **Adjektive auf *-isch*** werden kleingeschrieben, wenn sie nicht Teil eines Eigennamens sind, z.B.: *eine sächsische Großstadt.* Als Teil eines Eigennamens werden sie dagegen großgeschrieben, z.B.: *die Sächsische Schweiz.*

	Von geografischen Eigennamen abgeleitete **Adjektive auf *-er*** werden **immer großgeschrieben**, z. B.: *Thüringer Bratwurst.*
einfacher Satz	Satz, der mindestens ein **Subjekt** und ein **Prädikat** enthält; meist kommen weitere Satzglieder hinzu. Die finite Verbform steht i. d. R. an erster oder zweiter Stelle, z. B.: *Iva Procházková hat das Buch geschrieben. Die Handlung spielt in Berlin. Kennt ihr das Buch? Lies das Buch doch bald einmal!*
Epik, epischer Text	siehe **Erzählen**, **Erzählung**
Epoche	(*griech.* epoché – Haltepunkt, Zeitabschnitt) Bezeichnet einen längeren **Zeitabschnitt**, der über grundlegende Gemeinsamkeiten auf einem bestimmten Gebiet verfügt (z. B. in der Geschichte der Menschheit, der Musik- oder Literaturgeschichte). In der Literatur werden jeweils **Grundströmungen im literarischen Schaffen** einer Zeit benannt. Dabei sind die Grenzen zwischen Epochen fließend, auch lassen sich nicht alle Autoren einer bestimmten Epoche zuordnen. Beispiele für Epochen der deutschen Literatur sind: Barock, Sturm und Drang, Weimarer Klassik, Romantik, Expressionismus.
Erbwort	**Älteste Wörter** unserer Sprache, die vor ungefähr 5000 Jahren entstanden und uns noch heute Auskunft über die Lebensweise der germanischen Stämme geben, z. B.: *Rind, Hund, Beil, weben.*
Erörtern, Erörterung	**Darstellungsweise**, **Textsorte**, die der Problemdarstellung und -lösung dient. Beim **schriftlichen Erörtern** setzt man sich denkend und schreibend mit einem **Problem** (**Thema**) und damit verbundenen **Fragen** auseinander, z. B.: *Mobbing unter Schülern: Was kann man gegen Mobbing tun? Ist Mobbing vermeidbar? ...* Man verschafft sich einen Überblick über das Problem, bildet einen **Standpunkt,** sucht nach Lösungsmöglichkeiten und begründet diese mit **Argumenten**. In einer **linearen (steigernden) Erörterung** führt man einen Standpunkt (eine These) und Argumente dafür *oder* dagegen an. In einer **kontroversen (dialektischen) Erörterung** führt man Argumente für *und* gegen einen Standpunkt (eine These) an; die Argumente können **im Block** oder **im Wechsel** angeordnet werden.
Ersatzprobe	Probe zur Ermittlung von Fällen und Satzgliedern, z. B.: *Die Suppe schmeckt den Kindern. – Die Suppe schmeckt dem Jungen/ihm.* (Dativ) *Sie aßen an einem schönen großen runden Tisch. – Sie aßen dort.* (Satzglied) Probe zur Unterscheidung von *das* und *dass:* ▪ Kann man *da*■ durch *dieses* ersetzen? → **Artikel** → *das* ▪ Kann man *da*■ durch *welches* ersetzen? → **Relativpronomen** → *das* ▪ Ergibt der Satz bei der Probe keinen Sinn → **Konjunktion** → *dass*
Erweiterungsprobe	Probe zur Ermittlung der Groß- bzw. Kleinschreibung. Man erweitert eine **nominale Wortgruppe** (Nomen/Substantiv + Begleiter) durch Attribute, z. B.: *das Laufen, das schnelle Laufen, das anstrengende schnelle Laufen.* Das Wort, das ganz rechts steht, ist das Nomen/Substantiv bzw. eine Nominalisierung/Substantivierung und wird großgeschrieben.

Erzählen, Erzählung	**Darstellungsweise**, **Textsorte**, in der Erlebnisse, Ereignisse oder Erfundenes (nicht wirkliche/fiktive Geschichten) anschaulich und unterhaltsam wiedergegeben werden. Typische **Gestaltungsmittel** sind: ▪ die **Erzählperspektive**: – **Ich-Erzähler** (am Geschehen beteiligt, erzählt aus seiner Sicht), z. B.: *Heute ging ich besonders früh zu Bett, denn ich wollte ...* – **Sie-Erzählerin / Er-Erzähler** (nicht selbst beteiligt, beobachtet von außen), z. B.: *Heute ging Fanny besonders früh zu Bett, denn sie wollte ...* ▪ die **Handlungsgestaltung**: – das zentrale Thema, der Handlungsverlauf (Abfolge der Ereignisse), Ort, Zeit, Umstände der äußeren Handlung, – Erzeugung von Spannung (z. B. durch Zurückhalten von Informationen), ▪ die **Figurengestaltung**: – äußere und innere Merkmale (**Charakterisierung**), – Beziehungen zu anderen Figuren, – Entwicklung der Figuren, ▪ die **Zeitgestaltung**: – **Zeitdehnung**: Einfügen von Gedanken, Gefühlen, Beschreibungen u. Ä.; die Erzählzeit ist länger als die erzählte Zeit, – **Zeitraffung**: verkürztes Wiedergeben des Geschehens, Zeitsprünge; die Erzählzeit ist kürzer als die erzählte Zeit, – **Vorausdeutung**: Andeuten kommender Ereignisse, – **Rückblende**: Aufgreifen von vergangenen Ereignissen, ▪ die sprachliche Gestaltung: – **direkte Rede**, – **innere Monologe** (Selbstgespräche der Figuren), – **Wortwahl** und **Satzgestaltung** (stilistische Mittel, Sprachvarianten).
Exzerpieren, Exzerpt	**Methode der Texterschließung und Informationssammlung:** Einem Text werden Informationen zur Beantwortung einer bestimmten Fragestellung entnommen und schriftlich festgehalten (Stichpunkte ggf. Zitate).
Fabel	**Textsorte**: Kurzer erzählender oder gereimter Text. Zu den **Merkmalen** einer Fabel gehören: ▪ Tiere denken, handeln und sprechen wie Menschen, ▪ Tieren sind bestimmte menschliche Eigenschaften zugeordnet, ▪ Fabeln enthalten eine Lehre (zentrale Aussage).
Fachsprache	**Gruppensprache** von Spezialisten, die der genauen und eindeutigen Bezeichnung von Gegenständen und Tätigkeiten in verschiedenen Arbeits- und Lebensbereichen dient (**Fachwortschatz**), z.B. in bestimmten Berufen, Wissenschaften, Unterrichtsfächern.
Figur	(*lat.* figura – Gestalt, Wuchs) Person, die in einem literarischen Text vorkommt. Man unterscheidet zwischen **Haupt- und Nebenfigur**, je nach ihrem Anteil am Geschehen. Eine Figur wird charakterisiert durch ihr Äußeres, ihr Verhalten und eigene Äußerungen (Gedanken, wörtliche Rede). Die Beziehung der Figuren untereinander nennt man **Figurenkonstellation**.

Figuren-konstellation	Beschreibt die **Gruppierung der Figuren** in einem epischen oder dramatischen Werk. Dabei wird untersucht, in welchem Verhältnis die Figuren zueinander stehen und wie sich **die wechselseitigen Beziehungen** zwischen ihnen während des Handlungsverlaufes entwickeln bzw. ändern. Sind sie Gegner oder Verbündete? Welche Gefühle hegen sie füreinander?
fester Vergleich	Anschauliche, oft bildhafte Wortgruppen mit dem Vergleichswort *wie*, z. B.: *arm wie eine Kirchenmaus.*
flektieren (die Flexion), flektierbar	Ein Wort beugen, seine Form verändern (die Beugung, Formveränderung), z. B.: *(des) Flusses, (in den) Flüssen; (ich) gehe, (du) gehst, (wir) gingen.* Flexion ist der **Oberbegriff** zu Deklination und Konjugation.
Frageprobe	Probe zur Ermittlung von Fällen, Satzgliedern und Satzgliedteilen, z. B.: *dem Jungen helfen* – Wem helfen? (Dativ) *die Katze fangen* – Wen/Was fangen? (Akkusativ) *Sie essen den leckeren Kuchen nachmittags im Garten.* ▪ Wer/Was isst ...? (Subjekt) ▪ Wen/Was essen sie ...? (Objekt) ▪ Wann essen sie ...? (Temporalbestimmung) ▪ Wo essen sie ...? (Lokalbestimmung) ▪ Welchen/Was für einen Kuchen ...? (Attribut)
Fremdwort	Wort, das aus einer anderen Sprache übernommen wurde, sich aber in Aussprache, Schreibung und Betonung **nicht oder nur zum Teil dem Deutschen angepasst** hat, z. B.: *Sweatshirt, Ragout.*
Gedicht	**Textsorte**, in der Gedanken und Gefühle eines **lyrischen Sprechers** (**lyrisches Ich**) mithilfe besonderer Gestaltungsmittel (z. B. sprachliche Bilder, Vergleiche) ausgedrückt werden. Gedichte sind oft in **Strophen** unterteilt, die aus **Versen** (Gedichtzeilen) bestehen. Gedichte haben einen bestimmten **Rhythmus** und können sich nach einem bestimmten Schema **reimen**.
Genus (Geschlecht)	Grammatisches Geschlecht: **männlich**, **weiblich** oder **sächlich**. Das grammatische Geschlecht erkennt man am **Artikel**, z. B.: *der/ein Regen, das/ein Wetter, die/eine warme Jacke.*
Gestik	Bezeichnet **Körperbewegungen**, um Aussagen zu unterstützen oder um sich ohne Worte zu verständigen.
Handlung	Dabei unterscheidet man die **äußere Handlung**, die das sichtbare Geschehen, die Außenwelt, zeigt. Hier handeln und sprechen die Figuren direkt. Die **innere Handlung** dagegen umfasst die Gedanken und Gefühle der Figuren, also deren Innenwelt.
Handout (engl. *hand-out*)	**Thesenpapier**, **Arbeitsblatt**: Zusammenfassung des Inhalts einer Präsentation (die wichtigsten Informationen, ausgewähltes Text- und Bildmaterial), damit Zuhörer dem Vortrag besser folgen und die Informationen später nutzen können.

Hauptsatz	**Teilsatz eines zusammengesetzten Satzes**, in dem die finite Verbform an zweiter Stelle steht, z. B.: *Tim und Tom lächelten glücklich, als sie uns sahen.*
Homonyme	**Gleichnamige Wörter**: Wörter, die gleich (bzw. fast gleich) geschrieben und ausgesprochen werden, aber unterschiedliche Bedeutungen haben, z. B.: *Bremse – Bremse.* Sie können auch zu verschiedenen Wortarten gehören, z. B.: *(der) Morgen – morgen.*
Hypertext, Hypertexte schreiben	Text, der **Hyperlinks** (Stichworte zum Anklicken) enthält und nicht »der Reihe nach« (linear) gelesen wird. So kann man Hypertexte verfassen: Textteil in eine Word-Datei schreiben, Stichwort markieren, auf »Einfügen« und dann auf »Hyperlink« klicken, Dateinamen eingeben und mit OK bestätigen, Fortsetzung schreiben usw.
Hypotaxe	siehe **zusammengesetzter Satz**
indirekte Rede	**Nicht wörtliche Wiedergabe** von Gesagtem oder Gedachtem, i. d. R. mithilfe des **Konjunktivs I**. Oft sind dabei die **Pronomen**, Orts- und Zeitangaben umzuformulieren, z. B.: *Nils flüsterte mir zu, er sei zu spät gekommen. Randi meint, sie helfe uns.* Auch die Wiedergabe im **Indikativ** ist möglich, z. B.: *Randi sagt, dass sie uns hilft.* Manchmal wird der **Konjunktiv II** oder die ***würde*-Ersatzform** verwendet, z. B.: *Nils flüsterte, er käme pünktlich. Randi sagt, sie würde uns helfen.* Eine **Bewertung** der wiedergegebenen Äußerung (Distanzierung, Zustimmung) lässt sich ausdrücken durch: ▪ **Konjunktiv II**, z. B.: *Sie sagte, sie hätte nichts davon gewusst.* ▪ **redeeinleitende Verben**, z. B.: *Sie bestätigte (versicherte, behauptete), nichts davon gewusst zu haben.* ▪ **Adverbien, Adverbialbestimmungen**, z. B.: *Ihrer Aussage nach hat sie offenbar (angeblich, vermutlich, zweifellos, mit großer Wahrscheinlichkeit) nichts davon gewusst.* ▪ **Modalverben *wollen*, *sollen***, z. B.: *Sie will davon nichts gewusst haben. Sie soll informiert worden sein.*
Infinitivgruppe	Wortgruppe, die einen **Infinitiv mit *zu*** enthält (**erweiterter Infinitiv mit *zu***). Ist ein Infinitiv nicht erweitert, kann man ein Komma setzen, z. B.: *Sibylle versprach(,) zu helfen.* In folgenden Fällen **muss** man ein **Komma** setzen: ▪ wenn die Infinitivgruppe mit *um, ohne, (an)statt, außer, als* eingeleitet wird, z. B.: *Sylva fuhr nach Berlin, um ihren Freund Niklas zu treffen.* ▪ wenn sich die Infinitivgruppe auf ein Nomen/Substantiv bezieht, z. B.: *Sylva gab ihr den Rat, viel schwimmen zu gehen.* ▪ wenn sich die Infinitivgruppe auf ein hinweisendes Wort, wie *daran, darum, damit, es,* bezieht, z. B.: *Sie bemühte sich darum, Sylvas Probleme zu verstehen.* Man kann Fehler vermeiden, indem man beim Infinitiv mit *zu* immer ein Komma setzt.

Informationen suchen	Nach bestimmten Informationen kann man suchen in: ▪ **alphabetischen**, **systematischen** oder **Onlinekatalogen** von **Bibliotheken**, ▪ **Suchmaschinen** und **Web-Katalogen** im **Internet**, ▪ **Lexika**, ▪ **Inhaltsverzeichnissen**, **Klappentexten** und **Registern** von **Sachbüchern**, ▪ **Inhaltsverzeichnissen** von **Zeitschriften**. Zur **Beurteilung der Suchergebnisse** sollte Folgendes geprüft werden: ▪ **Autor/Autorengruppe** (Angegeben, anonym?) und **Herkunft** (Kontaktdaten/ Impressum? Offizielle Organisation, Privatperson? Diskussionsforum?) ▪ **Aktualität** (Entstehungszeit? Letzte Aktualisierung?) ▪ **Inhalt** (Überprüfbarkeit? Quellen genannt?)
Inhaltsangabe (zu literarischen Texten)	Knappe, sachliche Darstellung des **wesentlichen Inhalts** eines literarischen Textes, Films oder Theaterstücks. Sie sollte folgende **Bestandteile** haben: ▪ Einleitung: Angaben zu Autorin/Autor, Textsorte, Titel, Thema ▪ Hauptteil: Darstellung der Figuren und des Handlungsverlaufs ▪ Schluss: Besonderheiten des Textes nennen Folgende **sprachliche Besonderheiten** sollte man beachten: ▪ Inhalt mit eigenen Worten wiedergeben (keine Zitate), ▪ **direkte Rede** in **indirekte Rede** umwandeln, ▪ in Präsens oder Perfekt darstellen.
Interpretation, Interpretieren eines literarischen Textes	**Deuten** eines literarischen Textes anhand von Textstellen (Zitaten). Eine Textinterpretation schreibt man im **Präsens**. Sie sollte folgende **Bestandteile** aufweisen: ▪ Einleitung: Autorin/Autor, evtl. biografische Daten, Textsorte, Titel, Thema, erster Eindruck vom Text, ▪ Hauptteil: Inhaltsangabe, Darstellung und Deutung von Besonderheiten (Handlungs-, Orts-, Zeit-, Figurengestaltung, Erzählperspektive, sprachliche Mittel), ▪ Schluss: eigene Meinung zum Dargestellten, Bezug zum Leben.
Interview	Mündliche **Befragung**, um Informationen über eine Person und/oder deren Meinungen, Einstellungen, Wissen und Verhalten zu bekommen. Am besten eignen sich für Interviews Ergänzungsfragen, die man ausführlich beantworten muss. Entscheidungsfragen, auf die man nur Ja oder Nein antworten muss, sind weniger geeignet.
Ironie	Ersetzen des eigentlich Gemeinten durch das Gegenteil, oft ein Mittel der Satire. Ironie erkennt man am Tonfall oder am offensichtlichen Widerspruch zur Realität (Aussage »Du bist ja wieder pünktlich«, wenn jemand zu spät ist).
Jugendsprache	Zusammenfassung verschiedener **Gruppensprachen** von Jugendlichen, die jeweils der Abgrenzung von anderen und dem Zusammengehörigkeitsgefühl dienen. Das wichtigste Merkmal sind spezielle Ausdrucksweisen, z. B. erfundene, originelle, auffällige Wörter, die oft kurzlebig sind.

Kasus (Fall)	Fall in der Grammatik. Es gibt **vier Fälle**: ▪ **Nominativ** (Fragen: *Wer? Was?*), z. B.: *Die Lehrerin liest vor. Langsam fließt das Wasser ab.* ▪ **Genitiv** (Frage: *Wessen?*), z. B.: *Er fragt den Bruder seines Freundes.* ▪ **Dativ** (Fragen: *Wem? Wo?*), z. B.: *Er hilft seiner Mutter. Wir helfen ihm.* ▪ **Akkusativ** (Fragen: *Wen? Was? Wohin?*), z. B.: *Ihren kleinen Hund finden alle lustig. Wir spielen ein neues Spiel.*
Kommasetzung	Im **einfachen Satz** müssen **Kommas** gesetzt werden: ▪ bei der **Aufzählung** von Wörtern und Wortgruppen, ▪ bei **Infinitivgruppen**, ▪ bei **Partizipgruppen**, ▪ bei **nachgestellten Erläuterungen** (auch in Form von **Appositionen** und **Datumsangaben**). Im **zusammengesetzten Satz** müssen **Kommas** gesetzt werden: ▪ in einem **Satzgefüge** zwischen **Haupt-** und **Nebensatz**, z. B.: *Wir packten gleich aus, als wir angekommen waren. Nachdem wir ausgepackt hatten, liefen wir zum See.* ▪ in einer **Satzreihe** (**Satzverbindung**) zwischen den **Hauptsätzen,** wenn sie nicht durch eine aufzählende **Konjunktion** verbunden sind, z. B.: *Wir wollten etwas unternehmen, aber wir konnten uns nicht einigen. Tom ging ins Kino, ich blieb zu Hause.*
Kommentar	**Journalistische Textsorte**: persönliche, namentlich gekennzeichnete Meinung eines Autors zu einem aktuellen Ereignis oder Vorgang
Komparation, komparieren	**Steigerung** von Adjektiven: ▪ Positiv (Grundstufe), z. B.: *klein* ▪ Komparativ (Mehrstufe), z. B.: *kleiner* ▪ Superlativ (Meiststufe), z. B.: *am kleinsten*
Konflikt	(*lat.* conflictus – Zusammenstoß) **Problem der Hauptfigur**, das sie im Verlauf der Handlung lösen muss. Das kann ein Streit sein oder eine schwierige Entscheidung.
Konjugation, konjugieren	**Beugung** (Formveränderung) von Verben nach **Person**, **Zahl** (Numerus), **Zeit** (Tempus) und **Handlungsform** (Aktiv, Passiv), z. B.: *(ich) schreibe, (wir) schrieben, (er) wurde geschrieben.*
Konjunktion (Bindewort)	**Nicht veränderbare Wortart**, die Wörter, Wortgruppen und Teilsätze miteinander verbindet. Nach ihrer **Bedeutung** unterscheidet man: ▪ **aufzählende Konjunktionen** (treten bei Aufzählungen auf, z. B.: *und, sowie, sowohl … als auch, oder, weder … noch*), ▪ **entgegenstellende Konjunktionen** (drücken einen Gegensatz aus, z. B.: *aber, doch, nicht nur …, sondern auch …*). Nach der **Funktion** unterscheidet man: ▪ **nebenordnende Konjunktionen** (verbinden gleichrangige Wörter, Wortgruppen und Teilsätze, z. B.: *aber, und, sondern, denn*), ▪ **unterordnende Konjunktionen** (leiten einen Nebensatz ein, z. B.: *als, weil, dass, wenn, falls, ehe, bevor, nachdem, sodass*).

Konspekt, konspektieren	**Methode der Texterschließung** und Form, Textinformationen übersichtlich schriftlich festzuhalten. Der Konspekt folgt der Gliederung des Textes und **fasst** alle **Hauptaussagen zusammen** (Stichpunkte, ggf. Zitate).
Kurzgeschichte	**Textsorte**: (in Anlehnung an die amerikanischen Short Stories) kurze und prägnante Erzählungen mit folgenden typischen **Merkmalen**: ▪ erzählt werden einzelne alltägliche Ereignisse oder Erlebnisse, ▪ wenige Figuren, ▪ unvermittelter Beginn und offenes, mitunter überraschendes Ende, ▪ begrenzte Handlungszeit (wenige Stunden oder Tage) und Handlungsorte (oft nur einer), ▪ knappe alltägliche Sprache, häufig Andeutungen und Metaphern.
Kurzwort	Wörter, die durch das Weglassen von Wortteilen entstehen, z. B.: *Fotografie* → *Foto, Fahrrad* → *Rad*. Besondere Formen von Kurzwörtern sind: ▪ **Buchstabenwörter** (Buchstaben werden einzeln oder zusammenhängend gesprochen), z. B.: *Lkw* (gesprochen: el-ka-we, Lastkraftwagen), *PLZ* (Postleitzahl). ▪ **Silbenwörter** (aus Anfangssilben zusammengesetzte Wörter), z. B.: *Kriminalpolizei* → *Kripo*.
Lehnwort	Wort, das aus einer anderen Sprache »entliehen« wurde und sich im Laufe der Zeit in Aussprache, Schreibung und Beugung **der deutschen Sprache angepasst** hat, z. B.: *Fenster* (von lateinisch *fenestra*).
Leserbrief	**Schriftliche Stellungnahme** zu einem Artikel in einer Zeitung oder Zeitschrift. Ein Leserbrief besteht aus: ▪ Einleitung (knapp mitteilen, auf welchen Artikel man sich bezieht), ▪ Hauptteil (mit Bezug auf den Artikel kurz die eigene Meinung formulieren und Begründungen nennen), ▪ Schluss (Standpunkt kurz zusammenfassen).
Lesetechniken	Um schnell einen Überblick über den Inhalt von Texten zu haben, nutzt man Techniken des **orientierenden Lesens**, wie das **Diagonallesen** (Augenbewegung quer über das Blatt), **Slalomlesen** (Augenbewegung in einer Schlängellinie über das Blatt), **Zickzacklesen** (Augen springen kreuz und quer über das Blatt), **Schlüsselwortlesen** (Augen suchen nur nach vorher festgelegten Wörtern oder erfassen nur aussagekräftige, für den Text wichtige Wörter).
Lyrik	Literarische Gattung neben Epik und Dramatik. Sie zeichnet sich durch verdichtete, bildhafte Sprache aus, die in Versen gebunden ist. Zu lyrischen Texten gehören **Gedichte** und **Lieder**.
lyrisches Ich	Bezeichnet den Sprecher des Gedichts, also das sprechende, künstlerisch gestaltete Ich, das nicht mit dem Ich des Autors übereinstimmt.
Medien	Mittel zur **Verständigung**, **Information**, **Wissensgewinnung**, **Unterhaltung** und **Entspannung**, wie z. B. Zeitung, Zeitschrift, Hörfunk, Film und Fernsehen, Computer. Man unterscheidet **Printmedien** (zum Lesen) und **audiovisuelle Medien** (zum Hören und Sehen). Wichtige Printmedien sind **Bücher** und **Zeitungen/Zeitschriften**.

mehrdeutiges Wort	Wörter, die mehrere Bedeutungen haben, z. B.: *Hahn* (Tier, Wasserhahn), *Flügel* (Teil eines Vogels oder Flugzeugs, Musikinstrument). Welche der Bedeutungen gemeint ist, wird erst aus dem Textzusammenhang klar.
Meldung	**Journalistische Textsorte**: Kurznachricht, die nur das Nötigste über ein Ereignis, oft nur das Ereignis selbst, bekanntgibt. Nur die **Schlagzeile** ist noch kürzer.
Metapher	siehe **stilistisches Mittel**
Mimik	Bezeichnet den **Gesichtsausdruck**. Im Alltag, auf der Bühne oder im Film kann man an der Mimik die Gefühle eines Menschen ablesen.
Mindmap (engl. *mind* – Gedanken, Gedächtnis; *map* – Landkarte)	**Methode zur Sammlung und logischen Strukturierung von Informationen** zu einem Thema. Ausgehend von dem zentralen Begriff, der in der Mitte steht, werden weiterführende Informationen ringsherum angeordnet. Linien (z. B. Haupt- und Nebenäste) verdeutlichen Beziehungen, z. B. zwischen Ober- und Unterbegriff oder Teil und Ganzem.
Mitteilungen verfassen	Es gibt verschiedene Anlässe und Möglichkeiten, Mitteilungen zu verfassen. Immer ist zu beachten, an wen und aus welchem Anlass man schreibt. **Offizielle Briefe** bzw. **E-Mails** sind Mitteilungen an eine Institution oder ein Unternehmen, z. B. Anträge, Beschwerden und Bewerbungen, in denen man sachlich und knapp, aber höflich formuliert, die **Anredepronomen** *Sie, Ihr(-e)* verwendet, auf fehlerfreie Rechtschreibung und Zeichensetzung achtet. Eine **Betreffzeile** enthält kurz den Anlass des Briefs, z. B.: *Bewerbung um einen Praktikumsplatz*. In der **Anrede** schreibt man: *Sehr geehrte Frau Müller, ...* *Sehr geehrter Herr Lehmann, ...* oder *Sehr geehrte Damen und Herren, ...* Nach dem Komma wird auf einer neuen Zeile klein weitergeschrieben. Die übliche **Grußformel** am Schluss ist: *Mit freundlichen Grüßen / Mit freundlichem Gruß*. In Briefen folgt die **persönliche Unterschrift**.
Modalverb	Im Deutschen gibt es **sechs Modalverben.** Sie drücken aus, wie eine Tätigkeit, ein Vorgang, ein Zustand speziell gemeint ist: *wollen* (Absicht): *ich will kommen,* *sollen* (Aufforderung): *er soll kommen,* *dürfen* (Erlaubnis): *er darf kommen,* *können* (Fähigkeit oder Möglichkeit): *er kann kommen,* *müssen* (Notwendigkeit): *er muss kommen,* *mögen* (Wunsch): *er möchte kommen.*
Monolog	(*griech.* monologos – allein sprechend) **Selbstgespräch** einer Person im Gegensatz zum Zwiegespräch (**Dialog**). Im Drama, aber auch in erzählender Literatur kann eine handelnde Figur in einem Monolog ihre Gedanken äußern.
mündliche Kommunikation	Mündliche **Kommunikationssituationen** sind durch unterschiedliche **Bedingungen** geprägt, z. B. durch Zeit, Ort, Thema (Inhalt), beteiligte Personen, Zweck eines Gesprächs. Wichtig für das Gelingen ist die Berücksichtigung von: ▪ **Sachebene** (Inhalt des Gesprächs; Sache, um die es geht),

	▪ **Beziehungsebene** (Verhältnis der Gesprächspartner, Verhalten der Sprecher und Zuhörer). Um **Konflikte** zu vermeiden oder zu lösen, sollte man die Gesprächspartner ansehen, sachlich und ruhig auf sie eingehen, ggf. einen Kompromiss vorschlagen. Geeignete sprachliche Mittel sind z. B.: *Das ist zwar richtig, aber ... Ich kann verstehen, dass ... Wir könnten uns einigen, wenn ...* Ein **Small Talk** (engl. *small talk* – Geplauder) ist eine besondere Gesprächsform: lockere, beiläufige Unterhaltung über Alltägliches mit dem Ziel, eine angenehme Atmosphäre zu schaffen (die Beziehungsebene ist entscheidend), z. B.: **A** *Ach, das Wetter ist ja fürchterlich!* **B** *Oh ja, letztes Jahr war der Herbst ...*
mündliche Sprache	Wird v. a. in der **mündlichen Kommunikation** oder zur Erzeugung einer bestimmten Wirkung, z. B. in literarischen Texten, verwendet. Im Unterschied zur schriftlichen Sprache ist sie gekennzeichnet durch: ▪ aufgelockerten Satzbau: kurze oder unvollständige Sätze, z. B.: *Kann sein.* ▪ Gesprächswörter, z. B.: *äh, ne,* ▪ Reaktionsformeln, z. B.: *Na und? Ach wo!*
nachgestellte Erläuterung	Einem Beziehungswort (meist Nomen/Substantiv) **nachgestellte Erklärung**, die durch **Kommas** abgegrenzt wird. Es gibt nachgestellte Erläuterungen: ▪ im gleichen Fall wie das Beziehungswort (Appositionen), z. B.: *Sylva, Tochter eines tschechischen Vaters, steht im Mittelpunkt der Handlung.* ▪ die durch besondere Wörter eingeleitet werden, wie *und zwar, unter anderem (u. a.), zum Beispiel (z. B.), besonders, nämlich, vor allem (v. a.), das heißt (d. h.),* z. B.: *Sylva liebt Sport, besonders das Schwimmen.* ▪ Datumsangaben, die zu einem Wochentag gestellt werden, z. B.: *Die Geburtstagsfeier fand am Mittwoch, dem 16. April(,) statt.*
Nachricht	**Journalistische Textsorte**: kurze, sachliche Mitteilung über eine allgemein interessierende und nachprüfbare Tatsache
Nebensatz	**Teilsatz eines zusammengesetzten Satzes**, der allein meist nicht verständlich ist und durch **Komma** vom Hauptsatz abgegrenzt wird, z. B.: *Wir packten gleich aus, als wir angekommen waren. Nachdem wir ausgepackt hatten, liefen wir zum See.* Die meisten Nebensätze haben folgende **Merkmale**: ▪ die **finite Verbform** (Verb) steht an letzter Stelle, ▪ am Anfang steht ein **Einleitewort**. Nach dem Einleitewort unterscheidet man: ▪ **Konjunktionalsatz**: durch eine unterordnende Konjunktion eingeleitet, z. B.: *weil, dass, sodass, als, da, nachdem, bevor, seit,* ▪ **Relativsatz**: durch ein Relativpronomen eingeleitet, z. B.: *der, die, das, welcher, welche, welches,* ▪ **Fragewortsatz**: durch ein Fragewort eingeleitet, z. B.: *wo, wie, was, warum.* **Einteilung der Nebensätze** nach: ▪ Funktion (Satzgliedwert): Gliedsatz (Subjekt-, Objekt-, Adverbialsatz), Gliedteilsatz (Attributsatz),

	▪ Stellung zum übergeordneten (Teil-)Satz: Vordersatz, Zwischensatz, Nachsatz, ▪ Art des Einleiteworts: Konjunktional-, Relativ-, Fragewortsatz, ▪ Grad der Abhängigkeit vom übergeordneten (Teil-)Satz: Nebensatz 1., 2., 3., ... Grades, z. B.: *Sie wusste nicht, ob ihr Leben, das sie seit einiger Zeit führte, das richtige war.* *(Nebensatz 1: Objektsatz, Nachsatz, Konjunktionalsatz, 1. Grades;* *Nebensatz 2: Attributsatz, Zwischensatz, Relativsatz, 2. Grades)*
Nomen/Substantiv	**Deklinierbare Wortart**, die Lebewesen, Gegenstände, Gefühle, Vorstellungen, Vorgänge, Orte und Veranstaltungen bezeichnet. Nomen/Substantive werden **großgeschrieben**. Sie können Begleiter (Artikel, Possessivpronomen) und Attribute bei sich haben, an denen man Fall (Kasus), Zahl (Numerus) und Geschlecht (Genus) erkennt, z. B.: *die Wiese, unser Garten.*
Nominalisierung/ Substantivierung	Im Deutschen kann jedes Wort **als Nomen, Substantiv gebraucht** – also nominalisiert/substantiviert – werden. Es wird dann wie Nomen **großgeschrieben** und kann ebenfalls einen Begleiter und ein Attribut bei sich haben, z. B.: *das Blau, euer lautes Rufen.*
Numerale (Zahlwort)	Wörter, die eine Menge oder eine Anzahl angeben. Man unterscheidet: ▪ **bestimmte Numeralien**, z. B.: *eins, zwei, erster,* ▪ **unbestimmte Numeralien**, z. B.: *einige, viele, alle.* Numeralien gehören zu **verschiedenen Wortarten**: ▪ Nomen/Substantiv, z. B.: *eine Million,* ▪ Adjektiv, z. B.: *zwei Schüler, in der sechsten Klasse,* ▪ Adverb, z. B.: *er rief dreimal.*
Numerus (Zahl)	Zahl, in der Nomen/Substantive, Artikel, Adjektive oder Pronomen auftreten können. Es gibt eine Form für den **Singular** (Einzahl) und eine andere Form für den **Plural** (Mehrzahl), z. B.: *(das) Kind – (die) Kinder.*
Objekt	**Satzglied**, das das Prädikat ergänzt. Der Fall des Objekts ist vom Verb oder einer Präposition abhängig. Man unterscheidet: ▪ **Dativobjekt** (Frage: *Wem?*), z. B.: *Sie hilft ihrer Oma.* ▪ **Akkusativobjekt** (Fragen: *Wen? Was?*), z. B.: *Er liest ein Buch.* ▪ **Genitivobjekt** (Frage: *Wessen?*), z. B.: *Sie erfreut sich bester Gesundheit.* Genitivobjekte werden selten, meistens in der Schriftsprache gebraucht. ▪ **Präpositionalobjekt** (Objekt, dessen Fall von einer **Präposition** bestimmt wird), z. B.: *Sie wartet auf ihn. Über das Buch freute sie sich.*
Parabel	(*altgriech.* parabolé – Nebeneinanderstellung) Eine **kurze lehrhafte Erzählung**, die moralische und ethische Fragen aufwirft. Das vordergründig dargestellte Geschehen hat eine übertragene, symbolische Bedeutung, die vom Leser erkannt werden muss. Lessing nutzte die »Ringparabel« für sein Drama »Nathan der Weise«.
Parallelgedicht	Übernimmt das Muster des Vorbilds und füllt es mit neuem Inhalt.
Parataxe	siehe **zusammengesetzter Satz**

Partizip	siehe **Verb, infinite Verbform**
Partizipgruppe	Konstruktion, in deren Kern ein **Partizip** enthalten ist. **Vorangestellte** und **eingeschlossene Partizipgruppen** können durch Komma abgetrennt werden, z. B.: *In Berlin angekommen(,) besuchte Sylva ihren alten Freund Niklas. Er stimmte ihr(,) heftig mit dem Kopf nickend(,) zu.* Nachgestellte **Partizipgruppen** müssen durch Komma abgetrennt werden, z. B.: *Er stimmte ihr zu, heftig mit dem Kopf nickend.* Man kann Fehler vermeiden, indem man bei Partizipgruppen immer ein Komma setzt.
Personifizierung	siehe **stilistische Mittel**
Pointe	(*frz.* pointe – Spitze, Schärfe) **Unerwartete Wendung**, z. B. zum Schluss einer Anekdote, mit dem Ziel, durch ihren Witz die Zuhörer oder Leser zum Lachen zu bringen.
Prädikat	**Satzglied**, das etwas über das Subjekt aussagt (Satzaussage, Frage: *Was wird ausgesagt?*). **Subjekt** und **Prädikat** bilden den **Satzkern**. Wenn das Prädikat nur aus dem finiten (gebeugten) Verb besteht, nennt man es **einteiliges Prädikat**, z. B.: *(er) liest*. Das **mehrteilige Prädikat** besteht aus der finiten (gebeugten) Verbform und anderen, infiniten (ungebeugten) Verbformen (Partizip II, Infinitiv) oder weiteren Wörtern. Das mehrteilige Prädikat kann andere Satzglieder einrahmen. Dann bildet es einen **prädikativen Rahmen**, z. B.: *Er hat ein Buch gelesen. Trotz der Kälte ging sie ohne Mütze los.*
Präfix (Vorsilbe)	Dem Wortstamm vorangestellter **Wortbaustein**, der nicht selbstständig stehen kann. Wichtige Präfixe sind *be-, er-, ent-, ge-, miss-, ver-, zer-*. Durch das Anfügen von Präfixen entstehen oft neue Wörter (**Ableitung**) mit veränderter Bedeutung, z. B.: *fallen* → *gefallen, verfallen, zerfallen, befallen.*
Praktikumsbericht	Dokumentation der Ziele, Aufgaben, des Verlaufs und der Ergebnisse eines Praktikums. Ein **Tagesbericht**, der als Tabelle oder als zusammenhängender Text gestaltet sein kann, enthält den Ablauf und die Ergebnisse eines Arbeitstages. In einem **Abschlussbericht** werden die wichtigsten Erkenntnisse und Erfahrungen aus dem gesamten Praktikum zusammengefasst.
Präposition	**Nicht veränderbare Wortart**, die räumliche, zeitliche oder andere Beziehungen zwischen Wörtern und Wortgruppen ausdrückt, z. B.: *in, aus, bei, mit, nach, vor, hinter, über, zu.* Präpositionen stehen meist **vor dem Nomen/Substantiv** und seinen Begleitern und **fordern einen bestimmten Fall**, z. B.: *mit dem Ball* (Dativ); *für den Freund* (Akkusativ), *wegen des Wetters* (Genitiv), *auf dem Tisch* (*Wo?* → Dativ), *auf den Tisch* (*Wohin?* → Akkusativ).
Präsentieren	Zuhörer werden über bestimmte Themen, Vorhaben oder Arbeitsergebnisse informiert. Beim **Halten des Vortrags** ist auf freies, langsames und deutliches Sprechen sowie auf Blickkontakt zu den Zuhörern zu achten. Mit **rhetorischen Fragen** kann man Zuhörer direkt ansprechen. Direkte und indirekte **Zitate**

	sowie der Einsatz von **Medien** dienen der interessanten Gestaltung der Präsentation.
Problemfrage	**Frage**, meist als **Entscheidungsfrage** formuliert (mit Ja oder Nein zu beantworten), die längeres Nachdenken und Abwägen, ggf. eine **Diskussion** und Meinungsbildung zum Sachverhalt erfordert, z. B.: *Hat die globale Erwärmung Auswirkungen auf unser Klima?*
Pronomen	**Deklinierbare Wortart**, die **Stellvertreter** oder **Begleiter** eines Nomens/ Substantivs sein kann, z. B.: *die Kinder* → *sie, ihr Vater.*
Protokoll	Besondere **Form des Berichts**, mit dem kurz und genau informiert oder dokumentiert wird. Im **Verlaufsprotokoll** hält man den Ablauf und die Ergebnisse einer Veranstaltung, Diskussion oder eines Experiments fest. Im **Ergebnisprotokoll** werden nur die Ergebnisse bzw. Beschlüsse notiert.
Quellenangabe, Quellenverzeichnis	Werden Informationen, Materialien, Zitate verwendet, ist immer die Quelle anzugeben, auch wenn Aussagen nur sinngemäß übernommen werden (z. B. in indirekten Zitaten). Um solche sinngemäßen Wiedergaben deutlich zu machen, steht vor der Quellenangabe ein *vgl.* (vergleiche). **Quellenangaben** können verschiedene Formen haben, z. B.: ▪ **vollständig in Klammern** hinter einem Zitat, Bild u. Ä., z. B.: *»Mut ist etwas Sonderbares.« (Nürnberger, Christian: Mutige Menschen für Frieden, Freiheit und Menschenrechte. Stuttgart: Gabriel Verlag, 2008, S. 9.)* ▪ **vollständig als Fußnote** am Seitenende, z. B.: *»Mut ist etwas Sonderbares.«* [1] [1] *Nürnberger, Christian: Mutige Menschen für Frieden, Freiheit und Menschenrechte. Stuttgart: Gabriel Verlag, 2008, S. 9.* ▪ als Kurzangabe und **Verweis** auf das Quellenverzeichnis **in Klammern** hinter dem Zitat, Bild o. Ä. oder **als Fußnote**, z. B.: *»Mut ist etwas Sonderbares.« (Nürnberger, 2008, S. 9.)* *Nürnberger schreibt, dass er keine Heldenverehrung betreiben wolle.* [1] [1] *(Vgl. Nürnberger, 2008, S. 13.)* Am Ende eines Textes steht ein **Quellenverzeichnis** (Literaturverzeichnis), in dem alle verwendeten Quellen vollständig aufgeführt sind. Dabei sind zu unterscheiden: ▪ **Quellenangabe zu einem Buch**: Name, Vorname: Titel. Ort: Verlag, Jahr. Z. B.: *Nürnberger, Christian: Mutige Menschen für Frieden, Freiheit und Menschenrechte. Stuttgart: Gabriel Verlag, 2008.* ▪ **Quellenangabe zu einer Zeitung/Zeitschrift**: Name, Vorname: Titel. Aus: Zeitung/Zeitschrift, Nr. bzw. Datum der Ausgabe, Seite/n. Z. B.: *Hirsi Ali, Ayaan: Sie wissen nichts vom Holocaust. Aus: Die Welt, 16.12.2006, S. 9.* ▪ **Internetquellen**: Verfasser (wenn vorhanden): Titel. Online im Internet: Internetadresse [Datum des Abrufs]. Z. B.: *Stiftung Luthergedenkstätten in Sachsen-Anhalt: Von daher bin ich – Martin Luther und Eisleben. Online im Internet: http://www.martinluther.de/de/martin-luthers-geburtshaus/ausstellung.html [11.01.2012].*

Refrain	(*frz.* refrain) Regelmäßig wiederkehrende Wortgruppe in Liedern oder Gedichten, die meist zwischen den einzelnen Strophen steht.
Regieanweisung	(*frz.* régie – Verwaltung) **Hinweise des Bühnenautors** zu Bühnenbild, Sprechweisen, Figurenverhalten und Kostümen. Diese Hinweise werden nicht mitgesprochen. Im Text sind sie meist schräg gedruckt oder in Klammern gesetzt.
Relativsatz	Ein **Nebensatz**, der durch ein **Relativpronomen** (*der, die, das, welcher, welche, welches*) **eingeleitet** wird. Das Relativpronomen bezieht sich auf ein Nomen im vorangehenden Hauptsatz (Bezugswort). Relativsätze werden durch **Komma** vom Hauptsatz abgegrenzt, z. B.: *Die Suppe, die wir morgens gekocht hatten, aßen wir zu Mittag.* *Dazu gab es Brot, welches wir selbst gebacken hatten.*
rhetorische Frage	Frage, auf die keine Antwort erwartet wird. Sie dient dazu, eine Aussage besonders zu betonen und Hörer/Leser zum Mitdenken anzuregen, z. B.: *Hat Schiller hier nicht wirklich Mut bewiesen?*
Sachfrage	**Frage**, meist als ***W*-Frage** formuliert, die entsprechend des jeweiligen Kenntnis- bzw. Informationsstandes beantwortet werden kann/muss, z. B.: *Welche Auswirkungen hat die globale Erwärmung auf unser Klima?*
Sachtexte erschließen	Man unterscheidet **kontinuierliche** (Fließtexte) und **diskontinuierliche Sachtexte** (Cluster-Texte, bestehen aus verschiedenen Textbausteinen, z. B. Grafiken, Abbildungen, Tabellen, Textkästen, Fußnoten). Um Fließtexte zu erschließen, kann man die **5-Gang-Lesetechni**k nutzen: 1. Text überfliegen 2. Fragen an den Text stellen 3. Text gründlich lesen 4. das Wichtigste zusammenfassen 5. Text noch einmal lesen Dazu nutzt man verschiedene **Lesetechniken**. Das Textverstehen wird durch **äußere verstehensfördernde Mittel** (z. B. Überschriften, Zwischenüberschriften, Absätze, Nummerierungen, Aufzählungszeichen) und **inhaltliche verstehensfördernde Mittel** (z. B. logische Ableitungen, Einschübe, Erläuterungen) sowie durch **Mittel der Satzverknüpfung/ Textgestaltung** unterstützt. Um diskontinuierliche Texte zu erschließen, sollte man: 1. Gesamteindruck vom Text verschaffen 2. Thema des Gesamttextes erfassen 3. Themen der Textbausteine erfassen 4. Textbausteine gründlich lesen (z. B. Tabellen/Grafiken auswerten) 5. Aussagen zueinander in Beziehung setzen 6. Aussagen des Gesamttextes zusammenfassen
Satire	(*lat.* satur – satt, voll) **Spottdichtung**, die menschliche Schwächen oder gesellschaftliche Missstände auf humorvolle, aber auch bissige Weise kritisiert. Ihre Mittel sind Ironie, Über- oder Untertreibung, Wortwitz, Verfremdung von Sachverhalten, Verzerrung ins Lächerliche. Bekannte Autoren von S. sind Kurt

	Tucholsky, Ephraim Kishon, Robert Gernhardt. Die gezeichnete Form nennt man **Karikatur**.
Satzart	Man unterscheidet drei Satzarten: ▪ **Aussagesatz**: Man stellt etwas fest, informiert über etwas. Merkmale: finite (gebeugte) Verbform in der Regel an zweiter Stelle, Satzschlusszeichen: Punkt, z. B.: *Am Montag kommt eine neue Lehrerin.* ▪ **Fragesatz**: Man fragt, erkundigt sich nach etwas. Merkmale: oft durch ein Fragewort eingeleitet (z. B.: *wer, was, wie, wann, wo, warum*) oder finite (gebeugte) Verbform an erster Stelle, Satzschlusszeichen: Fragezeichen, z. B.: *Wann beginnen wir? Kommst du mit?* ▪ **Aufforderungssatz**: Man fordert jemanden zum Handeln auf oder drückt Bitten, Wünsche, Hoffnungen aus. Merkmale: finite (gebeugte) Verbform an erster Stelle, Satzschlusszeichen: Ausrufezeichen oder Punkt, *z. B.: Holt bitte frisches Wasser! Sei einfach etwas freundlicher.*
Satzgefüge	siehe **zusammengesetzter Satz**
Satzglied	**Subjekt**, **Prädikat**, **Objekt** und **Adverbialbestimmung** sind Satzglieder. (Das Attribut ist ein Satzgliedteil.) Satzglieder kann man mithilfe der **Umstellprobe** ermitteln. Durch das Umstellen von Satzgliedern lassen sich auch verschiedene Aussageabsichten verwirklichen, z. B.: *Die Kinder / warten / am Morgen / auf den Bus.* *Am Morgen / warten / … Auf den Bus / warten …*
Satzreihe/ Satzverbindung	siehe **zusammengesetzter Satz**
Satzverknüpfung/ Textgestaltung	Um Texte inhaltlich und sprachlich flüssig und verständlich zu gestalten, verwendet man **sprachliche Verknüpfungsmittel**, wie: ▪ **Wiederaufnahme** aus vorherigen Sätzen oder Textteilen durch: **Wiederholung** (z. B.: *Ria fuhr zum See. Ria wollte baden.*), **Pronomen** (z. B.: *Ria fuhr zum See. Sie wollte baden.*), **Adverbien** (z. B.: *Sie fuhr zum See. Dort wollte sie baden.*), **bedeutungsähnliche Wörter** (Synonyme), z. B.: *Ria fuhr zum See. Das Mädchen wollte baden.*), **Teil-Ganzes-Beziehungen** (z. B.: *Die Landschaft war herrlich. Der See war klar und kühl.*) ▪ Auch die **Stellung der Satzglieder** (besonders die **Vorfeldbesetzung**, an erster Stelle vor der finiten Verbform) beeinflusst die Satzverknüpfung. Etwas kann wieder aufgegriffen oder hervorgehoben werden, z. B.: *Wangari Maathai geht zur Schule. Sie ist eine Ausnahme. Dieses Mädchen wird eine berühmte Persönlichkeit werden.* Inhaltlich besonders eng verbundene Sätze werden meist zu **zusammengesetzten Sätzen**, deren Teilsätze unterschiedlich verknüpft sind, als: ▪ **Parataxe** (Nebenordnung) in einer **Satzreihe (Satzverbindung)**, z. B.: *Ria fuhr zum See, sie wollte baden. Ria fuhr zum See, denn sie wollte baden. Ria fuhr zum See (,) und Tomi fuhr ins Dorf.* ▪ **Hypotaxe (Unterordnung)** in einem **Satzgefüge**, z. B.: *Ria fährt zum See,*

	weil sie baden will. Ria fährt immer zu dem See, den sie am liebsten mag, wenn sie baden will.
Schildern, Schilderung	**Darstellungsweise**, **Textsorte**, bei der Wahrnehmungen, Gedanken, Gefühle und Einstellungen von Personen oder Figuren ausführlich und anschaulich wiedergegeben werden. Man beschreibt z. B. **Sinneswahrnehmungen** (Hören, Sehen, Riechen, Schmecken, Fühlen) genau und verwendet **direkte Rede**. Geeignete **sprachliche Mittel** sind z. B.: ▪ bildhafte Vergleiche und Bezeichnungen, z. B.: *kalt wie Eis, klettern wie ein Affe, Bruchbude – Hütte – Palast,* ▪ abwechslungsreiche, genaue Bezeichnungen (**Synonyme**), z. B.: *Auto – Wagen – Gefährt,* ▪ treffende Verben und Adjektive, z. B.: *flüstern, glitschiger Untergrund,* ▪ **Personifizierungen**, z. B.: *Kälte kroch in meine Zehen.*
Schreibkonferenz	In einer Schreibkonferenz werden **Texte gemeinsam** (in Gruppen) **überarbeitet**. Dazu sollte man Arbeitsschritte besprechen und festlegen (z. B. Text lesen; Notizen zu Inhalt, Satzbau, Wortwahl machen und vergleichen; Hinweise und Vorschläge formulieren).
Schreibwerkstatt	In einer Schreibwerkstatt steht der Spaß am gemeinsamen Schreiben im Mittelpunkt. Wie in einer Werkstatt wird **gemeinsam an Texten gearbeitet**. Die einzelnen Arbeitsschritte sind das Werkzeug und die Sprache ist das Material.
schriftliche Sprache	Wird v. a. in der **schriftlichen Kommunikation** verwendet, um verständlich (**Standardsprache**), sachlich und präzise darzustellen. Ist gekennzeichnet durch: ▪ genaue Wortwahl, ▪ längere und vollständige Sätze, korrekten Satzbau.
sprachliche Mittel	siehe **stilistische Mittel**
Sprachvarianten (Sprachvarietäten)	**Erscheinungsformen** unserer Sprache. Man unterscheidet: ▪ **Dialekte (Mundarten)** ▪ **Umgangssprache** ▪ **Standardsprache** ▪ **mündliche Sprache** ▪ **schriftliche Sprache** ▪ **Fachsprache** ▪ **Gruppensprache** (**Jugendsprache**)
Standardsprache	Eine **Sprachvariante (Sprachvarietät)** des Deutschen, die v. a. in schriftlichen Texten (z. B. Literatur, Zeitungsartikel, Fachtexte, amtliche Mitteilungen), aber auch in bestimmten Sprechsituationen (z. B. Vorträge, Nachrichten) verwendet wird. Sie ist gekennzeichnet durch Wörter, die in allen Regionen des deutschen Sprachgebiets bekannt sind, einen geregelten Satzbau, eine geregelte Schreibung (Rechtschreibung) und eine geregelte Aussprache (nach bestimmten Normen).
Standpunkt	Als **Behauptung (These)** formulierte **Meinung** einer Person oder Personengruppe. Standpunkte sollten durch **Argumente** belegt bzw. widerlegt werden.

Stegreifspiel	Kurzes unvorbereitetes Rollenspiel zu einem Thema.
stilistische Mittel	**Sprachliche Mittel** zur wirkungsvollen Satz- und Textgestaltung, wie z. B.: ▪ **Alliteration**: gleicher Anfangsbuchstabe, z. B.: *Ein Singen, Summen und Säuseln ...* ▪ **Anapher**: Wiederholung eines Satzanfangs, z. B.: *Ich war nicht müde. Ich war nicht krank. Ich war einfach nur traurig.* ▪ **Auflockerung (Verbalstil)**: Verwendung vieler Verben, besonders finiter Verbformen, z. B.: *Damit wir den Stromverbrauch ablesen können, bitten wir sie, einen Termin zu vereinbaren.* ▪ **Aufzählung**, z. B.: *Ein Mann. Ein Land. Ein Leben.* ▪ **Ausruf**, z. B.: *Das ist das schönste Pferd der Welt!* ▪ **Ellipse**: unvollständiger Satz, z. B.: *Was nun?* (statt: *Was machen wir nun?*) *Guten Morgen.* (statt: *Ich wünsche dir/Ihnen einen guten Morgen.*) ▪ **Gegensatz**, z. B.: *Die Sonne schien hell, im Haus war's dunkel.* ▪ **Metapher**: Übertragung eines Ausdrucks mit seiner ursprünglichen Bedeutung auf einen anderen Sachbereich; Grundlage ist ein gemeinsames Bedeutungsmerkmal, z. B.: *Nussschale* (kleines Boot), *Mutter Natur.* ▪ **Parallelismus**: Wiederholung einer Satzkonstruktion, z. B.: *Wann wird es endlich wieder Sommer? Wann wird es endlich wieder warm? Wann wird das Leben wieder Spaß machen?* ▪ **Personifizierung**: Übertragung menschlicher Verhaltensweisen/Eigenschaften auf Unbelebtes, z. B.: *Der Tag verabschiedet sich. Die Sonne lacht.* ▪ **Reim**, z. B.: *Mars macht mobil, bei Arbeit, Sport und Spiel.* ▪ **Übertreibung**, z. B.: *Das ist der schönste Ort der Welt.* ▪ **Wortneuschöpfungen**, z. B.: *Los Wochos! Sachensucher.* ▪ **Wortspiel**, z. B.: *Bemannte Räumfahrt.* ▪ **Verdichtung (Nominalstil)**: häufige Verwendung nominalisierter/substantivierter Verben und von Ableitungen auf *-ung*, z. B.: *Zum Ablesen des Stromverbrauchs bitten wir um Terminvereinbarung.*
Strophe	(*griech.* strophe – Wendung, Dehnung) Abschnitt eines Gedichts, der sich aus mehreren Versen zusammensetzt.
Subjekt	**Satzglied**, über das im Satz etwas ausgesagt wird (Satzgegenstand). Es steht in der Regel im **Nominativ** und kann mithilfe der Fragen *Wer?* oder *Was?* ermittelt werden, z. B.: *Am Abend trafen die Großeltern und mein Bruder ein. Der Schnee begann langsam zu tauen.* **Subjekt** und **Prädikat** bilden den **Satzkern**.
Substantiv **Substantivierung**	siehe **Nomen**, **Nominalisierung**
Suffix (Nachsilbe)	An den Wortstamm angehängter **Wortbaustein**, der in der Regel nicht selbstständig stehen kann. Durch das Anfügen von Suffixen entstehen Wortformen und neue Wörter (**Ableitungen**), z. B.: *lernen, lernte, Lerner; Kindheit, kindlich, kindisch.* Typische Suffixe für Nomen/Substantive sind *-heit, -keit, -ung, -nis*, z. B.: *Dunkelheit, Hindernis.* Typische Suffixe für Adjektive sind *-ig, -lich, -isch*, z. B.: *windig, heimlich, himmlisch.*

Symbol	(*griech.* symbolon – zusammenfügen) **Sinnbild**, konkretes Zeichen für etwas Allgemeines (z. B. *Herz* für *Liebe*, *Kreuz* für *christliche Religion* oder *Tod*, *Stern* und *Halbmond* für *Islam*, *weiße Taube* für *Frieden*), das nicht nur in Gedichten, sondern auch im Alltag als **sprachliches Mittel** verwendet wird.
Synonyme	Zwei oder mehr Wörter mit verschiedener Form (Aussprache, Schreibung), die eine **ähnliche** (selten gleiche) **Bedeutung** haben. Sie bezeichnen denselben Gegenstand, dieselbe Handlung oder Eigenschaft, heben dabei aber oft unterschiedliche Merkmale hervor, z. B.: *Lärm – Krach – Geschrei.*
Szene	(*griech.* skene – Zelt, Bühne) Sinneinheit innerhalb einer Handlung. Sie ist die **kleinste Einheit eines Theaterstücks**, oft werden mehrere Szenen zu einem Akt zusammengefasst. Im Film besteht eine Szene aus einer oder mehreren Einstellungen.
szenischer Text	Wird **in Dialogen geschrieben**, es gibt keinen Erzähler. Ziel ist es, den Text als Handlung zu spielen. Oft gibt es Regieanweisungen mit Hinweisen zur Handlung oder zum Sprechen.
Textbeschreibung	Darstellung des Inhalts und der Besonderheiten eines Textes. Textbeschreibungen sollten folgende **Bestandteile** aufweisen: ▪ Einleitung: Autorin/Autor, Textsorte, Titel, Thema, ▪ Hauptteil: Inhaltsangabe; bei **literarischen Texten**: Besonderheiten der Handlungs-, Figuren-, Zeit-, Ortsgestaltung, Erzählperspektive und Sprache, besondere Wirkung der Gestaltungsmittel; bei **Sachtexten**: Aufbau (Gliederung, Textbestandteile, Funktion und Anordnung), Besonderheiten des Inhalts (Standpunkte, Hauptaussage, Thesen, Argumente) und der Sprache, ▪ Schluss: Bewertung von Inhalt und Darstellungsweise, ggf. eigene Meinung (Gedanken, Gefühle) zum Dargestellten, evtl. Leseempfehlung oder weitere Auskünfte zu Autorin/Autor. Jeder Textbeschreibung muss eine genaue Untersuchung des Textes vorangehen.
Umfrage	Mündliche oder schriftliche **Befragung** mithilfe eines **Fragebogens**, um Informationen über Meinungen, Einstellungen, Wissen und Verhalten verschiedener Menschen zu erhalten. Die Fragen sollten möglichst einfach, eindeutig und kurz formuliert sein, sodass die Antworten gut auszuwerten sind. Zur Veranschaulichung der Ergebnisse können Diagramme, Tabellen oder Schaubilder dienen.
Umgangssprache	Eine **Sprachvariante (Sprachvarietät)** des Deutschen, die in bestimmten Alltagssituationen, z. B. in der Familie, mit Freunden und anderen vertrauten Menschen, vor allem in gesprochener Sprache gebraucht wird, aber auch im privaten Schriftverkehr oder in der Literatur (Figurenrede) vorkommen kann. Merkmale der Umgangssprache sind bestimmte Wörter und Wendungen, aber auch unvollständige Sätze, z. B.: *eine große Klappe haben.*

Umstellprobe	Probe zur Ermittlung der **Satzglieder** eines Satzes: Alle Wörter, die nur zusammenhängend umgestellt werden können, bilden ein Satzglied. Im Aussagesatz kann jedes Satzglied, außer das Prädikat, die erste Stelle (vor der finiten Verbform) einnehmen. Die finite (gebeugte) Verbform nimmt immer die zweite Stelle ein. Vor der finiten Verbform kann immer nur *ein* Satzglied stehen, z. B.: *Max und Moritz | spielten | den Erwachsenen häufig | böse Streiche.* *Den Erwachsenen | spielten | …* *Häufig | spielten | …*
unpersönliche Ausdrucksweise	Wenn es **unwichtig** ist, **wer handelt**, wird die unpersönliche Ausdrucksweise verwendet (z. B. in Berichten oder Beschreibungen). Es gibt zwei Formen der unpersönlichen Ausdrucksweise: ▪ Verbform im Passiv, z. B.: *Das Wasser wird dazugegeben.* ▪ *man*-Form, z. B.: *Man gibt das Wasser dazu.*
Verb	**Konjugierbare Wortart**, die **Tätigkeiten**, **Vorgänge** und **Zustände** bezeichnet. Es gibt: ▪ **infinite** (ungebeugte) **Verbfomen**: **Infinitiv** (z. B. *lesen,*) **Partizip I** (z. B. *lesend*), **Partizip II** (z. B. *gelesen*), ▪ **finite** (gebeugte) **Verbformen**: Personalformen, die durch **Konjugation** entstehen und in Person und Zahl mit dem Subjekt übereinstimmen (z. B.: *ich lese, du gehst*). Verben bilden **Zeitformen** (Tempusformen): **Einfache Zeitformen** sind **Präsens** und **Präteritum**, z. B.: *Ich lese gern. Er las gestern ein Buch.* **Zusammengesetzte Zeitformen** sind **Perfekt**, **Plusquamperfekt** und **Futur**, z. B.: *Wir haben viel gelesen. Er hatte viele Bücher mitgebracht. Bald werden wir neue Bücher bestellen müssen.* Die meisten Verben haben eine **Aktivform** (Betonung des Handelnden) und eine **Passivform** (Unwichtigkeit des Handelnden, Bildung: Hilfsverb *werden* + Partizip II, z. B.: *(ich) werde getragen, (du) wirst begleitet*). Man unterscheidet: ▪ das **Vorgangspassiv**, das den Ablauf der Handlung betont, ▪ das **Zustandspassiv**, das einen Zustand als Ergebnis einer Handlung benennt. **Vorgangspassiv**: Die Mikros *wurden ausgestellt.* – ***werden* + Partizip II** **Zustandspassiv**: Die Mikros *sind ausgestellt.* – ***sein* + Partizip II** Verben bilden **Modusformen** (Formen der Aussageweise): ▪ Verbformen im **Indikativ** (Wirklichkeitsform) werden verwendet, um Tatsachen und **direkte Rede** wiederzugeben, z. B.: *Er arbeitet beim Zirkus. »Ich habe früh damit begonnen«, sagt Dergin.* ▪ Verbformen im **Konjunktiv I** werden verwendet, um **indirekte Rede** wiederzugeben, z. B.: *Er sagt, er arbeite beim Zirkus.* ▪ Verbformen im **Konjunktiv II** (Möglichkeitsform) verwendet man, um (irreale) Wünsche, Bedingungen, Vorstellungen und Vergleiche auszudrücken, z. B.: *Wäre Tanzen ein Schulfach, gäbe es weniger Bewegungsmuffel.*

	Einige Verbformen im Konjunktiv II werden nur noch selten gebraucht, andere stimmen in der Form mit dem Indikativ überein. Man ersetzt sie durch ***würde* + Infinitiv**, z. B.: *sie log* → *sie löge – sie würde* lügen, er fragte → *er fragte – er würde fragen.* Der **Konjunktiv II** oder die ***würde*-Ersatzform** wird auch zur indirekten Redewiedergabe verwendet, wenn sich Indikativ und Konjunktiv I oder II formal nicht unterscheiden. ▪ Verbformen im **Imperativ** werden verwendet, um Aufforderungen, Befehle, Ratschläge oder Empfehlungen auszudrücken, z. B.: *Warte!* (Singular) *Wartet!* (Plural) *Warten Sie!* (Höflichkeitsform) Aufgrund ihrer Formenbildung unterscheidet man: ▪ **starke Verben** (Stammvokal ändert sich, die 1./3. Person Präteritum ist endungslos, das Partizip II endet auf *-en,* z. B.: *schwimmen – schwamm – geschwommen*). ▪ **schwache Verben** (Stammvokal ändert sich nicht, die 1./3. Person Präteritum endet auf *-te,* das Partizip II endet auf *-t,* z. B.: *lachen – lachte – gelacht.*) Zur Bildung der verschiedenen Verbformen, kann man sich an den **Leitformen** (Stammformen) orientieren: **Infinitiv – Präteritum** (1./3. Person Singular) **– Partizip II**, z. B.: *lesen – las – gelesen.*
Verlängerungs-probe	Probe zur Ermittlung der Schreibung eines einsilbigen Wortes. Man verlängert das einsilbige Wort, indem man z. B. folgende Formen bildet: ▪ die Pluralform (z. B.: *Flu■ – Flüsse, Sta■ – Stäbe*), ▪ ein Verb (z. B.: *Ba■ – baden*), ▪ ein Adjektiv (z. B.: *Gol■ – golden, goldig).*
Vers	(*lat.* versus – Wendung, Linie) Bezeichnet die einzelne **Gedichtzeile**. Mehrere Verse ergeben eine Strophe.
Verwandtschafts-probe	Probe zur Ermittlung der Schreibung eines Wortes. Man sucht ein stammverwandtes Wort aus der Wortfamilie, z. B.: *mahlen – Mehl – Mühle; Biss – bissig.*
Weglassprobe	Probe, um zu ermitteln, ob ein Attribut weggelassen werden kann, ohne dass der Sinn des Satzes verlorengeht, z. B.: *Ich legte den (verhassten) (grünen) Wisch auf den Schrank (in der Küche) und spürte, wie mein (brodelnd) (heißes) Blut vom Kopf in den Bauch rann.*
Wortart	Wörter lassen sich verschiedenen Wortarten zuordnen. Es gibt ▪ **veränderbare Wortarten**: Nomen/Substantiv (deklinierbar), Verb (konjugierbar), Adjektiv (deklinierbar, komparierbar), Artikel (deklinierbar), Pronomen (deklinierbar), ▪ **nicht veränderbare Wortarten**: Präposition, Adverb, Konjunktion. ▪ Numerale (Zahlwörter) können zu verschiedenen Wortarten gehören.
Wortbildung	Für die Wortbildung haben sich im Deutschen zwei Formen bewährt: ▪ die **Ableitung** mithilfe von Präfixen und Suffixen, ▪ die **Zusammensetzung** (Bestimmungswort + Grundwort). Mithilfe der **Zerlegeprobe** lassen sich Wörter in ihre Bauteile zerlegen.

Wörterbuch	Wörterbücher oder Lexika (Singular: Lexikon) enthalten meist eine Vielzahl von Informationen und sind so aufgebaut: Die **Stichwörter** stehen in **alphabetischer Reihenfolge**. **Seitenleitwörter** (das erste und letzte Wort einer Seite) helfen bei der Orientierung. Rechtschreib-Wörterbücher enthalten neben dem **Wörterverzeichnis** oft einen Anhang mit den gültigen **Rechtschreibregelungen**, meist mit K (Kennziffer) oder R (Regel) und einer Nummer gekennzeichnet.
Wortfamilie	Wörter, die einen **gemeinsamen Wortstamm** haben, bilden eine Wortfamilie. Wortfamilien entstehen durch **Ableitung** und **Zusammensetzung**, z. B.: *lehren – Lehrer – Lehrbuch – Lehrling – gelehrig ...*
Wortfeld	Bedeutungsgleiche oder -ähnliche Wörter (**Synonyme**) bilden ein Wortfeld. Wörter eines Wortfeldes lassen sich in **Oberbegriffe** (mit allgemeiner Bedeutung) und **Unterbegriffe** (mit spezieller Bedeutung) einteilen, z. B.: *Pflanze: Baum – Birke, Buche, Fichte, ...*
Zerlegeprobe	Probe zur Ermittlung der Schreibung eines Wortes. Man zerlegt Wörter in **Sprechsilben**, um zu erkennen, ob es mit zwei gleichen oder zwei verschiedenen Konsonanten geschrieben wird, z. B.: *es-sen, lis-tig.* Man kann Wörter auch in ihre **Bauteile** zerlegen, um Sicherheit über deren Schreibung zu bekommen, z. B.: *Ver-kauf, du nasch-st.*
Zitat, zitieren	Wiedergabe einer Textstelle in einem anderen Text, z. B. in einer Facharbeit oder einem Vortrag. Ein **direktes Zitat** ist die wörtliche (buchstabengetreue) Wiedergabe einer Textstelle. Zitate stehen in **Anführungszeichen**, Auslassungen sind durch drei Punkte in eckiger Klammer [...] zu kennzeichnen. Wichtig ist auch die sinnvolle Einbindung von Zitaten, z. B.: ▪ in einem schriftlichen Text: *Christian Nürnberger beginnt sein Vorwort mit den Worten: »Mut ist etwas Sonderbares. [...].« (Nürnberger, 2008, S. 9.) Nürnberger bezeichnet Mut in seinem Vorwort als »etwas Sonderbares«. (Nürnberger, 2008, S. 9.)* ▪ in einem mündlichen Vortrag: *Schiller schrieb 1782 an seinen Freund – ich zitiere – »Ich traf alles noch über meine Wünsche; keine Bedürfnisse ängstigen mich mehr, ...« – Ende des Zitats.* (Genauer muss man die Quelle nicht nennen, man muss sie aber notiert haben: *Aus: Friedländer, Paul (Hrsg.): Schiller. Ein Lesebuch für unsere Zeit. Berlin, Weimar: Aufbau, 1983, S. 91.)* Ein **indirektes Zitat** ist die sinngemäße Wiedergabe von Textstellen. Dazu wird meist der **Konjunktiv I** verwendet, z. B.: *Christian Nürnberger schreibt, er wolle darstellen, dass der Mut der kleinen Leute nicht vergeblich sei. (Vgl. Nürnberger, 2008, S. 13.)* Zu jedem Zitat gehört eine genaue **Quellenangabe**, ggf. in einem **Quellenverzeichnis**.

zusammen-gesetzter Satz	Satz, der aus zwei oder mehreren inhaltlich eng miteinander verbundenen **Teilsätzen** besteht. Die Teilsätze werden i.d.R. durch **Komma** voneinander getrennt. Jeder Teilsatz enthält mindestens ein **Subjekt** und ein **Prädikat** (finite Verbform). Man unterscheidet: ▪ **Satzgefüge**: Einem **Hauptsatz** werden ein oder mehrere **Nebensätze** untergeordnet. Dieses Verhältnis der Unterordnung nennt man **Hypotaxe**. Die inhaltliche Anknüpfung der Nebensätze wird mithilfe von **Einleitewörtern** erreicht: – unterordnende Konjunktionen, z. B.: *weil, (so-)dass, wenn, nachdem;* – Relativpronomen, z. B.: *der, die, das; welche(-r, -s);* – Fragewörter, z. B.: *wie, wo, warum, z. B.:* *Wenn die Clowns auftreten, kommt Freude auf. Alle waren begeistert, als die Clowns auftraten, die für viel Unterhaltung sorgten.* ▪ **Satzreihe/Satzverbindung**: Zwei oder mehrere **Hauptsätze** werden aneinandergereiht. Dieses Verhältnis der Nebenordnung nennt man **Parataxe**. Sie können unverbunden nebeneinanderstehen oder durch nebenordnende Konjunktionen (*und, oder, aber, denn*) bzw. Adverbien *(deshalb, dann, trotzdem)* verbunden sein, z. B.: *Die Clowns treten auf, die Zuschauer klatschen, dann setzt die Musik ein(,) und der Spaß beginnt.* ▪ **mehrfach zusammengesetzte Sätze**: Mehrere Haupt- und Nebensätze werden neben- und/oder untergeordnet verbunden, z. B.: *Clown Tilo, der auf dem Kopf stand, konnte sich nicht wehren, als Clown Marek ihn umstieß, und Clown Fred freute sich darüber.*
Zusammensetzung	Form der **Wortbildung**: Zusammensetzungen bestehen aus **Grund-** und **Bestimmungswort**. Manchmal ist ein **Fugenelement** eingefügt. Das Grundwort bestimmt die Wortart und das Geschlecht der Zusammensetzung, z. B.: *wunder|schön, die Mittag|s|zeit.* Bei zusammengesetzten Verben gibt es ▪ **fest zusammengesetzte Verben**, z. B.: *unterrichten – (er) unterrichtet,* ▪ **unfest zusammengesetzte Verben**, z. B.: *teilnehmen – (er) nimmt teil.* Man kann sie durch die **Betonung** unterscheiden: ▪ Betonung auf dem Grundwort → fest zusammengesetzt, ▪ Betonung auf dem Bestimmungswort → unfest zusammengesetzt. Einige Verben bilden in Verbindung mit ***durch***, ***hinter***, ***über***, ***unter*** und ***um*** sowohl **feste** als auch **unfeste Zusammensetzungen** mit unterschiedlichen **Bedeutungen**, wie z. B.: *Franz wollte während der Fahrradrallye mit Geschick alle aufgestellten Kegel umfahren und nicht einen einzigen umfahren.*

Lösungen zu den Tests

Texte erschließen (S. 68 – 69)

2 **1, 2** Hauptüberschrift (Themennennung), Schlagzeile (Hauptinformation), Haupttext (Information, Wertung und Sensibilisierung der Leser), Text mit Zusatzangaben im Kasten (Daten und Fakten), Grafik (statistische Angaben)
3 diskontinuierlicher Text, gut gegliedert, Teiltexte gut abgegrenzt, strukturiertes Textdesign, Hauptüberschrift hervorgehoben, Schlagzeile fett gedruckt
4 Der **Haupttext** beschäftigt sich sachbezogen mit der wirtschaftlichen Dimension der Abfallentsorgung und informiert über deren Wirtschaftswachstum, auch durch die verstärkte Entsorgung von Müll aus dem Ausland. Meinungen zum Sachverhalt werden angeführt.
Die **Schlagzeile** zur Hauptüberschrift kann die inhaltliche Wahrnehmung des Haupttextes beeinflussen, da durch Formulierungen, wie »stinkende Abfallberge« (wenn auch mit positiver Perspektive) und »immer mehr Dreck aus dem Ausland«, bereits ein negatives Gefühl erzeugt wird.
Die **Zahlenangaben** mit ihren sachlichen Erläuterungen verdeutlichen die wirtschaftliche Dimension der Abfallbeseitigung in Deutschland, beziehen sich aber nicht mehr unmittelbar auf das Heranschaffen von Müll aus dem Ausland.
Die **Grafik** bezieht sich auf die Aussage im Haupttext, dass das Duale System Deutschland zu teuer und ineffizient sei.

3

a **1. Abschnitt**: Vergleich der Müllentsorgung vor 30 Jahren und heute (250 000 Menschen erwirtschaften mit Müll einen Umsatz von rund 50 Milliarden Euro)
2. Abschnitt: Zitat des Umweltministers zur Perspektive der Abfallentsorgung, moderne Verbrennungsöfen stoßen kaum noch Schadstoffe aus, anfallende Schlacke wird zu Straßenbelag verarbeitet, aber giftige Verbrennungsrückstände (Entsorgung in Bergwerken)
3. Abschnitt: Sammeln von Verpackungsmüll aus privaten Haushalten muss verbessert werden, da das Duale System Deutschland zu teuer, zu ineffizient ist, Verbrennungs- und Verwertungswirtschaft boomt, immer mehr Müll kommt aus dem Ausland nach Deutschland, seit 2001 Müllimporte bereits um ein Drittel gestiegen, Einfuhr genehmigungspflichtiger und gefährlicher Stoffe nimmt zu.
4. Abschnitt: Umweltschützer fordern, Abfälle dort zu entsorgen, wo sie entstehen.

b Obwohl die Abfallwirtschaft in Deutschland sich im Vergleich zu früher umwelttechnisch verbessert hat und wirtschaftlich (auch durch Müllimporte aus dem Ausland) bedeutungsvoller geworden ist, ist sie doch problematisch.

c

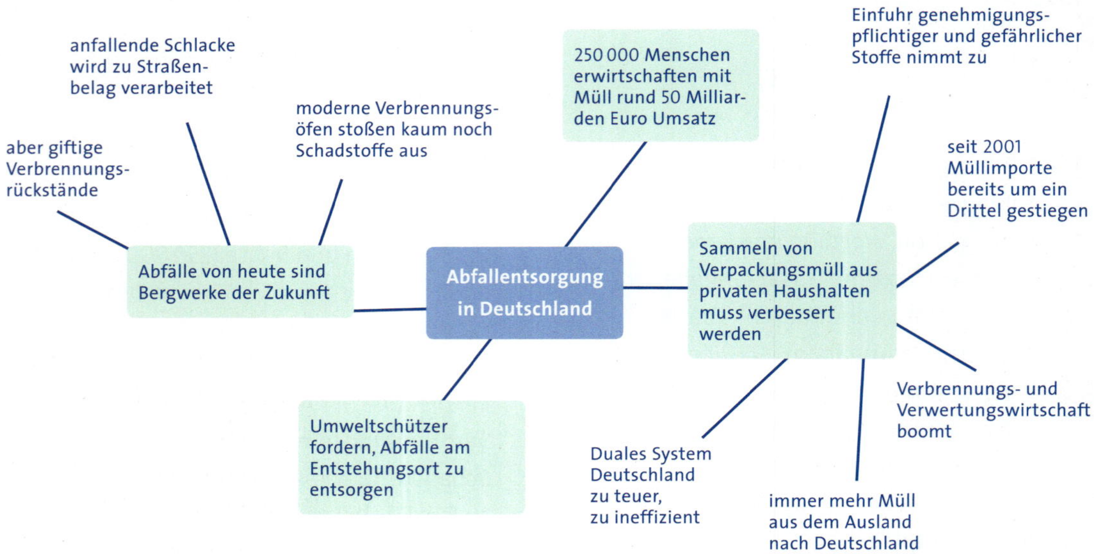

4

a Die Grafik benennt die einzelnen Arten von Haushaltsabfällen mit den dazugehörigen Angaben in Tonnen, die durch das Duale System Deutschland entsorgt werden.

b Die Grafik verdeutlicht, dass das Duale System Deutschland mit einer Vielzahl unterschiedlicher Hausmüllabfälle zu tun hat.

c mögliche Lösung: Den größten Anteil des durch das Duale System Deutschland zu entsorgenden Abfalls nimmt mit 13,7 Mio. t der Hausmüll ein. Den geringsten Umfang nehmen mit 0,1 Mio. t Textilien ein. Der Anteil von Papier, Pappe und Karton ist mit 5,8 Mio. t anteilsmäßig recht hoch.

5

a Die Aussage verdeutlicht, dass das Duale System Deutschland durch die Vielzahl der in der Grafik dargestellten Abfallarten zu ineffizient arbeitet und dadurch zu teuer ist.

b Durch die Aussage werden die in der Grafik sachlich dargestellten Daten gewertet und problematisiert. Ohne diese Aussage hätte man das Entsorgen der vielen unterschiedlichen Abfallarten durch das Duale System Deutschland ohne Einschränkung als Leistung gewertet oder aber nur als Fakt wahrgenommen.

6

a

38,8 Mio. t:	Deponie
34,2 Mio. t:	Müllverbrennungsanlagen und Industrieheizkraftwerke
22,3 Mio. t:	Sortieranlagen
12,3 Mio. t:	Kompost
9,7 Mio. t:	Schredder
3,8 Mio. t:	mechanisch-biologische Abfallbehandlungsanlagen

b Die Angaben im Kasten verdeutlichen, wie aufwändig die Abfalltrennung und der Transport zu den unterschiedlichen Entsorgungseinrichtungen sind. Damit wird die Aussage der Grafik und des dazugehörigen Textes, dass das Duale System Deutschland zu teuer und ineffizient sei, untermauert.

c

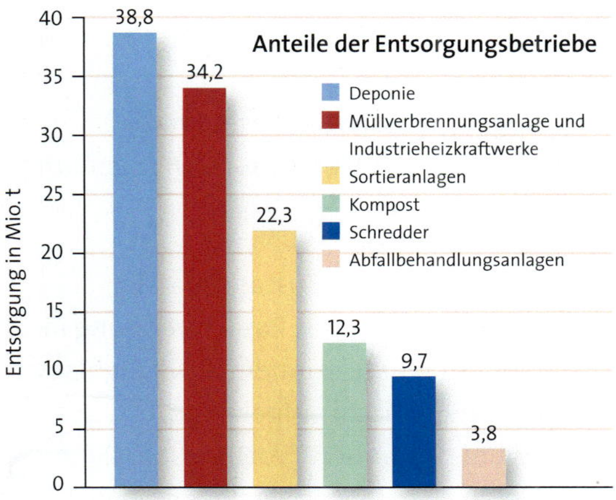

Über Sprache nachdenken (S. 206 – 207)

2

a **3** Rosa Parks saß an jenem Tag, dem 1. Dezember 1955, zunächst im mittleren Teil des Busses. Als mehrere Weiße einstiegen, verkleinerte der Busfahrer das Schwarzenabteil mit einem Blechschild. Er forderte die dort sitzenden Schwarzen dadurch auf, ihre Plätze zu räumen. Drei Männer gehorchten und rückten nach hinten. Rosa Parks nicht. Der Busfahrer fuhr das schwerste Geschütz auf: Er rief die Polizei, die Rosa Parks verhaftete. Dieser kleine Widerstandsakt war der Beginn einer großen Bewegung, die schließlich zur Abschaffung der Rassentrennung in den USA führte.

b ... die Rassentrennung, sogar auf den Bürgersteigen.
... war überall lebendig, z. B. auch in dem Bus, mit dem ...
... an jenem Tag, dem 1. Dezember 1955, ...

c ... war es erlaubt, dort Platz zu nehmen.

... dadurch auf, ihre Plätze zu räumen.

3 Einleitewort, finite Verbform

a) Als sie sitzen blieb, standen Tausende auf b) Konjunktionalsatz, c) Adverbialsatz, d) Vordersatz, NS 1. Grades

a) ... in dem Bus, mit dem Rosa Parks immer von der Arbeit heimfuhr, ...
b) Relativsatz, c) Attributsatz,
d) Nachsatz, NS 1. Grades

a) Wenn der hintere Teil so voll war, ...
b) Konjunktionalsatz, c) Adverbialsatz,
d) Vordersatz, NS 1. Grades

a) ..., dass keine Stecknadel mehr fallen konnte, ... b) Konjunktionalsatz, c) Adverbialsatz, d) Nachsatz, NS 2. Grades

a) ..., wenn ein Weißer den Bus betrat und Anspruch auf einen Mittelplatz erhob.
b) Konjunktionalsatz, c) Adverbialsatz,
d) Nachsatz, NS 1. Grades

a) Als mehrere Weiße einstiegen, ...
b) Konjunktionalsatz, c) Adverbialsatz,
d) Vordersatz, NS 1. Grades

a) ... die Polizei, die Rosa Parks verhaftete.
b) Relativsatz, c) Attributsatz,
d) Nachsatz, NS 1. Grades

a) ... Bewegung, die schließlich zur Abschaffung der Rassentrennung in den USA führte. b) Relativsatz, c) Attributsatz,
d) Nachsatz, NS 1. Grades

4 Das Recht wurde mit Füßen getreten, der weiße Rassismus war überall lebendig, z. B. auch in dem Bus, mit dem Rosa Parks immer von der Arbeit heimfuhr.
In jedem Bus waren die ersten vier Reihen für die Weißen reserviert und keinem Schwarzen war es erlaubt, dort Platz zu nehmen.

5 **Rosa Parks: Als sie sitzen blieb, standen Tausende auf**
- 50er-Jahre des 20. Jahrhunderts: in den USA Vorherrschen ähnlicher Verhältnisse wie in Südafrika
- überall Rassentrennung, sogar auf den Bürgersteigen
- Zwang: Schwarze müssen überall Platz machen für Weiße
- Verbot von Ehen zwischen Schwarzen und Weißen
- keine Rechte für Schwarze, überall weißer Rassismus, auch im Bus, mit dem Rosa Parks fuhr
- Reservierung der ersten vier Reihen nur für Weiße
- bei Überfüllung des hinteren Teils: Vorrücken der Schwarzen bis zur Mitte
- sofortiges Räumen der Mittelplätze bei Anspruch eines Weißen darauf
- 1. Dezember 1955: Rosa Parks – Sitzplatz zunächst im Mittelteil
- Einstieg mehrerer Weißer
- Verkleinerung des Schwarzenabteils durch den Busfahrer
- Aufforderung an die Schwarzen, die Plätze zu räumen
- Verweigerung der Räumung durch Rosa Parks
- Rufen der Polizei durch den Busfahrer
- Verhaftung von Rosa Parks durch die Polizei
- kleiner Widerstandsakt – Beginn einer großen Bewegung für die Abschaffung der Rassentrennung in den USA

6 **Zustandspassiv**: Ehen ... waren verboten (Z. 4); waren die ... Reihen ... reserviert (Z. 8–9), keinem Schwarzen war es erlaubt (Z. 9)
Vorgangspassiv: das Recht wurde ... getreten (Z. 5), Plätze mussten ... geräumt werden (Z. 11)

7 **1** ist aufgehoben (Zustandspassiv), Vorgangspassiv: Die Rassentrennung in den USA wurde seit dem »Civil Rights Act« von 1964 offiziell aufgehoben.
2 wurde garantiert (Vorgangspassiv), Zustandspassiv: Mit dem »Voting Rights Act« von 1965 ist der schwarzen Bevölkerung in den USA das Wahlrecht garantiert.

8 mögliche Lösung: Der Busfahrer erklärte, an einer Bushaltestelle seien mehrere Weiße eingestiegen. Daraufhin habe er mit dem Blechschild das Schwarzenabteil verkleinert. Dann habe er die Schwarzen, die dort saßen, aufgefordert, ihre Plätze zu räumen. Drei Männer haben/hätten gehorcht und sind/seien nach hinten gerückt, nur Rosa Parks nicht. Daraufhin habe er das schwerste Geschütz aufgefahren: er habe die Polizei gerufen, die Rosa Parks verhaftet habe.

9 **Adjektive**: ähnliche Verhältnisse, der weiße Rassismus, die ersten vier Reihen, der hintere Teil, diese mittleren Plätze, im mittleren Teil, mehrere Weiße, einer großen Bewegung
Präpositionen: in den USA, in den 50er-Jahren, in Südafrika, auf allen Gebieten, auf den Bürgersteigen, Ehen zwischen Schwarzen und Weißen, mit

Füßen, in dem Bus, mit dem ..., von der Arbeit, für die Weißen, bis zur Mitte, auf einen Mittelplatz, an jenem Tag, im mittleren Teil, mit einem Blechschild, nach hinten ...
Pronomen: auf allen Gebieten, mit dem Rosa, in jedem Bus, keinem Schwarzen, es, sie (Pl.), diese mittleren Plätze, an jenem Tag, er, ihre Plätze, die Polizei, die ..., dieser kleine Widerstandsakt, Bewegung, die ...

Richtig schreiben (S. 242–243)

1 **1** dass (Konjunktion) **2** dass (Konjunktion) **3** dass (Konjunktion), das (Artikel) **4** das (Artikel), dass (Konjunktion) **5** das (Artikel) **6** das (Artikel), das (Relativpronomen) **7** Das (Demonstrativpronomen)

2 Wenn man als Raucher für seine Lungen etwas Gutes tun will, so ist es das Beste, mit dem Rauchen aufzuhören. Dass das Aufhören vielen so schwerfällt, liegt daran, dass sie süchtig sind. Der Körper verlangt nach seiner täglichen Portion. Bekommt er diese nicht, dann meldet sich sein Unbehagen. Nach dem Anstecken einer Zigarette hat das Gieren für kurze Zeit ein Ende. Aber bald geht das Ganze von vorne los. Viele wollen deshalb vom Rauchen loskommen. Ihnen und ihrem Umfeld missfällt das Röcheln der Bronchien, die Blässe der Haut, der schlecht riechende Atem, die Leere in der Geldbörse. Unterstützend beim Abgewöhnen wirken Nikotinkaugummis oder Bonbons.

3 mögliche Lösung: in den Alpen bergsteigen – gut kopfrechnen können – einem Angriff standhalten – in den Bergen Ski laufen – ein Geheimnis preisgeben – in der Wohnung staubsaugen / Staub saugen – nach einer Verletzung nicht wehklagen – brustschwimmen üben (aber: das Brustschwimmen üben) – immer noch Maschine schreiben (d. h. mit der Schreibmaschine schreiben) – auf dem Flur nicht wettrennen – das Flugzeug musste notlanden – am Strand sonnenbaden

4 mögliche Lösung: **1** blamieren **2** Bibliothekar **3** Taschenlampenbatterie **4** Chansonsängerin **5** chancenreich **6** chaotisch **7** Charakter **8** Chatter/-in **9** Engagement **10** Experiment **11** Expeditionsleiter **12** Funktion **13** Bauingenieur **14** Initiator **15** interviewen **16** Journal **17** Organisationskomitee **18** Prüfungskommission **19** Korrektur **20** labyrinthartig **21** Schneelawine **22** Management **23** massieren **24** Silbermedaille **25** Milliardär **26** Passage **27** publikumswirksam **28** qualitativ **29** Redaktion **30** reparieren **31** risikoreich **32** Eisstadion **33** theoretisch

Quellenverzeichnis

Textquellen

6 Stolz, Rosi: Schaulust und Langeweile. Nach: http://www.lizzynet.de [14. 03. 2012]. **18 f.** Abseits des Rampenlichts . . . Nach: http://www.welt.de/wissenschaft/umwelt/article13 735 728/Wildtiere-im-Zirkus-womoeglich-schon-bald-verboten.html [30. 01. 2012]. **20 f.** Die Bundestierärztekammer . . . Aus: Presseinformation der Bundestierärztekammer. Nummer 5/2010 vom 22. April 2010. **29 ff.** Regel ... Aus: Rosoff, Meg: damals, das meer. Aus dem Englischen von Brigitte Jakobeit. Hamburg: Carlsen, 2009, S. 7 ff. **37 ff.** Thoma, Ludwig: Das Sterben. Aus: Pörnbacher, Karl (Hg.): Die Literatur im 20. Jahrhundert. In: Bayerische Bibliothek. Band 5. München: Süddeutscher Verlag, 1981, S. 186 ff. **41** Hohler, Franz: Die ungleichen Regenwürmer. Aus: Hohler, Franz (Hg.): Der große Zwerg und andere Geschichten. München: Carl Hanser Verlag, 2009, S. 51. **48 ff.** Katrin Schrocke. Freak City (Auszug). Frankfurt a. M.: FISCHER Sauerländer Verlag, 2010, S. 31 ff. **54 f.** Klimawandel. Aus: Europäische Union (Hg.): Schülerkalender 2009–2010. Gut informiert, clever entscheiden. © Europäische Gemeinschaften, 2009, S. 80 f. **57** Heutzutage . . . Aus: Europäische Union (Hg.): Schülerkalender 2009 – 2010. Gut informiert, clever entscheiden. © Europäische Gemeinschaften, 2009, S. 91. **59** Klimaschutz im Stadtverkehr. Nach: Umweltbundesamt (Hg.): Leitfaden Klimaschutz im Stadtverkehr. © 2010 Umweltbundesamt, S. 5 f. **62** *Text 1* Verein zur Förderung der Ökologie im Bildungsbereich e. V., Berliner Projektstelle (Hg.): Anleitungen zum SINa-Nachhaltigkeits-Audit. Berlin: Druckhaus Galrev, o. J., S. 8. **63** *Text 2* Wissenschaftsgemeinschaft Gottfried Wilhelm Leibniz e. V. (Hg.): Der verschwundene Hering und das Geheimnis des Regenmachers. Umweltforschung in der Leibniz-Gemeinschaft – Qualität und Vielfalt. Bonn, 2003. **68** Müll. Nach: Volker Gustedt: Müll. In: Focus, 8/2008, S. 46. **68 f.** *Grafik* Nach Angaben aus: Umwelt. Erhebung über Haushaltsabfälle (bei den öffentlich-rechtlichen Entsorgungsträgern). Ergebnisbericht. © Statistisches Bundesamt, Wiesbaden, 2012, S. 3. **70** *Mediensteckbriefe* Nach: Theunert, Helga: Aktuelle Herausforderungen für die Medienpädagogik. Aus: Aus Politik und Zeitgeschichte, 3/2011 (17. Januar 2011), S. 24. **71** Das Fernsehen ist trotz . . ., *Diagramm* Aus: Feierabend, Sabine / Rathgeb, Thomas: JIM-Studie 2013: Jugend, Information, (Multi-)Media. Basisuntersuchung zum Medienumgang 12- bis 19-Jähriger. Herausgegeben vom Medienpädagogischen Forschungsverbund Südwest. Stuttgart, 2013, S. 21 f. (http://www.mpfs.de). **74** Geld und Quote. Nach: Bundeszentrale für politische Bildung (Hg.): Zeitlupe Fernsehen, Nr. 31. Bonn, 1995, S. 13. Einschaltquoten. Aus: http://www.quotenmeter.de [19.01.2012]. **75** *Diagramm* Aus: http://www.ard.de/intern/medienbasisdaten/ [19.01.2012]. § 7 Werbegrundsätze ... Aus: Staatsvertrag für Rundfunk und Telemedien (Rundfunkstaatsvertrag – RStV –) (Nicht amtliche Fassung) vom 31. 08. 1991, in der Fassung des Dreizehnten Staatsvertrages zur Änderung rundfunkrechtlicher Staatsverträge vom 10. März 2010 (vgl. GBl. S. 307), in Kraft getreten am 01.04. 2010. S. 12, 13, 38. **76** Ebenso stabil . . ., *Diagramm* Aus: Feierabend, Sabine, Rathgeb, Thomas: JIM-Studie 2013: Jugend, Information, (Multi-)Media. Basisuntersuchung zum Medienumgang 12- bis 19-Jähriger. Herausgegeben vom Medienpädagogischen Forschungsverbund Südwest. Stuttgart, 2013, S. 22. (http://www.mpfs.de) **78 f.** Susan Beth Pfeffer: Die Welt, wie wir sie kannten. (Auszug) Aus dem Amerikanischen von Annette von der Weppen. Hamburg: Carlsen Verlag, 2010, S. 27 ff. **84** Wie sehen Jugendliche den Klimawandel? Aus: Shell Deutschland Holding (Hg.): Jugend 2010. Eine pragmatische Generation behauptet sich. Konzept und Koordination: Mathias Albert, Klaus Hurrelmann, Gudrun Quenzel & TNS Infratest Sozialforschung. Frankfurt/M.: Fischer Taschenbuch Verlag, 2010, S. 181. **86** Ich + Ich: Du bist vom selben Stern (Auszug). Aus: Du bist vom selben Stern. Text: Annette Humpe. Ambulanz Musikverlag (Annette Humpe), 2005 (CD). **86** Bendzko, Tim: Wenn Worte meine Sprache wär'n (Auszug). Aus: Wenn Worte meine Sprache wär'n. Text: Tim Bendzko. Hamburg: Rückbank Musikverlag, 2011 (CD). **87 f.** Louisan, Annett: Das große Erwachen. Aus: Unausgesprochen. Text: Frank Ramond. Hamburg: Peermusic (Germany) GmbH u. a., 2005 (CD). **89** Johann Wolfgang von Goethe: Willkommen und Abschied. Aus: Trunz, Erich (Hg.): Goethes Werke. Band 1. Gedichte und Epen 1. München: C. H. Beck Verlag, 1996, S. 28 f. **91** Adalbert von Chamisso: Seit ich ihn gesehen. Aus: Perfahl, J. (Hg.): A. v. C.: Sämtliche Werke in zwei Bänden, Bd. 1. München: Winkler-Verlag, 1975, S. 149. **92** Matthias Claudius: Die Liebe. Aus: M. C.: Sämtliche Werke.

München: Winkler Verlag, 1984, S. 435. Theodor Storm: Du gehst an meiner Seite hin. Aus: T. S.: Sämtliche Werke in zwei Bänden. Band II. München: Winkler-Verlag, 1951, S. 898. **94 f.** Boccaccio, Giovanni: Das Dekameron. Erster Tag, dritte Geschichte. Aus: G. B.: Das Dekameron. In der Übersetzung von Karl Witte. München: Winkler-Verlag, 1964, S. 51 f. **96 ff.** Lessing, Gotthold Ephraim: Nathan der Weise (Auszug). Aus: G. E. L.: Werke in drei Bänden. Band 1: Dichtungen. Artemis & Winkler Verlag, 1995, S. 773 ff. **114** Wangenheim, Inge von: Eine »Gnadenstelle« für den Knaben Lessing. Aus: I. v. W.: Hamburgische Elegie. Eine lebenslängliche Beziehung. Halle: Mitteldeutscher Verlag, 1977, S. 42 f., © Klassik Stiftung Weimar **115 f.** Herder, Johann Gottfried: Der afrikanische Rechtsspruch. Aus: Kurz, Heinrich (Hg.): Herders Werke. Erster Band. Leipzig, Wien: Bibliographisches Institut, o. J., S. 413. **118** Goethe, Johann Wolfgang von: Kophtisches Lied. Aus: Trunz, Erich (Hg.): Goethes Werke. Band 1. Gedichte und Epen 1. München: C. H. Beck Verlag, 1996, S. 241.
118 f. Goethe, Johann Wolfgang von: Wilhelm Meisters Lehrjahre (Zitate). Aus: Trunz, Erich (Hg.): Goethes Werke. Band 7. Romane und Novellen 1. München: C. H. Beck Verlag, 1996, S. 284, 496, 433. **122** *Brief* Aus: Friedländer, Paul (Hg.): Schiller. Ein Lesebuch für unsere Zeit. Berlin, Weimar: Aufbau, 1983, S. 91. **123** Der Tag begann ... Aus: Lahnstein, Peter: Schillers Leben. München: Paul List, 1981, S. 47 f. **123** Acht Jahre ... Aus: Schiller, Friedrich: Sämtliche Werke. Band 5. München: Hanser, 1962, S. 855. **132** Lessing, Gotthold Ephraim: Der Wolf auf dem Todbette. Aus: G. E. L.: Werke in drei Bänden. Band 1: Dichtungen. Artemis & Winkler Verlag, 1995, S. 1012. **132** Lessing, Gotthold Ephraim: Der Besitzer des Bogens. Aus: G. E. L.: Werke in drei Bänden. Band 1: Dichtungen. Artemis & Winkler Verlag, 1995, S. 1023. **133 ff.** Friedrich Schiller: Die Kraniche des Ibykus. Aus: Meier, Albert (Hg.): Friedrich Schiller. Sämtliche Werke. Band 1. Gedichte. Dramen 1. München: Carl Hanser Verlag, 2004, S. 346 ff. **151** Ziel des Gesprächs. Aus: Industrie- und Handelskammer Frankfurt (Oder) (Hg.): Die richtige Azubiwahl. Leitfaden für ein Bewerbungsgespräch mit Ausbildungsplatzbewerbern. 2002, S. 6. **152** Die Dresdner Verkehrsbetriebe AG. Online im Internet: https://www.dvb.de/de-de/die-dvb/unternehmen/ [Abrufdatum: 28. 06. 2015]. **153** Fachkraft im Fahrbetrieb. Online im Internet: https://www.dvb.de/de-de/die-dvb/karriere/ausbildung/ [28. 06. 2015]. **179** Der Journalist ... Nach: Nürnberger, Christian: Mutige Menschen für Frieden, Freiheit und Menschenrechte. Stuttgart: Gabriel Verlag, 2008, S. 11 ff. **186** Manchmal ... Nach: ebd., S. 180 f.
192 Manchmal passiert ... Nach: ebd. ,162 – 165.
196 Noch bevor ... Nach: ebd., S. 161. Und er sprach ... Nach: ebd., S. 122 f. **197** Nelson Mandela ... Aus: ebd., S. 106 ff. , 114, 121, 127. **198** Am Anfang ... Aus: ebd., S. 12, 188, 191, 137. **201** 1958 ... Nach: ebd., S. 213.
202 Christian Nürnberger ... Nach: ebd., S. 9, 13.
203 Obwohl ... Aus: ebd., S. 74, 101 f., 194 **206** Rosa Parks ... Nach: Nürnberger, Christian: Mutige Menschen für Frieden, Freiheit und Menschenrechte. Stuttgart: Gabriel Verlag, 2008, S. 118 ff. **210** Gefrierschrank-Wetter ... Aus: Leipziger Volkszeitung, 31. 01. 2012, S. 1.
211 Fallada, Hans: Penne. Aus: H. F.: Damals bei uns daheim. Erlebtes, Erfahrenes und Erfundenes. Reinbek bei Hamburg: Rowohlt Verlag, 1955, S. 43. **219** Brief Nr. 399. Aus: Die Briefe der Frau Rath Goethe. Gesammelt und herausgegeben von Albert Köster. Leipzig: Insel-Verlag, 1976, S. 571 f. **227** Ulrich, Winfried: Augendreher. Aus: W. U.: Sprachspiele für jüngere Leser und Verfasser von Texten. Aachen: Hahner, 2000, S. 303.
231 Roth, Eugen: Dassch nit zel. Nach: Das Eugen Roth Buch. München, Wien: Hanser, 1966, S. 11.

Bildquellen

6 Bildagentur – online, Berlin **19** © ernstboese – Fotolia.com **23** Marc Rehbeck für PETA **28** picture-alliance / akg-images, Frankfurt a. M. **29** Buchcover: damals, das meer. Carlsen Verlag GmbH, Hamburg 2009 **46** *links* © Patryk Kosmider – Fotolia.com, *rechts* action press / Ben
47 picture-alliance / akg-images, Frankfurt a. M.
48 *Buchcover* (Freak City): FISCHER Sauerländer Verlag, Frankfurt a. M., 2010 **54** © doncarlo – Fotolia.com
63 Marine Stewardship Council International, Germany
68 © mathisa – Fotolia.com (identisch mit S. 69) **69** © mathisa – Fotolia.com (identisch mit S. 68) **70** Thomas Schulz, Teupitz **72** Mit freundlicher Genehmigung: Erstes Deutsches Fernsehen, München **73** Aus: prisma. TV-Programm, Nr. 22/2015. MSG Media-Service-Gesellschaft mbH & Co. KG, 2015, S. 20 **78** *Buchcover* (Die Welt, wie wir sie kannten): Carlsen Verlag GmbH, Hamburg 2010 **85** oben links: picture-alliance/JOKER, Frankfurt a. M. **85** oben rechts: picture-alliance/ Photoshot, Frankfurt a. M. **85** Mitte: picture-alliance/ WILDLIFE, Frankfurt a. M. **85** unten links: picture-alliance/dpa, Frankfurt a. M. **85** unten rechts: Bundes-

ministerium für Verbraucherschutz, Ernährung und Landwirtschaft **86** akg-images/ © VG Bild-Kunst, Bonn 2015 **93** oben: Schauspielhaus Graz (A) / P. Manninger **93** unten: picture-alliance/akg-images, Franfurt a. M. **95** Aus: Giovanni Boccaccio: Das Dekameron. Insel Verlag, Leipzig 1985. **97** Schauspielhaus Graz (A) / P. Manninger **100** Schauspielhaus Graz (A) / P. Manninger **102** picture-alliance/akg-images, Frankfurt a. M. **109** Schauspielhaus Graz (A) / P. Manninger **111** Schauspielhaus Graz (A) / P. Manninger **113** picture-alliance/akg-images, Frankfurt a. M. (3) **114** Lessing-Museum, Kamenz **121** picture-alliance / akg-images, Frankfurt a. M. **123** picture-alliance / akg-images, Frankfurt a. M. **145** © contrast-werkstatt – Fotolia.com **149** Thomas Schulz, Teupitz **152** Die Dresdner Verkehrsbetriebe AG. Online im Internet: https://www.dvb.de/de-de/die-dvb/unternehmen/ [Abrufdatum: 28. 06. 2015]. **153** Fachkraft im Fahrbetrieb. Online im Internet: https://www.dvb.de/de-de/die-dvb/karriere/ausbildung/ [28. 06. 2015]. **154** © Christian Habicht **157** © Marcito – Fotolia.com **159** picture-alliance / ZB, Frankfurt a. M. **160** picture-alliance /Arco Images GmbH, Frankfurt a. M. **161** picture-alliance / ZB, Frankfurt a. M. **165** Thomas Schulz, Teupitz **168** © ullstein-bild-Müller-Stauffenberg, Berlin **169** Thomas Schulz, Teupitz **171** picture-alliance / dpa, Frankfurt a. M. **173** picture-alliance / Jazz Archiv, Frankfurt a. M. **174** © Belle Kinoise **175** Thomas Schulz, Teupitz **179** Buchcover: Mutige Menschen. Thienemann Verlag, Stuttgart 2008 **180** picture-alliance / Sven Simon, Frankfurt a. M. **181** picture-alliance / EPA, Frankfurt a. M. **182** picture-alliance / dpa, Frankfurt a. M. **183** picture-alliance / dpa, Frankfurt a. M. **184** picture-alliance /dpa, Frankfurt a. M. **185** picture-alliance / Mary Evans, Frankfurt a. M. **189** picture-alliance, Frankfurt a. M. **92** picture-alliance / AP-Photo, Frankfurt a. M. **194** picture-alliance / dpa, Frankfurt a. M. **196** picture-alliance / dpa, Frankfurt a. M. **197** picture-alliance / Graeme Williams **200** picture-alliance / akg-images, Frankfurt a. M. **201** picture-alliance / dpa, Frankfurt a. M. **203** picture-alliance / Florian Monheim, Frankfurt a. M. **205** picture-alliance / DUMONT Bildarchiv, Frankfurt a. M. **206** akg-images / Paul Almasy, Berlin **210** © Peppi18 – Fotolia.com **220** picture-alliance / dpa, Frankfurt a. M. **237** © ehrenberg-bilder – Fotolia.com **241** © Stefan Schnurr – Fotolia.com

Sachregister

Zu diesem Buch gibt es ein passendes **Arbeitsheft** (ISBN 978-3-06-062995-4).

Autoren und Redaktion danken Veronika Amm (Sachsen), Thomas Brand (Berlin), Kristina Bullert (Sachsen-Anhalt), Simone Fischer (Sachsen), Hannelore Flämig (Brandenburg), Viola Oehme (Berlin), Katrin Paape (Sachsen), Freya Rump (Thüringen), Petra Schonert (Thüringen), Silvia Teutloff (Sachsen-Anhalt) und Bernd Skibitzki (Sachsen) für wertvolle Anregungen und praktische Hinweise bei der Entwicklung des Manuskripts.

Redaktion: Karin Unfried, Birgit Patzelt, Gabriella Wenzel
Bildrecherche: Angelika Wagener
Illustration: Andrea Peter, Bern und Berlin: S. 9, 11, 15, 30, 31, 33, 37, 39, 41, 42, 43, 120, 143, 198, 208, 209, 211, 213, 215, 218, 222, 223, 224, 226, 227, 228, 229, 230, 231, 232, 234, 236, 239, 242, 243
Dorina Teßmann, Berlin: S. 50, 52, 81, 82, 86, 87, 88, 89, 91, 92, 118, 133, 134, 135, 136, 137
Umschlaggestaltung: werkstatt für gebrauchsgrafik, Berlin
Umschlagillustration: Dorothee Mahnkopf, Diez a.d. Lahn
Typografisches Konzept, Satz und Layout: Klein & Halm Grafikdesign, Berlin, nach Entwürfen von Farnschläder & Mahlstedt, Hamburg

www.cornelsen.de

Dieses Werk berücksichtigt die Regeln der reformierten Rechtschreibung und Zeichensetzung. Bei den mit [R] gekennzeichneten Texten haben die Rechteinhaber einer Anpassung widersprochen.

1. Auflage, 1. Druck 2015

Alle Drucke dieser Auflage sind inhaltlich unverändert und können im Unterricht nebeneinander verwendet werden.

Druck: Mohn Media Mohndruck, Gütersloh

ISBN 978-3-06-062989-3

PEFC
PEFC/04-31-1033

PEFC zertifiziert
Dieses Produkt stammt aus nachhaltig bewirtschafteten Wäldern und kontrollierten Quellen.

www.pefc.de